"文革"的预演

——"四清"运动始末

林小波 郭德宏 著

人民出版社

目 录

第一章 "四清"的起源 /1

面对粮食紧张和"非正常死亡"等现象,刘少奇等人得出了"三分天灾,七分人祸"的结论。针对一线领导人对形势的估计,毛泽东非常不满,曾当面斥责刘少奇,刘少奇激动地说:"饿死这么多人,历史要写上你我的,人相食,要上书的!"

党内高层的意见分歧以及基层干部的贪污腐化,导致了毛泽东在八届十中全会上大讲阶级斗争,决定在城乡发动一次普遍的社会主义教育运动。

一、"严重的问题是教育农民" /1

二、"阶级斗争要年年讲、月月讲、天天讲" /5

三、反修防修,防止和平演变 /15

第二章 发动和试点 /23

虽然毛泽东大谈阶级斗争和反修防修,但由于日益严峻的国内形势,大多数领导人仍将主要精力放在国民经济调整工作上,毛泽东对此很不满意。

中央对"四清"运动的部署还是相当谨慎的,一再强调运动不要急,要试点,要分期分批。没有蚂蚁的地区不要找蚂蚁。不要一哄而起,不要打无把握之仗。但是,各地在运动中都人为地制造了不少阶级斗争不断激化的事实,产生了打人、捆绑罚跪、吊人等极端现象。

目
录

1

第三章　"四清"全面铺开 /59

1964年2月,毛泽东在同金日成谈话时说:"如果中国变成修正主义,天就黑暗了,你们怎么办?要做思想准备,要高举马列主义的旗帜反对中国的修正主义,这样中国人民是会感谢你们的。"

"四清"运动的根本目的就是"挖修根",而经过一年多的运动后,在毛泽东看来,社会上的阶级斗争仍然十分尖锐,地富反坏分子猖狂活动;基层干部贪污腐化、多吃多占;党内高层又出现修正主义,这一切使毛泽东更加坚定了搞"四清"运动的决心,而且必须进行到底、要打"歼灭战"。

第四章　刘少奇与"四清" /85

刘少奇提出要在运动中摧垮"反革命两面政权",搞比土地改革更深入的革命运动。这使田家英感到很为难,因为要按照自己没有想通的意见去写,自然十分吃力,难以落笔。

在"四清"运动中,刘少奇多次强调"挖根子",上面的根子也要追,追到什么地方算什么地方,因为上面的根子更危险。

第五章　"四清"样板 /113

王光美下乡参加农村"四清"运动，也得到了毛泽东的支持。1964年9月1日，中央批转了王光美《关于一个大队的社会主义教育运动的经验总结》，即对"四清"运动开展具有指导作用的"桃园经验"。

工作组认为，吴臣是钻进党内的坏分子，是"打着共产党的旗号，办国民党的事"，"吴臣把持的桃园支部，过去基本上不是共产党，是一个反革命的两面政权"。然而，直到工作组离开，也没有查出吴臣和国民党或特务组织有任何联系。

第六章 "大兵团作战" /138

刘少奇对"四清"运动中领导干部的右倾思想进行了尖锐的批评，强烈要求各级领导干部下去蹲点，获取第一手材料。

不少人把阶级斗争的形势看得过于严重，甚至认为许多单位已经烂掉了，领导权并没有掌握在共产党手里。各重点县集中了上万人的工作队完全撇开基层组织和基层干部，在许多地方错误地进行"夺权"，使不少基层干部受到过火斗争，有的地方甚至发生自杀等极端现象。

第七章 "四清"的转折 /169

在毛泽东的生日宴会上，毛泽东一边喝酒，一边谈话，很多话是"话中有话"。据曾志回忆，那晚丝毫没有寿宴的气氛，个个都紧张而困惑，只听主席一个人在那里嬉笑斥责。

随着运动的开展，作为一线指挥的刘少奇与"退居二线"的毛泽东在一系列问题上产生了严重分歧。毛泽东对刘少奇的许多做法非常不满，进行了严厉的批评，并逐渐把"挖修根"的视线转移到中央上层。对工作中问题的不同看法，再加上其他复杂的个人因素，两位领导人也逐步由分歧走向了公开的冲突。

第八章　尾　声 /217

"四清"后期,逐渐把运动的重点转向整党内走资本主义道路的当权派,这就为"文革"的发动做了重要的理论和实践准备。到1965年下半年,由于国内外形势日益紧张,毛泽东对这场运动已不太感兴趣了。

历史是无情的,"四清"过后,一场所谓通过"天下大乱"达到"天下大治"的"文化大革命"爆发了,从而把中华民族拖入了长达十年之久的社会大动荡。

第一章　"四清"的起源

　　面对粮食紧张和"非正常死亡"等现象,刘少奇等人得出了"三分天灾,七分人祸"的结论。针对一线领导人对形势的估计,毛泽东非常不满,曾当面斥责刘少奇,刘少奇激动地说:"饿死这么多人,历史要写上你我的,人相食,要上书的!"

　　党内高层的意见分歧以及基层干部的贪污腐化,导致了毛泽东在八届十中全会上大讲阶级斗争,决定在城乡发动一次普遍的社会主义教育运动。

一、"严重的问题是教育农民"

　　民主革命时期,毛泽东就指出:"严重的问题是教育农民。"①在社会主义三大改造完成以后,对广大人民,特别是刚从几千年传统小农经济生活解放出来的广大农村干部和群众进行社会主义教育,始终是党和毛泽东关心的一个重大问题。从1957年到"文化大革命"爆发,几乎每年都进行社会主义的思想教育,而人民公社时期的整风整社实际上成为"四清"运动的预演。

　　1957年7月,毛泽东在《一九五七年夏季的形势》一文中,就提出要在农村开展社会主义教育运动。他说:"我赞成迅即由中央发一个指示,向全体农村人口进行一次大规模的社会主义教育,批判党内的右倾机会主义思

---

　　①　《毛泽东选集》第四卷,人民出版社1991年版,第1477页。

想,批判某些干部的本位主义思想,批判富裕中农的资本主义思想和个人主义思想,打击地富的反革命行为。其中的主要锋芒是向着动摇的富裕中农,对他们的资本主义思想进行一次说理斗争。"①他并且要求:"以后一年一次,进行坚定的说理斗争,配合区乡干部的整风,配合第三类社整社,使合作社逐步巩固起来。"做法是"也要先让农民'鸣放',即提意见,发议论。然后择其善者而从之,其不善者批判之。"根据这一指示,中共中央于8月8日发出了《关于向全体农村人口进行一次大规模的社会主义教育的指示》,要求就合作社优越性、粮食和其他农产品统购统销、工农关系、肃反和遵守法制等问题举行大辩论。

1958年,在大办人民公社的高潮中,8月29日中央发出《今冬明春在农村中普遍开展社会主义和共产主义教育运动》的指示。要求"在这个运动中,要充分发扬'拔白旗、插红旗'的共产主义风格,以无数大增产的实例,来大讲特讲社会主义制度的优越性,更加坚定广大农民走社会主义道路的决心和信心,彻底批判一部分富裕农民残存的资本主义自发倾向,在人们的思想上继续破除个人主义,本位主义,大立共产主义"。并且"引导群众回忆三年来'马鞍形'的历史教训,彻底批判'靠天吃饭'的'条件论'和'照着前人脚印走路'的'习惯论',大破右倾保守、甘居下游的思想,大立鼓足干劲、力争上游的思想,使'观潮派'和'秋后算账派'不仅在大丰收的事实面前哑口无言,而且在思想上彻底破产。应该把一切'白旗'以至'灰旗'统统拔掉,把红旗普遍插起来,使社会主义建设总路线更加深入人心"②。

1959年庐山会议以后,随着"反右倾"斗争的开展,中央又一次提出在农村要进行社会主义教育。1959年10月15日,中共中央在湖南省委进行整社试点即进行两条道路斗争的经验批示中说:"目前在农村中正在进行着一场两条道路的斗争,这场斗争是十年来农村中资本主义和社会主义两条道路斗争的继续,是一场很激烈很深刻的阶级斗争。"并说近几个月来有大量的事实表明,"一切反社会主义的力量""已经起来坚决地抵抗、猖狂地进攻了","对此应该予以足够的重视。各省市区党委,都应该安排一个适

---

① 《建国以来重要文献选编》第10册,中央文献出版社1994年版,第486页。
② 中华人民共和国国家农业委员会办公厅编:《农业集体化重要文件汇编》(下册),中共中央党校出版社1981年版,第73—74页。

当的时间,以进行两条道路的斗争和社会主义教育为纲,领导上一手抓政治、一手抓生产,有计划、有步骤地领导群众,用和风细雨的方式进行一次整社、整风运动,并且结合着进行整党、整团工作。"①

　　从1960年起,中共中央多次发出在农村进行整风整社、开展"三反"(反贪污、反浪费、反官僚主义)运动、进行社会主义教育的指示。5月15日,中共中央发出《关于在农村中开展"三反"运动的指示》,要求"'三反'运动一定要搞,搞的原则是教育为主,惩办为辅","通过这一运动,主要地达到两个目的,即:普遍提高干部的政治思想水平,改善他们的工作作风,进一步密切党和广大群众的联系;同时,对隐藏在我们队伍中的坏分子加以清理,以纯洁我们的组织。"11月3日,中共中央发出了《关于农村人民公社当前政策问题的紧急指示信》,要求"今年冬季,必须下决心,放手发动群众,普遍展开一个整风整社的群众运动"②。1961年11月13日,中共中央下发了《关于在农村进行社会主义教育的指示》,要求"结合秋季分配、秋季征购、冬季生产、整风整社和春耕生产准备工作,针对农民群众和农村干部中间还存在的思想问题,普遍地进行一次社会主义教育"。同时,《指示》也指出:"不断用社会主义的思想教育农民,不断地提高农民群众的政治觉悟和爱国热情,这应当是我们一项经常工作。""没有这项工作,很多农民就会迷失方向,农村的社会主义事业就不可能顺利发展。"③

　　在整风整社运动初期,各地为贯彻毛泽东"旧账一般要算"的指示,普遍开展了算账的运动。算账过程中,各地普遍清查了1958年的分配账、粮食账、食堂账、副业收入账以及种子调拨账等。有的地方不仅提出要算经济账,还要算思想作风账。如江苏省江宁县东山人民公社在开算账大会时认为,经济账来源于干部脱离实际、脱离群众的思想作风,因此在清算经济账的同时,必须下决心清算一下思想作风上的缺点和错误,算账运动的本身,就是一次深刻的整风运动。④ 中央认为:"江苏提出不仅要算经济账,还要算思想作风账,这一点很重要。不弄通思想作风,要算好经济账是不容易

　　① 《农业集体化重要文件汇编》(下册),第258—259页。
　　② 《建国以来重要文献选编》第13册,中央文献出版社1996年版,第378、673—674页。
　　③ 《建国以来重要文献选编》第14册,中央文献出版社1997年版,第765—771页。
　　④ 《中共江宁县委关于东山人民公社算账大会情况的第一次报告》(1959年4月12日)。

的。"算账运动中也发生了过"左"的错误,如陕西汉中地委在算账中发生两起自杀事件。一起是马道公社办公室主任兼会计张永其,算账时自认贪污70多元,据检查有80多元,公社领导错误采用了轮流谈话的方法,引起恐惧,致其上吊自杀。另一起是铺镇公社九女管理区女社员牛洪玉,因婆婆检举她偷过一斗谷子,干部把她叫到群众大会上坦白,她见苗头不对,借口回家看娃,用刀子自刎。因此,从算账的基本内容和后果看,它实际上已具备后期经济"四清"的雏形。

在随后的整风整社过程中,各地在步骤上,大致采取了以下几个阶段:第一,鸣放辩论,回忆对比,分清大是大非,解决两条道路的思想斗争问题。第二,选择有严重资本主义思想行为的代表人物进行重点批判。第三,整顿干部队伍,进行党、团组织建设。第四,制定生产计划,组织生产高潮。在整社的基本要求上,有的地方提出从思想、政治、组织和制度上巩固人民公社。如湖南省委在整社试点时,提出在思想上,要把有严重右倾思想的人的错误言行,在群众中狠狠搞臭,划清资本主义思想和社会主义思想的界限;在政治上,坚持政治挂帅,积极培养和扩大骨干力量,树立三部分人在生产队和作业组的绝对优势,把领导权紧紧握在这些人的手里;在组织上,把公社、大队、生产队、作业组各级组织都健全起来;在制度上,建立和健全生产管理、生活管理、财物、分配和民主管理制度。在整社的基本方法上,有的地方,如河北保定采取了"四清"的做法,即通过清账目、清仓库、清财物、清工分,以期达到堵塞经济漏洞、加强经营管理、整顿干部作风、促进劳动生产的目的。同时,全国不少地方也在搞"三清"、"五清"、"六清"等,做法不一,但不论叫几清,"实际内容大体相同"①。

由此可见,"四清"运动的一些做法已经在整风整社运动中基本形成,其运动中产生的一些"左"的做法,也与"四清"时期类似。人民公社时期的整风整社,实际上就是"四清"运动的预演和准备,只不过由于正在进行经济调整等条件的限制,运动没有演变成像"四清"时期那样大的规模和影响。因此,20世纪60年代前期,在国内,因"三面红旗"而在党内产生了不同的意见分歧,在国外,鉴于苏联已经"变修"和美国的和平演变战略,使毛

① 《建国以来重要文献选编》第16册,中央文献出版社1997年版,第321页。

泽东在八届十中全会上重提阶级斗争,从而在全国再次开展社会主义教育运动,就是顺理成章之事了。

二、"阶级斗争要年年讲、月月讲、天天讲"

由于"大跃进"和人民公社化运动中的严重"左"倾错误,加上从 1959 年起,我国农田连续几年遭受大面积自然灾害,从而使党和人民面临新中国成立以来最严重的经济困难。如何认识这一危局以及怎样化解?党中央高层出现了意见分歧。同时,对造成困难原因的分析上,认为是基层干部作风存在问题。可以说,党内高层的意见分歧以及基层干部的贪污腐化,导致了毛泽东在八届十中全会上大讲阶级斗争,决定在城乡发动一次普遍的社会主义教育运动。

面对国内严重的局势,党内特别是上层中出现了意见分歧,问题主要集中在三个问题上。一是如何看待国内的困难形势;二是包产到户问题;三是干部的甄别平反问题。对于 1958 年以来三年"大跃进"造成的困难和经济形势的估计,在党内是有一些不同看法的。以刘少奇、周恩来、陈云、邓小平等人为代表,由于直接面对国民经济第一线,使他们对形势有了更加接近真实的看法。刘少奇最为典型。可以说,刘少奇是党内看到困难形势的严重性并敢于触及造成困难真正原因的领导人之一。他突破了对形势看法固有的一个指头和九个指头的关系,认为是三个指头和七个指头的关系,有些地区,缺点和错误不只是三个指头,并得出了"三分天灾,七分人祸"的结论。在 1962 年召开的七千人大会上,刘少奇明确指出:"在过去几年中,的确有一段时间是大跃进的。可是,现在不仅没有进,反而退了许多,出现了一个大的马鞍形。"[1]当发现 1962 年财政预算中存在 30 多亿元的赤字时,刘少奇更加尖锐地指出:"中央工作会议(即"七千人大会")对困难情况透底不够,有问题不愿揭,怕说漆黑一团!还它个本来面目,怕什么?说漆黑一团,

---

[1] 张素华著:《变局:七千人大会始末》,中国青年出版社 2006 年版,第 93 页。

可以让人悲观,也可以激发人们向困难做斗争的勇气!"同时,刘少奇说过:"怕什么丑呢?今天不揭,明天还要揭;你自己不揭,别人要揭;活人不揭,死后下一代要揭""三面红旗可以让人家怀疑几年"之类的话。① 刘少奇还对自己的子女说:"我们革命的目的是要解决人民群众的吃饭、穿衣、住房问题,人民受了这么多苦,要为他们分忧啊!"②

刘少奇态度的变化对其他领导人产生了重要影响。应该说,对"大跃进"和人民公社化运动造成的困难形势,处于经济工作调整一线并担任"瓜菜代"领导小组组长的周恩来最为清楚。1960年底,周恩来针对农业方面由于高估产而带来的严重问题说:"这半年来,我们几乎没有哪一天不考虑这个问题。"面对全国性的粮荒,周恩来和陈云冒着政治风险,决定进口粮食,以纾民难。1961年5月中央工作会议上,周恩来总结说:"那时,就是有点革命,不能深思熟虑,不能冷静下来","欲速则不达,跌了大跤"。刘少奇插话说:"想要快一点,结果是跌了大跤,反而慢了。看来,搞社会主义光有好的道德、好的感情、好的干劲不行,还要适应客观规律。这一跤是要跌的,跌得越痛越好,跌得不痛就感受不深","问题是跌痛了没有"。周恩来说:"我是感到痛了。"他认为,工作中出现的这些缺点错误,中央应负很大责任。因此,当英国陆军元帅蒙哥马利谈到中国的严重困难时,周恩来客观地回答说:"我们钦佩你公正的判断。当然你看到的是好的一面,我们的工作也还有缺点,也许你没有说,也许你还没有发现。"苏共二十二大期间,周恩来向赫鲁晓夫告别时说:"目前,我们国内还很困难,去年遇到了那么大的灾荒,这一年我的头发白了很多,这次一定要赶回去。"七千人大会期间,周恩来参加了福建组的讨论。发言中,地方干部反映了许多强迫命令、浮夸、讲假话,以及党群关系紧张等情况,周恩来充分肯定这些发言"都是很健康的",对他们的发言"都要尊重"。他说:"你们已经说了很多,主要是对省委说的,但也说了许多是中央的事情,这一点我是心中有数的。"并且他还作了"讲真话,鼓真劲,做实事,收实效"的切中时弊、感人肺腑的发言。西楼

---

① 中共中央文献研究室编:《刘少奇年谱》(下卷),中央文献出版社1996年版,第549、551、530页。

② 王光美、刘源著,郭家宽编:《你所不知道的刘少奇》,河南人民出版社2000年版,第145页。

会议期间，周恩来非常赞同刘少奇对形势的看法，他说："目前财政经济的困难是相当严重的，而且有些困难，我们可能还没有看到，没有预料到。"他还十分赞成陈云的意见："在今后十年中要有个恢复时期。"①作为党内为数不多的懂经济、被毛泽东誉为"国乱思良将，家贫思贤妻"的陈云，也对当前形势的严重性心知肚明。他指出："你们讲话不要怕'左'和右，如果有人说你们右了，我来承担；要开除你们的党籍，找我好了。"七千人大会上，陈云没有讲话，但于2月8日在扩大的中央工作会议陕西省全体干部会议上，他评价了刚刚结束的七千人大会，指出："这次大会取得了非常大的胜利，不要估计低了"。"这几年工作中的缺点、错误的责任由谁来负？中央、省委各有各的账，但有许多事情，责任首先在中央。"讲话中谈了发扬民主问题，指出："这几年我们党内生活不正常。'逢人只说三句话，未可全抛一片心'，这种现象是非常危险的。"②中央政治局委员、中央书记处书记、国务院副总理兼国家计委主任的李富春到河南、湖北等地检查工作，看到中原大地赤地千里、灾情严重，群众衣不暖食不足，处境异常艰难时，沉重地说："浮夸风给人民带来这样大的灾难，我们真是对不起人民啊！"③

针对一线领导人对形势的估计，毛泽东有不同的看法。一方面他承认违背了客观规律，认为"最近三年受了大惩罚"，"碰得头破血流"④，认识到"在社会主义建设上，我们还有很大的盲目性。社会主义经济，对于我们来说，还有许多未被认识的必然王国"⑤。要求在宣讲大好形势时，"要有一段时间大讲三分之一地区的不好形势，坏人当权，打人死人，粮食减产，吃不饱饭，民主革命尚未完成，封建势力大大作怪，对社会主义更加仇视，破坏社会主义的生产关系和生产力"⑥。同时，毛泽东也检讨了自己的错误。1959年庐山会议上，毛泽东讲："我是成事不足，败事有余；孙悟空偷桃子，只有

①　金冲及主编：《周恩来传》（下卷），中央文献出版社1998年版，第598、637、638、650、659、660、675页。

②　中共中央文献研究室编：《陈云年谱》（下卷），中央文献出版社2000年版，第73、106页。

③　房维中、金冲及主编：《李富春传》，中央文献出版社2001年版，第591页。

④　薄一波：《若干重大决策与事件的回顾》（下卷），人民出版社1997年版，第1107页。

⑤　《建国以来毛泽东文稿》第10册，中央文献出版社1996年版，第32页。

⑥　《建国以来毛泽东文稿》第9册，中央文献出版社1996年版，第349页。

这个办法,开庐山会议之类。过去不懂得管理经济之复杂。革命是捣乱,而且敌人有隙可乘"。"如果讲到责任,责任在李富春,责任在王鹤寿,其他部长多多少少有点责任;农业部有责任,谭老板有责任。主要责任应当说在我身上。过去说别人,现在别人说我,实在是有一大堆事情没有办"①。1960年11月25日甘肃省委向中央写报告,深入检查了一再发生"共产风"的根源,认为应当而且必须从省委领导工作中的缺点错误方面去寻找。毛泽东对这个报告看了两遍,说还想看一遍,以便从中吸取教训和经验,并检讨说:"他是同一切愿意改正错误的同志同呼吸、共命运的"、"自己也曾犯了错误,一定要改正。"②在七千人大会上,毛泽东又说:"凡是中央犯的错误,直接的归我负责,间接的我也有份,因为我是中央主席。我不是要别人推卸责任,其他一些同志也有责任,但是第一个负责的应当是我。"③另一方面,毛泽东认为困难并不大,形势仍然是好的,三面红旗必须坚持。庐山会议上,毛泽东说:"总路线有问题,大跃进有问题,人民公社有问题。他们提出的批评,据我看,提出的尽是些鸡毛蒜皮的问题。我说他们看错了""没有什么了不起。要找事情,可以找几千几百件不对头的,但从总的形势来说,还是九个指头和一个指头"④面对粮食紧张和"非正常死亡"等现象,毛泽东的态度是"现在形势大好,缺点错误是部分的"⑤。1961年庐山工作会议上,在周总理发言时,毛主席曾插话说:"错误就那么一点,没有什么了不得。"他又形象地说:"现在是退到谷底了,形势到了今天是一天天向上升了。"⑥会议结束的那天,他还书写了唐代诗人李白《庐山谣寄卢侍御虚舟》一诗中的四句,即:登高壮观天地间,大江茫茫去不还。黄云万里动风色,白波九道流雪山。并赠送中央常委各同志。⑦ 可见毛泽东的乐观心情了。七千人大会召开前夕,毛泽东又说:"国内形势总的是不错的。前几年有点灰溜溜的,心情不那么愉快。到1961年,心情高兴些了,因为在农村搞了《六

---

① 李锐著:《庐山会议实录》,河南人民出版社1999年版,第70、141页。
② 《建国以来毛泽东文稿》第9册,第364页。
③ 《建国以来毛泽东文稿》第10册,第24页。
④ 李锐著:《庐山会议实录》,第294、56页。
⑤ 《建国以来毛泽东文稿》第9册,第40页。
⑥ 薄一波:《若干重大决策与事件的回顾》(下卷),第1107页。
⑦ 《建国以来毛泽东文稿》第9册,第555页。

十条》，工业搞了《七十条》，还提出了'三级所有，队为基础'，这些具体政策都见效了。"他在无锡找华东几个省的同志谈话时，表示1962年要抓工、农、兵、学、商、政、党七个方面的工作，大抓一年，工作要一天一天上轨道。七千人大会后，毛泽东到上海、山东、杭州、武汉等地视察，听到一些地方负责人讲的都是形势去年比前年好，今年又比去年好，比较乐观。

因此，对刘少奇等人对形势的估计，毛泽东非常不满。1962年夏，在中南海游泳池毛泽东当面斥责刘少奇："你急什么？压不住阵脚了？为什么不顶住？""西楼说得一片黑暗，你急什么！""三面红旗也否了，地也分了，你顶不住？我死了以后怎么办！"刘少奇激动地说："饿死这么多人，历史要写上你我的，人相食，要上书的！"①在随后召开的中央工作会议和八届十中全会上，毛泽东把一线领导人对形势的估计当做"黑暗风"来批判了。他指出："我周游了全国，从中南到西南，找各大区的同志谈话，每个省都说去年比前年好，今年比去年好，看来并非一片黑暗。有的同志把情况估计得过分黑暗了"。"这两年讲困难讲黑暗合法，讲光明不合法了"。"农业恢复要五年、八年，讲的那样长，就没有希望了。"②他还批评李富春和国家计委"上不联系中央，下不联系群众，事先不请示，事后不报告，四时八节，强迫签字。我说再看一年，不行就换班。有人劝我不要等了，现在就可以换"③。

二是关于包产到户问题。这个问题由来已久，几起几落。高级社建立后，由于在分配上存在严重的平均主义，产生许多矛盾。1957年春一些地方农民要求包产到户，但在两条道路大辩论中被看作走资本主义道路而受到批判。1959年第二次郑州会议后的几个月中，河南、湖北、江苏、湖南、陕西、甘肃等不少省份出现了包产到户的做法，庐山会议后，再次遭到批判，认为"包产到户，实际是恢复单干"、"是猖狂的反对社会主义道路的逆流"。中央还转发了江苏省委《关于立即纠正把全部农活包到户和包产到户的通知》和河南省委《关于右倾机会主义分子的几个典型材料的报告》，认为包产到户归根到底"是要走资本主义道路，是企图使资本主义在农村复辟，实

---

① 王光美、刘源著，郭家宽编：《你所不知道的刘少奇》，第90页。
② 薄一波：《若干重大决策与事件的回顾》（下卷），第1108、1110页。
③ 房维中、金冲及主编：《李富春传》，第605—606页。

质上是反党反人民的资产阶级思想在党内的反映"①。

面对三年严重的经济困难,安徽省委对群众要求包产到户的意见,加以变通,试行"定产到田、责任到人"的包工包产责任制即"责任田",得到了毛泽东可以实验的谨慎同意。同时,中央和地方许多领导都对包产到户予以支持。当时负责农村工作的邓子恢经过广泛的调查研究,支持安徽省委的意见。他指出:"有些地区,特别是受灾地区和山区分散地区,如果适合搞包产到户,农民也有搞包产到户的积极性,那就让他们搞。"②朱德于1961年在浙江视察时,对身边工作人员说:"三包到组,在一部分地区可行。"③陈云看了安徽搞责任田的材料后,对身边工作人员说:"这是非常时期的非常办法,叫'分田到户'也好,叫'包产到户'也好。总之,国家遇到了如此大的天灾人祸,必须发动全体农民按照《国际歌》词中'全靠我们自己'的话办,尽快恢复生产。"6月下旬至7月初,陈云就用重新分田的办法刺激农民生产积极性、恢复农业产量问题,在北京分别与刘少奇、周恩来、林彪、邓小平交换看法,并取得基本一致意见。④ 时任中南局书记的陶铸也多次讲到包产到户,他认为:"边远地区、山区包产到户,不管黑猫白猫,会抓老鼠就是好猫。"1962年4月,他到河南检查工作,提出借土地给农民自耕,有的同志认为这样做可能导致资本主义,陶铸回答说:"如果这也叫资本主义,我宁可要资本主义,也不要饿饭、死人!"毛泽东的秘书田家英本来不赞成包产到户,但经过湖南农村调查后,认为包产到户在当前具有优越性。调查期间,田家英到上海向毛泽东汇报,毛泽东很冷漠,并说:"我们是要走群众路线的,但有的时候,也不能完全听群众的,比如要搞包产到户就不能听。"而陈云却称赞"观点鲜明",刘少奇也认为很好。杨尚昆也从北京打电话给田家英:"总理要我问你一下,可不可以把农村的私有部分放宽一些?"回北京后,田家英立即向刘少奇做了汇报,汇报刚开了个头,就被刘少奇打断了。

---

① 《农业集体化重要文件汇编》(下册),第248—253页。
② 金冲及、黄峥主编:《刘少奇传》(下卷),中央文献出版社1998年版,第906—907页。
③ 中共中央文献研究室编:《朱德传》,人民出版社、中央文献出版社1993年版,第711页。
④ 《陈云年谱》(下卷),第115、119页。

刘少奇说:"现在情况已经明了了",接着就提出关于实行包产到户的主张。①

出乎刘少奇的意料,毛泽东不仅没有同意包产到户的主张,而且严厉批评了田家英等人。说:"回到北京后不修改《农业六十条》,却搞什么包产到户、分田单干。"并问田家英:"是你个人意见,还是有其他人的意见?"田家英为了不在中央领导层中造成裂隙,回答是个人意见。同时,毛泽东对刘少奇的工作也表示不满,指责他在包产到户问题上为什么没有顶住。② 在随后召开的北戴河会议上,毛泽东批评说:"1960 年以来,不讲一片光明了,只讲一片黑暗,或者大部分黑暗。思想混乱,于是提出任务:单干,全部或者大部分单干。据说只有这样才能增产,否则农业就没有办法,包产 40% 到户,单干、集体两下竞赛,这实质上叫大部分单干。单干势必引起两极分化,两年也不要,1 年就要分化"、"赫鲁晓夫还不敢公开解散集体农庄呢?""有些同志一有风吹草动,就发生动摇,那是对社会主义革命没有精神准备,或者没有马克思主义"③。并多次批评田家英 60% 的包产到户、40% 搞集体的主张;批评中央农村工作部搞资本主义,邓子恢同志是"资本主义农业专家"④。

三是翻案风问题。1961 年 6 月 15 日,中共中央在关于讨论和试行《农村人民公社工作条例(修正草案)》的指示中提出,为了发扬民主,有必要对最近几年来,受过批判和处分的干部和党员,实事求是地加以甄别。过去批判和处理得正确的,应该加以肯定,不再改变。过去批判和处理完全错了的,要改正过来,恢复名誉,恢复职务;部分问题批判和处理错了的,就改正这一部分问题的结论。⑤ 七千人大会上,刘少奇在代表中央所做的报告中重申了干部甄别平反的问题。1962 年 4 月 27 日,中共中央发出了《关于加速进行党员、干部甄别工作的通知》,该《通知》指出:"对于党员、干部的甄

---

① 董边、镡德山、曾自编:《毛泽东和他的秘书田家英》,中央文献出版社 1996 年版,第89—92 页。
② 金冲及、黄峥主编:《刘少奇传》(下卷),第 908、909 页。
③ 丛进:《曲折发展的岁月》,河南人民出版社 1989 年版,第 508 页。
④ 薄一波:《若干重大决策与事件的回顾》(下卷),第 1122、1123 页。
⑤ 《建国以来重要文献选编》第 14 册,中央文献出版社 1997 年版,第 382 页。

别平反工作，必须根据扩大的中央工作会议精神，加强领导，加速进行。"①

但在甄别平反的过程中，由于毛泽东坚持认为庐山会议没有错，问题只是不该传达到县以下。因此，彭德怀同志的问题仍没有得到平反。当他得知在七千人大会上再次受到批判时，不得不进行辩解和申诉。1962 年 6 月 16 日，他向毛泽东和党中央交了一封很长的申诉信（即所谓"八万言书"）特别申明，说他阴谋篡党和有国际背景，实在腹怀委屈，是莫须有的罪名，如果发现事实确凿，他宁愿"按以叛国论罪，判处死刑无怨"。

与此同时，康生等人诬陷小说《刘志丹》"反党"、"为高岗翻案"，牵连曾参加过西北地区革命斗争的习仲勋、贾拓夫、刘景范等同志，搞了又一个"反党集团"，而且还升级为"彭、高、习反党集团"、"西北反党集团"，把小说看作是他们的"反党纲领"。毛泽东指出："近来出现了好些利用文艺作品进行反革命活动的事。用写小说来反党反人民，这是一大发明。凡是要推翻一个政权，总要先造成舆论，总要先做意识形态方面的工作。不论革命、反革命，都是如此。"

对于这一切，毛泽东称之为"翻案风"。他指出："近来有股平反之风，无论什么都要平反，那也是不对的。我们的方针应当是：真正搞错了的，要平反；部分搞错的，部分平反；没有搞错，搞对了的，不能平反"②、"我对彭德怀这个人比较清楚，不能给彭德怀平反。""在我们中国，人民群众也有同修正主义的矛盾，我们过去叫它做右倾机会主义，现在看，恐怕以改一个名字好，叫做中国的修正主义。"③

同时，毛泽东和党中央认为，造成困难形势的原因之一就是基层干部作风存在问题。应该说，20 世纪 60 年代前期，党内外的各级干部绝大部分是好的和比较好的。但是也确实存在不少问题。特别在三年经济困难时期，这些问题进一步暴露出来。最典型的就是共产风、浮夸风、命令风、干部特殊化、瞎指挥盛行。如湖北沔阳县在整风整社中，揭发了干部的共产风和瞎指挥。据群众反映，某些干部"见钱就要，见物就调，见屋就拆，见粮就挑"。

① 《建国以来重要文献选编》第 15 册，中央文献出版社 1997 年版，第 361 页。
② 薄一波：《若干重大决策与事件的回顾》（下卷），第 1126—1131 页。
③ 丛进：《曲折发展的岁月》，第 510—511 页。

社员编快板唱:"一年忙上头,汗水白白流,年终搞结算,落个癞痢头。"群众骂干部是"臭虫",提起生产瞎指挥,群众恼火极了。批评干部倒行逆施。群众还贴了不少大字报。如:"干部主观主义大,扭转乾坤种庄稼,为了好看连片化,坏田也要种棉花。"①农村中的"浮夸风"相当严重,有的地方为应付上级检查,种一些"表面庄稼",就是在沿大路、公路、铁路的土地上,加大投入,庄稼种得特别好,一派丰收景象,而在离大路、公路、铁路较远的腹地,不是野草掩盖了庄稼,就是根本不种让其荒芜。上级派人检查,往往坐着轿车或吉普车在大路、公路、铁路旁转悠一趟,所见的全是好景象。有的地方隐瞒土地亩数,虚报高产指标。干部的打骂之风相当严重,基层干部在讲不出道理时,就骂人,骂人不解决问题,就打人。干部的多吃多占也很厉害,许多干部往往是到一处吃一处,大吃大喝。吃后嘴巴一摸,屁股一拍完事,而所谓的公共食堂,则是生产大队、小队干部多吃多占的窝子,也是上级干部下基层多吃多占的据点。

针对干部中的"五风"现象,一方面,中央多次发出指示,进行整风整社和"三反"运动,以提高干部的政治思想水平,改善工作作风,进一步密切党和广大群众的联系。另一方面,使毛泽东和党中央认识到,之所以出现严重困难的局面,干部的一些坏作风起了很大的作用,并且,这些坏干部还与社会上的地富反坏分子互相勾结。如中央在关于贯彻执行《紧急指示信》的指示中指出:"有一些干部,不严肃对待党的政策,不认真执行党的政策,甚至标新立异,自以为是"、"还有少数混进来的地富反坏分子和拉出去的蜕化变质分子,他们行为恶劣,违法乱纪,借刮'共产风'的机会,徇私舞弊,混水摸鱼,甚至故意制造混乱,乘机破坏。"在《关于山东、河南、甘肃和贵州某些地区所发生的严重情况的指示》中指出:"贵州遵义和毕节地区的群众生产、生活中的严重情况,特别是干部中的极其严重的不可容忍的铺张浪费、贪污腐化、破坏党章、违法乱纪、不顾人民死活的情况,有些简直不能想象。其中某些反革命的破坏行为,显然是封建势力在地方上篡夺领导,实行绝望性的破坏性的报复。这是农村中阶级斗争的最激烈表现。要知道,中国农村人口中还有百分之八的地富分子及其家属,连同城市的资产阶级分子,资

---

① 《农业集体化重要文件汇编》(下册),第393—396页。

产阶级知识分子和上层小资产阶级分子及其家属,总共要占全国人口百分之十左右……其中,未被改造或者不接受改造的最坚决的最隐蔽的反革命分子,他们对社会主义极端仇视,有意识地随时都在准备'借尸还魂',篡夺领导,实行复辟和疯狂挣扎。"中央对三类队的估计也非常严重,认为三类队的领导权,大致有三种情况,有一部分是被地富反坏分子和蜕化变质分子篡夺了的,有一部分是被死官僚主义分子,即不顾党的政策、不顾群众死活、作了不少损害人民群众利益的坏事、一意孤行、屡教不改的分子,占据了领导岗位,还有一部分是主要干部软弱无能、思想糊涂、不能贯彻执行党的政策,以致各项工作长期落后、问题成堆、"五风"严重的。并认为我们同地富反坏分子和蜕化变质分子的矛盾,性质是敌我矛盾,应该按照处理敌我矛盾的办法对待。我们同死官僚主义分子的矛盾,仍然属于人民内部矛盾的范围,但是也必须严肃处理。①

同时,毛泽东特别强调干部要参加劳动。中央在转发昔阳县干部参加劳动已形成社会风尚的调查材料中指出:"干部参加劳动,是党的优良传统之一,是党在社会主义建设时期的一项极为重要的政策。认真贯彻执行这项政策,对于农村工作来说,其重要性是很明显的。农业合作化以来的无数事例证明:凡是办得好的社、队,无例外的都具备有社、队的领导干部经常和社员在一起积极参加劳动的特点。反之,凡是办得不好的社、队,往往具有一个相反的特点,即这些社、队的领导干部,不愿意和社员在一起积极参加劳动,因而脱离群众,不能抵抗剥削阶级思想的侵袭,生活特殊化,贪污多占群众的劳动果实,有的甚至逐步蜕化变质,堕落成为富裕农民和资本主义分子利益的代言人,修正主义的社会基础。"②毛泽东认为"干部不参加集体生产劳动,势必脱离广大的劳动群众,势必出修正主义"。在"前十条"中,干部参加集体生产劳动专门写了一个问题,提出这"对于社会主义制度来说,是带根本性的一件大事",并明确指出"社会主义教育运动是一次伟大的革命运动,不但包括阶级斗争问题,而且包括干部参加劳动的问题"③。

由此可见,因对困难形势以及如何解决而产生的意见分歧,使毛泽东认

① 《农业集体化重要文件汇编》(下册),第389、416、433页。
② 《农业集体化重要文件汇编》(下册),第667页。
③ 《建国以来重要文献选编》第16册,第325—328页。

为党内高层出现了"黑暗风"、"单干风"、"翻案风";对困难原因的分析,使毛泽东认为基层干部队伍也存在严重问题,社会上的地富反坏分子也极力复辟资本主义并进而篡夺领导权。这一切,促使毛泽东认为必须"重新提起阶级斗争",他指出:"我们这个国家要好好掌握,好好认识,好好研究这个问题。要承认阶级长期存在,承认阶级与阶级斗争,反动阶级可能复辟,要提高警惕,要好好教育青年人,教育干部,教育群众,教育中层和基层干部,老干部也要研究教育。不然我们这样的国家,还会走向反面。所以我们从现在起,就必须年年讲,月月讲,天天讲,开大会讲,开党代会讲,开全会讲,开一次会就讲,使我们对这个问题,有一条比较清醒的马克思列宁主义的路线。"①于是,在毛泽东看来,开展阶级斗争,解决干部作风问题,已势在必行。

三、反修防修,防止和平演变

"四清"运动的发生,除上述国内因素外,还有着十分复杂的国际背景。主要表现在三个方面:中苏关系、中美关系以及周边局势的恶化。其中最主要的因素就是中苏关系的破裂以及由此而引出的毛泽东对"反修防修"的战略思考。

建国后中苏关系经历了曲折而又复杂的历史进程,可谓一波三折。就"四清"起源的角度看,主要表现在两个方面:一是意识形态的分歧。主要集中在如何评价斯大林、战争与和平、和平共处、和平过渡、全民国家、全民党等问题上。针对赫鲁晓夫在苏共二十大对斯大林的评价,毛泽东和中共中央明确予以反对,认为赫鲁晓夫"是完全错误的,是别有用心的"、"有着不可告人的目的",即"为他们全面推行修正主义路线开辟道路"。并认为"苏共修正主义路线,正是从苏共第二十次代表大会开始"的。关于战争与和平问题,中共反对赫鲁晓夫把新的世界战争有避免的可能性,随意地说成

---

① 丛进:《曲折发展的岁月》,第510页。

一切战争都可以避免,强调"只要帝国主义存在,只要人剥削人的制度还存在,就有产生战争的土壤"。关于和平共处问题,中共反对苏共把和平共处作为社会主义国家和世界共产党的对外政策总路线,并认为"帝国主义国家同社会主义国家实际上是处在冷战共处的状态中"①。关于和平过渡问题,中共反对赫鲁晓夫提出的所谓"议会道路"、"资本主义可以和平地'长入社会主义'"等观点,认为"暴力革命是无产阶级革命的普遍规律",承认不承认这一点,"历来是马克思主义同一切机会主义、修正主义的分水岭"②。针对赫鲁晓夫提出的"全民国家"问题,中共认为,国家是阶级斗争的工具,是一个阶级压迫另一个阶级的机关。任何国家都是一定阶级专政的国家。只要国家还存在,就不可能是全民的。针对"全民党"问题,中共认为:"一切政党,都是具有阶级性的。党性是阶级性的集中表现。"赫鲁晓夫的真正目的,"就是要根本改变苏联共产党的无产阶级性质,把马克思列宁主义的党改造成修正主义的党"③。正是由于中苏两党在上述问题存在严重分歧,使毛泽东明确地认识到,苏联党和国家的领导现在被修正主义者篡夺了。认为南斯拉夫和苏联都已变成"修正主义",而且国内存在着一个"官僚资产阶级"或"资产阶级"。

二是中国的"超苏"战略以及苏联对中国国内政策特别是"三面红旗"的批评。应该说,1957年毛泽东在莫斯科提出的"超英赶美"的战略,在很大程度上是以苏联为竞赛目标的。当赫鲁晓夫提出15年超过美国的口号时,毛泽东当然不甘落后,提出15年赶上或超过英国。赫鲁晓夫在回忆录中写道:毛的目的很明显,他想如果他能够在5年内与英国并驾齐驱并且开始赶上美国,那他就能够把列宁的党远远抛在后面并且超过苏联人民自十月革命以来所取得的全部进展④。1958年5月,毛泽东在八大二次会议上指出:"过去林彪同志在延安曾谈过,将来中国比苏联强。那时,我还有点不大相信,我想苏联也在进步呀!现在我相信了,完全有可能。我们这么多

---

① 《建国以来重要文献选编》第17册,中央文献出版社1997年版,第56、70、464—465、545页。

② 《建国以来重要文献选编》第18册,中央文献出版社1998年版,第368页。

③ 《建国以来重要文献选编》第19册,中央文献出版社1998年版,48、49、53页。

④ 上海国际问题研究所、上海市政协编译组译:《最后的遗言:赫鲁晓夫回忆录续集》,东方出版社1988年版,第419页。

人,现在六亿,再过十年、十五年八亿,人多总要做事,总不能光睡觉嘛!吃了饭就干社会主义,无非是搞工业、农业、文化科学嘛!因此说,十几二十年就可以赶上世界上一切国家,还可能超过美国。""1949年6月,以刘少奇为首的代表团到莫斯科,在宴会上,斯大林举杯祝贺中国将来超过苏联,要少奇同志喝酒。少奇同志说:'这杯酒不能喝,你是先生,我们是学生,我们赶上你,你又前进了。'斯大林说:'不对,学生不超过先生,那还算什么好学生,一定要喝',僵持了一二十分钟,最后少奇还是喝了。先生教了学生,学生超不过先生,就是不争气。要争气,要喝这杯酒。""我们不提'干部决定一切'、'技术决定一切'的口号,这是斯大林提出的;也不提'苏维埃加电气化是共产主义'的口号,这是列宁提的……我们口号是多些、快些、好些、省些。这是不是高明些呢?我看我们的口号是高明些,应当高明一些。因为是先生教出来的学生,学生应当比先生强。后来者居上嘛!我看我们的共产主义,可能比苏联提前到来。"①毛泽东还表示,即使中国先到达共产主义社会的大门口,也不进去,而要等待苏联。后来,赫鲁晓夫于1959年12月1日在匈牙利社会主义工人党第七次代表大会上的讲话中说:"我们在明智地利用社会主义制度的伟大优越性,全力加强世界社会主义阵营的同时,应当始终如一地、创造性地运用列宁关于建设社会主义和共产主义的学说,成为列宁主义的能手,不落后也不抢先,形象地说,就是'互相对对表'。如果这个或者那个国家的领导人开始骄傲自大起来,这就会合乎敌人的利益。在这个情况下,社会主义国家本身,领导本身就会帮助敌人来反对社会主义,反对共产主义。而这样做是不能容许的。"毛泽东指出:对表论是反马列主义的。提出对表论,表示了他们的极大恐慌。②

面对中国咄咄逼人的"大跃进"战略和急于向共产主义过渡的人民公社化实践,苏共领导人一开始保持非常谨慎的态度,苏联的报纸也很少介绍"大跃进"和人民公社方面的文章。但是到1958年年底,赫鲁晓夫开始表态了,原因之一,据苏共中央负责中国事务的库利克回忆,那时在莫斯科流传着这样的话:在全世界的国际共产主义运动中只有一个理论家、哲学家,

① 李锐:《"大跃进"亲历记》,上海远东出版社1996年版,第293、340、345—346页。
② 《建国以来毛泽东文稿》第8册,中央文献出版社1993年版,第602页。

这就是毛泽东。而赫鲁晓夫只是一个实干家,是一个种玉米的实干家。还有许多人认为,中国搞人民公社是真正找到了一条通向共产主义的道路,而赫鲁晓夫没有找到这条道路。赫鲁晓夫听了这些话以后非常生气。① 另外,据赫鲁晓夫回忆录解释说,中国开始向其他社会主义国家宣传"大跃进"的口号,并在保加利亚造成了影响,保加利亚人已经开始把中国人的这些口号运用到他们自己国家的实践中去。而且在靠近中国边境的苏联人自己出版的报纸上也出现了,苏联当时很害怕中国人的这套做法,我们不能再继续保持沉默了。② 1958 年 11 月 30 日,赫鲁晓夫在与波兰领导人哥穆尔卡会谈时,表示了对人民公社的反感。他说:"中国人现在正在组织公社。在我国这在 30 年前就曾有过,对这个我们腻了。可是中国人嘛,就让他们去尝试吧。当他们碰得头破血流时,就会有经验了。"③赫鲁晓夫还建议读一读他在苏共二十一大上所做的报告,认为"那个文件相当中肯地(而且我认为是非常准确地)分析了当时中国正在发生的事情,虽然我当时并没有点中国的名。我们的态度是明确的:我们不同意'大跃进'"④。1959 年 7 月 18 日,赫鲁晓夫在波兰波兹南县波拉采夫生产合作社群众大会上,就公社问题发表讲话指出,"可以理解,把个体经济改造为集体经济,这是个复杂的过程。我们在这条道路上曾碰到过不少困难。在国内战争结束之后,我们当时开始建立的不是农业劳动组合,而是公社。""看来,当时许多人还不太明白,什么是共产主义和如何建设共产主义。""公社建立了,虽然当时既不具备物质条件,也不具备政治条件——我是指农民群众的觉悟。""许多这样的公社都没有什么成绩。于是党走了列宁所指出的道路,它开始把农民组织在合作社中,组织到农业劳动组合中,在那里人民集体地工作,但

---

① 丁明整理:《回顾和思考——与中苏关系亲历者的对话》,参见李丹慧编:《北京与莫斯科:从联盟走向对抗》,广西师范大学出版社 2002 年版,第 472 页。
② 上海国际问题研究所、上海市政协编译组译:《最后的遗言:赫鲁晓夫回忆录续集》,第 422—423 页。
③ 沈志华执行总主编、杨存堂分卷主编:《苏联历史档案选编》第 27 卷,社会科学文献出版社 2002 年版,第 187—190 页。
④ 上海国际问题研究所、上海市政协编译组译:《最后的遗言:赫鲁晓夫回忆录续集》,第 422 页。

是按劳取酬。""现在我们已走上了康庄大道。集体农庄已成为农民的亲切的家。"①苏联的宣传机器也讥讽"大跃进"政策，并指责中国人说："他们自认为比列宁的同胞更理解列宁。"②

苏联对"三面红旗"的批评，激怒了正在庐山的毛泽东。胡乔木将新华社《内部参考》登载的《赫鲁晓夫谈苏联过去的公社》、《外报就赫鲁晓夫谈公社问题挑拨中苏关系》以及《增城县重灾公社见闻》、《番禺县有些农民自办小型食堂》等材料送毛泽东后，毛泽东批示：此三件印发各同志。印时注意，将赫鲁晓夫的一篇（连同中央社的一则纽约消息）放在前面。三篇印在一起，请同志们研究一下，看苏联曾经垮台的公社和我们的人民公社是不是一个东西，看我们的人民公社究竟会不会垮台；如果要垮的话，有哪些足以使他垮掉的因素；如果不垮的话，又是因为什么。不合历史要求的东西，一定垮掉，人为地维持不垮是不可能的。合乎历史要求的东西，一定垮不了，人为地解散也是办不到的。这是历史唯物主义的大道理。"毛泽东又给时任对外联络部部长的王稼祥写信指出："一个百花齐放，一个人民公社，一个大跃进，这三件，赫鲁晓夫是反对的，或者是怀疑的。我看他们是处于被动了，我们非常主动，你看如何？这三件要向全世界作战，包括党内大批反对派和怀疑派。"1959 年 6 月 25 日，毛泽东到韶山，作诗一首：别梦依稀咒逝川，故园三十二年前。红旗卷起农奴戟，黑手高悬霸主鞭。为有牺牲多壮志，敢教日月换新天。喜看稻菽千重浪，遍地英雄下夕烟。7 月 1 日，毛泽东登庐山，又做七律一首，即：一山飞峙大江边，跃上葱茏四百旋。冷眼向洋看世界，热风吹雨洒江天。云横九派浮黄鹤，浪下三吴起白烟。陶令不知何处去，桃花源里可耕田？③ 后来，毛泽东就这两首诗给臧克家、徐迟的信中指出："国内挂着'共产主义'招牌的一小撮机会主义分子，不过捡起几片鸡毛蒜皮，当做旗帜，向着党的总路线、大跃进、人民公社进行攻击，真是'蚍蜉撼大树，可笑不自量'了。全世界反动派从去年起，咒骂我们，狗血喷头。照我看，好得很。六亿五千万伟大人民的伟大事业，而不被帝国主义及其在

① 《建国以来毛泽东文稿》第 8 册，中央文献出版社 1993 年版，第 391—392 页。
② ［苏］安·哈扎诺夫：《赫鲁晓夫执政时期苏联的对华政策》，载《中共党史研究》1999 年第 2 期。
③ 《建国以来毛泽东文稿》第 8 册，第 390—392、324、325 页。

各国的走狗大骂而特骂，那就是不可理解的了。他们越骂得凶，我就越高兴。让他们骂上半个世纪吧！那时再看，究竟谁败谁胜？我这两首诗，也是答复那些王八蛋的。"

苏联对"三面红旗"的批评，对中国国内政局产生了重要影响，一方面，使毛泽东加重了对国内阶级斗争形势的估计，认为彭德怀"闻了人家对大跃进、公社看法的气味"，"大概在莫斯科取了点经吧"，并"配合国内外敌对势力的活动，打着所谓'反对小资产阶级狂热性'的旗号，发动了对于总路线、大跃进、人民公社的猖狂进攻"。因此在庐山，毛泽东发动了对彭德怀、张闻天等人的批判，并对这场错误批判进行了理论概括："庐山出现的这一场斗争，是一场阶级斗争，是过去十年社会主义革命过程中资产阶级与无产阶级两大对抗阶级的生死斗争的继续。"①这样就把阶级斗争的矛头逐渐对准党内，以致最后得出"党内走资本主义道路的当权派"和"中央出修正主义"这一"四清"运动中对形势的基本判断。另一方面，使毛泽东更加坚定了维护"三面红旗"的决心。毛泽东始终认为，"三面红旗"是颇具中国特色社会主义建设道路的体现，是其本人对马克思主义的创造性的发展，是完全正确的，也是毋庸置疑的。苏联对"三面红旗"的怀疑甚至反对，这是毛泽东绝对不能容忍的，而且更加激发了毛泽东"和苏修对着干"的决心，为此还要"向世界宣战"，可见毛泽东维护"三面红旗"之决心。既要开展党内阶级斗争，又要维护"三面红旗"，在这一理论指导下，庐山会议、"四清"运动以至"文化大革命"，自然是当代历史合乎逻辑的发展。

从"四清"运动发生前因的角度分析中美关系，有直接影响的就是对由美国倡导的推进中国和平演变图谋的警惕。1953 年至 1959 年，具有强烈反共意识的杜勒斯出任艾森豪威尔政府的国务卿。杜勒斯上台后即提出具有纲领性的所谓"解放战略"，主张用自由、民主、宗教等"精神力量"来战胜共产主义，使共产主义国家发生"和平的转变"，从而正式提出了西方敌对势力酝酿多时的和平演变战略。这个问题就引起了毛泽东的注意。1956年赫鲁晓夫在苏共二十大上大反斯大林，并引起波兰、匈牙利等东欧国家的动荡，更使毛泽东思想上受到很大的震动。于是从 1957 年起，他开始强调

---

① 李锐著：《庐山会议实录》，第 198、295、345、367 页。

反对修正主义,认为修正主义或右倾机会主义比教条主义更危险。1958 年
11 月,毛泽东在新华社编发的《参考资料》上看到杜勒斯 1958 年 10 月 24
日接受英国电视公司记者采访时的言论后,给予了高度重视。11 月 30 日,
他在对各协作区主任的一次谈话中说:"杜勒斯比较有章程,是美国掌舵
的。这个人是个想问题的人,要看他的讲话,一个字一个字的看,要翻英文
字典。"他还指示"省委要指定专人看《参考资料》"①。随着中苏两党分歧
的扩大,毛泽东把美国的和平演变同社会主义国家内部出修正主义的危险
密切联系了起来。这年 11 月在杭州召开的一个小型会议上,毛泽东专门让
人印发了杜勒斯关于和平演变的三篇演说,让到会同志认真看一看,说:
"杜勒斯搞和平演变,在社会主义国家内部是有一定的社会基础的。"②认为
杜勒斯宣称的希望"苏联世界内部起变化",其实"并不是讲苏联一个国家,
是社会主义阵营,是希望我们内部起变化","就是要转变我们这些国家",
从而想达到"保存自己(保存资本主义)和逐步消灭敌人(消灭社会主义)的
野心"③。这些讲话充分表明,毛泽东对敌人策略的变化,给予密切关注,对
敌人消灭社会主义的根本政治目的,保持了高度的警惕。并一再提醒全党,
要开展反对国内外修正主义的斗争。

与此同时,中国的周边环境也日趋紧张。在客观上,第二次世界大战后
两大阵营之间的冷战对峙在继续,美苏之间既对抗又在进行单独的大国政
治和军事交易;中苏关系日益恶化,1962 年发生了新疆"伊犁、塔城"事件,
大批中国居民在苏联的策划下,逃往苏联,两国边境摩擦不断;中印边境上
的冲突与对抗正在加剧;美国侵略越南的战火日益扩大;美国和国民党蒋介
石不时对大陆东南沿海进行骚扰,等等。总之,20 世纪 60 年代前期,中国
的国际环境相当严峻,确有南北夹攻,四面包围之势。正如八届十中全会公
报中所说:"帝国主义者、各国反动派和现代修正主义者,对我国人民遭遇
过的暂时困难幸灾乐祸,对我国社会主义建设总路线、大跃进、人民公社大

---

① 林克:《回忆毛泽东对杜勒斯和平演变言论的评论》,载《党的文献》1990 年第 6 期。
② 逄先知著:《回顾毛泽东关于防止和平演变的论述》,中央文献出版社 1990 年版,第 2
页。
③ 林克:《回忆毛泽东对杜勒斯和平演变言论的评论》。

肆攻击,演出了嚣张一时的反华大合唱。"①

在这种形势下,毛泽东更加警觉"中国出了修正主义该怎么办"的问题。1960年5月28日,毛泽东在接见丹麦共产党主席耶斯佩森时说:"我国也有修正主义者,以政治局委员彭德怀为首的修正主义者,去年夏季向党进攻。我们批评了他,他失败了。跟他走的有七个中央委员和候补委员,连他自己八个。"②在七千人大会上,毛泽东指出:"我们的国家,如果不建立社会主义经济,那会是一种什么状况呢?就会变成修正主义的国家,变成实际上是资产阶级的国家,无产阶级专政就会转化为资产阶级专政,而且会是反动的、法西斯式的专政。这是一个十分值得警惕的问题,希望同志们好好想一想。"③同年8、9月间,毛泽东在北戴河会议和八届十中全会上重新强调阶级斗争,他认为这样做的目的就是为了防止出修正主义。他明确指出:"要花几年工夫,对干部进行教育,把干部轮训搞好,不然,搞一辈子革命,却搞了资本主义,搞了修正主义。"提出要提高警惕,防止国家"走向反面"。9月27日发表的八届十中全会公报,重申了毛泽东讲话的精神,强调"无论在现在和将来,我们党都必须提高警惕,正确地进行两条战线上的斗争,既要反对修正主义,也要反对教条主义"。④ 同时,他还批评了王稼祥的"三和一少"的所谓修正主义的国际纲领。不久之后,一场以反修防修、防止和平演变为主旨的"四清"运动在全国展开了。

---

① 《建国以来重要文献选编》第15册,中央文献出版社1997年版,第652—653页。
② 薄一波:《若干重大决策与事件的回顾》(下卷),第1180页。
③ 《建国以来毛泽东文稿》第10册,第24—25页。
④ 薄一波:《若干重大决策与事件的回顾》(下卷),第1181页。

第二章　发动和试点

　　虽然毛泽东大谈阶级斗争和反修防修,但由于日益严峻的国内形势,大多数领导人仍将主要精力放在国民经济调整工作上,毛泽东对此很不满意。

　　中央对"四清"运动的部署还是相当谨慎的,一再强调运动不要急,要试点,要分期分批。没有蚂蚁的地区不要找蚂蚁。不要一哄而起,不要打无把握之仗。但是,各地在运动中都人为地制造了不少阶级斗争不断激化的事实,产生了打人、捆绑罚跪、吊人等极端现象。

一、二月中央工作会议与"前十条"

　　八届十中全会后,国民经济调整工作继续进行,毛泽东虽在会议上大谈阶级斗争和反修防修,但由于国内日益严峻的形势,处于一线的部分党内领导人仍将主要精力放在国民经济调整工作上。因之,此时各地的社会主义教育运动部署大多未带有明显的阶级斗争色彩,而且许多地方并未开展社会主义教育运动。

　　1962年冬到1963年年初,毛泽东外出视察工作,跑了11个省,只有湖南省委书记王延春和河北省委书记刘子厚,滔滔不绝地向毛泽东讲社会主义教育,其他各省都不讲。毛泽东对这种情况很不满意,认为社会主义教育并未引起党内许多同志的高度重视。

　　为此,1963年2月11日至28日,中共中央在北京召开工作会议,重点讨论在城市开展"五反"运动和在农村开展社会主义教育的问题。

为引起与会者的重视,毛泽东推荐批印《中共湖南省委关于社会主义教育运动情况的报告》和《中共河北省委关于在农村贯彻党的八届十中全会决议、开展整风整社运动情况的报告》,并要求与会同志认真研究。

1963年2月8日,湖南省委曾向中南局、中共中央和毛泽东报告了开展社会主义教育运动的情况,主要介绍了自上而下地召开各级干部会议,领导带头,层层训练干部,由点到面,有条不紊地在群众中贯彻八届十中全会的精神,进行社会主义教育运动的经验。报告强调:各方面的情况表明,当前阶级斗争是激烈的,不论农村或城镇,阶级敌人的破坏活动是嚣张的,一股反社会主义的"黑风"刮得很大。敌人的阴谋活动,最突出的是发展反革命组织,进行反革命宣传,千方百计地腐蚀干部,篡夺领导权。有些生产队,领导权已经落在地主、反革命手里。总之,资本主义和封建势力企图复辟,"牛鬼蛇神"纷纷出现,从各方面威胁着集体经济和社会主义建设事业。阶级斗争在党内的反映也是严重的,一部分党员和干部,在资产阶级思想的腐蚀影响之下,已经变质或者正在演变。修正主义在党员、干部中特别是知识分子中的影响是不可忽视的。"

可以说,这是一个通过大抓阶级斗争,开展社会主义教育的典型经验。对此,毛泽东批示:"湖南报告很好,印发会议同志研究。"2月17日,河北省委给毛泽东并中央、华北局的报告中,介绍了开展整风整社、对农民进行社会主义教育的情况,提出要抓"四清",即清工分、清账目、清财物、清仓库,贯彻勤俭办社。其主要做法是原原本本传达贯彻八届十中全会的三个文件;各级党委书记带头深入社队,亲自开讲;先上后下,先党内后党外,先骨干后群众,层层发动,步步深入;搞好试点,取得经验,指导一般。毛泽东肯定了这些做法,并高度评价:两个报告各有特点,都是好文件,值得引起全国各地、中央各部门的同志们认真研究一下。"①

在毛泽东的推动下,与会者就"四清"、"五反"、反修防修等问题展开了讨论。大家一致认为,主席提出我们现在究竟"怀的什么孕"的问题,是一个极端重要的根本问题,抓阶级斗争,抓党的建设,抓阶级队伍,搞"五反"、

---

① 《建国以来毛泽东文稿》第10册,第255—258页。

搞社会主义教育,都是反修与防修的伟大的基本建设工作。在农村进行社会主义教育的问题,实质上就是社会主义革命的问题。认为"五反"运动非搞不可,不然会出修正主义。

刘少奇主持了12日、13日的会议。12日,在彭真作关于"五反"运动的报告后,刘少奇指出:"八届十中全会讲阶级、阶级斗争,现在就要正式部署一个行动,搞一个阶级斗争。对象是投机倒把、贪污盗窃,还有一些严重的铺张浪费,严重的蜕化变质、违法乱纪,严重的分散主义。总是口里讲阶级斗争,不办事情,不好。"[1]

当时,由于中苏两党论争日趋激烈,国际上的修正主义思潮同国内严峻尖锐的阶级斗争形势,促使毛泽东等中央领导人进一步认识国内、党内如何防止出修正主义的问题。2月25日,刘少奇在会议上专门做《关于反对现代修正主义的斗争问题》的报告。论述了现代修正主义的发展过程和反对现代修正主义斗争的状况、斗争的性质、斗争的前途和方针等问题。他强调指出:我们需要在经济上,在政治上,在思想上,在党和国家的组织上,包括军队的组织上,保证不蜕化变质。因此,就要想一种办法来保证,不只是要保证我们这一代,而且要保证我们的后代不蜕化变质。这个问题,是生死存亡的问题,是亡党亡国的问题,是人民当权还是少数剥削者当权的问题。

在刘少奇讲话时,毛泽东插话说:"我国出不出修正主义,两种可能:一种可能,一种不可能。现在有的人三斤猪肉,几包纸烟,就被收买。只有开展社会主义教育,才可以防止修正主义。"当周恩来讲:"在干部中反修,结合我们自己的社会主义教育,就有力量了。"毛泽东说:"反对我们自己内部的修正主义,资产阶级这些牛鬼蛇神。"这样,就把社会上的阶级斗争和党内修正主义联系起来了,使社会主义教育运动初始就带有反修防修的明显目的,同时,也反映了当时党内特别是领导层内部的共同认识。

会议最后一天,毛泽东专门讲了社会主义教育问题。他强调指出:"要把社会主义教育好好抓一下。社会主义教育,干部教育,群众教育,一抓就灵。"他说:"我跑了这么多省,两个省的同志(王延春同志在长沙,刘子厚同志在邯郸)突出地跟我讲这个问题。干部教育中,要保护大多数,使百分之

---

① 中共中央文献研究室编:《刘少奇年谱》(下卷),第571页。

九十以上的同志把包袱放下来,也不是洗冷水澡,也不是洗滚水澡,而是洗温水澡。然后,他们去和贫下中农积极分子结合,团结富裕中农以及或者已经改造或者愿意改造的那些地主残余、富农分子,打击那个猖狂进攻的湖南人叫'刮黑风'的歪风邪气、牛鬼蛇神。"他说:"现在又证明,我们的干部,包括生产队长以上的这些不脱离生产的以及脱离生产的,绝大多数不懂社会主义。他们之所以不懂,责任在谁呢? 在我们。我们没有教育嘛,没有教材嘛,没有像'六十条'这样的东西以及阶级教育。十中全会公报是很好的一个教材。有教材了,教育的方法,还得照湖南、河北现在的办法。请各省把湖南省委、河北省委这些报告,参考你们自己的经验,加以研究。要走群众路线,保护大多数干部,又使他们放下包袱,又解决问题。只要五个晚上,歪风邪气、牛鬼蛇神就打下去了,不需要多少时间。"毛泽东问王延春:"只要五个晚上,是不是这样?"王延春答:"是这样的,可能有的多一点。"毛泽东接着说:"这个教育问题,提出来还只有一两年,从'六十条'起,还只有两年,从去年七千人大会着重提出教育干部算起,也只有一年多。再有几年,我们的干部是可以教育好的,可以把那些牛鬼蛇神打下去。既然是牛鬼蛇神,就要打。打的方法,也不能个个拿来枪毙,不能用那个生硬的方法。像少奇同志那一天讲的斯大林那个办法,动不动就杀人,那不解决问题。"①

经过讨论,会议通过了《中共中央关于厉行增产节约、反对贪污盗窃、反对投机倒把、反对铺张浪费、反对分散主义、反对官僚主义运动的指示》,并于3月1日发出。

二月中央工作会议以后,各地根据中央的部署,开始进行社会主义教育运动的试点工作,并陆续向中央写了报告。主要有《华北局关于华北区农村建立贫、下中农组织的情况汇报》、《中共保定地委关于开展社会主义教育进行"四清"工作向省委的报告》、《关于农村社会主义教育的两个问题的报告》(宋任穷)、《河南省委关于当前农村社会主义教育运动情况的报告》、《湖南省委关于农村社会主义教育运动情况的第二次报告》、《湖南省委关于树立贫农优势和建立贫农、下中农代表小组问题的报告》、《邢台地委关

---

① 中共中央文献研究室编:《毛泽东传(1949—1976)》(下),中央文献出版社2003年版,第1311、1312页。

于建立贫下中农组织的报告》等。总的看来,这些报告集中讲了以下几个问题:

第一,普遍认为,国内阶级斗争是存在的,而且相当严重,必须进行"五反"和"四清"。如保定地委的报告中反映,全区揭发出 70% 的大队有铺张浪费现象,共浪费粮食 287 万多斤,款 260 多万元;有 37% 的大队,19800 多名干部(占干部总数的 8.3%),挪用公款 130 多万元;有 43% 的大队,35100 多名干部(占干部总数的 14.6%),多吃多占粮食 67 万多斤,款 256000 多元,劳动日 496000 多个;有 26% 的大队,11300 多名干部(占干部总数的 4.7%),有贪污盗窃行为,贪污粮食 267000 多斤,款 434000 多元;有 7.2% 的大队,26.2% 的生产队集体搞投机倒把,2790 多名干部(占干部总数的 1.1%)个人搞投机倒把。保定地委认为,上述种种损害社会主义、损害集体经济的现象都是资产阶级思想在我们基层干部队伍中的反映;贪污盗窃、投机倒把活动实质上都是资本主义势力的复辟行为。事实再一次证明阶级和阶级斗争确实是存在的,两条道路的斗争是激烈的。河南省委的报告中说,光是 90 个县三级干部会议上所揭发的材料,大小投机倒把活动就有 10 万多起,其中"千字号"的上万,"万字号"的近千;反革命集团活动 1300 多起;巫婆、神汉、"阴阳先生"5 万多人;续家谱 1 万多宗;买卖婚姻近 5 万起。特别严重的是,不少党员、干部参与了这些活动,有些甚至是他们带头干的。这次运动中揭发出来的大量事实,确凿地说明当前我省农村中的阶级斗争是十分激烈的。①

第二,向中央汇报了在农村建立贫下中农组织、树立贫下中农优势的情况。在整风整社运动过程中,为发动群众开展阶级斗争,华北农村许多地方建立了贫下中农组织。据山西省调查,全省共建立了 4500 多个贫下中农委员会和 17300 多个贫下中农小组。贫下中农代表会和委员会一般设在生产大队,生产队则设立贫下中农小组或者叫贫下中农代表小组。有 70% 以上的贫下中农委员会或小组是在三类队中设立的,其余的都是在目前还没有建立党组织的一、二类队中设立的。② 湖南省委在运动开展之后明确提出

---

① 《建国以来重要文献选编》第 16 册,第 254、301—302 页。
② 《华北局关于华北区农村建立贫、下中农组织的情况汇报》(1963 年 3 月 20 日)。

了树立贫农优势和建立贫下中农代表小组问题,并且总结了树立贫农优势的四点经验,即教育干部重新认识贫农;从政治上充分发挥贫农的主人翁精神;从组织上树立贫农优势;从经济上帮助贫农翻身。① 华北局还对贫下中农委员会的性质、任务、权利、义务等做了明确要求。规定:"贫农、中下农委员会是农村中贫农、下中农的群众性的政治组织,是农村党的基层组织的助手和党在农村工作的依靠力量。"其主要任务就是"联系贫农、下中农,反映贫农、下中农的意见和要求;经常向会员、特别是会员中的青年一代,进行阶级斗争教育;监视和改造地富反坏分子;监督干部,抵抗"五风"等。② 同时,华北局的报告对这一组织的作用做了肯定,认为"这些贫农、下中农组织,有百分之二十到三十能够经常起作用,有百分之七十到八十在运动中起的作用比较显著"③。湖南省委也认为,"据重点调查,有百分之六七十的代表小组能够发挥作用。"④

第三,介绍了开展社教运动的具体步骤和方法。如保定地委介绍了"四清"工作的方法和步骤,即认真学习"六十条",以"六十条"武装社员群众,统一政策思想,揭发"四不清"问题;对清查出来问题首先由个人作检讨,并结合查证,进行组织处理和经济退赔;在经过"四清"找到漏洞,总结经验的基础上,树立必要的制度;按照做好"四清"工作标准进行检查验收。中共中央东北局第一书记宋任穷同志介绍了在东北农村社教运动中,坚持正面教育为主,并较普遍采用群众自我教育的方法。他提出用村史、合作化史、工厂史、贫下中农和老工人的家史对青年进行教育,学习雷锋等先进人物事迹,展览革命斗争、阶级斗争的实物,读红色书籍等具体措施。河南省委也介绍了开展运动的具体办法,运动共分三步,第一步,开好县的三级干部会议;第二步,开好公社(区)的三级干部会议,这两步都是为了训练干部,组成干部队伍;第三步,在群众中开展社会主义教育,经过扎根串联,组成阶级队伍,打击敌人。⑤

---

① 《建国以来毛泽东文稿》第 10 册,第 288 页。
② 《贫农、下中农委员会组织条例(草稿)》。
③ 《华北局关于华北区农村建立贫、下中农组织的情况汇报》(1963 年 3 月 20 日)。
④ 《建国以来毛泽东文稿》第 10 册,第 289 页。
⑤ 《建国以来重要文献选编》第 16 册,第 257—259、295—300、301 页。

上述报告,得到了毛泽东的高度重视。4 月 25 日在同周恩来、邓小平等讨论对苏共中央 3 月 30 日来信的复信稿时,特地提请他们注意这几个报告。但当时大家的心思都不在这里,没有怎么讨论。毛泽东觉得,这么重要的问题,没有引起注意,实在有加以强调的必要,于是便找彭真来,帮助起草转发这些报告的批语。后来,周恩来追述说:"那次,小平同志和几位同志到杭州去修改给苏共中央的复信,我陪阿联的萨布里到上海去见主席,在上海会合。四月二十五日在主席那里谈了一次,主席就提出这个问题,说这几个文件值得很好地注意。当时主席说了,我们也听了,也说应该注意,但是也没有展开讨论。我们当时还是对反修正主义谈得多,这个问题比较谈得少。主席感觉大家还是印象不深,所以我回来不久,主席就打电话要彭真同志去,起草这些批语。这是四月底。到五月二号,就起草了对东北、河南的报告的批语。"①

对湖南省委的两个报告,毛泽东批示:"这两个报告都好。请同志们注意研究和参考。"②中共中央对河南省委和宋任穷的报告也做了重要批示,认为河南省委"这种分步骤地进行工作并经过试点的方法,是正确的,报告所说的其他各项政策也是对的"。"宋任穷同志所讲的用讲村史、家史、社史、厂史的方法教育青年群众这件事,是普遍可行的。社会主义教育是一件大事,请你们检查一下自己在这方面的认识和工作,检查一下是不是抓住了要点和采取的方法是否适当,查一查是否还有很多的地、县、社没有抓住这方面的工作。"③

试点报告中所反映的严峻的阶级斗争形势,使毛泽东更加坚信,社会主义教育势在必行,"如果我们不整风,那个县都要出修正主义"。"如果我们不搞增产节约和五反,不搞社会主义教育,不搞阶级斗争,就要变成南斯拉夫。"但是,在 2 月召开的中央工作会议上,主要讨论了反对修正主义、国内粮食与市场以及 1963 年的计划问题,对城市进行增产节约和五反运动,也原则地交换了意见,而对农村中进行社会主义教育的问题没有更着重的讨论。二月会议以后,毛泽东又到各省去视察,发现有的省抓的好,有的省抓

---

① 中共中央文献研究室编:《毛泽东传(1949—1976)》(下),第 1313—1314 页。
② 《建国以来毛泽东文稿》第 10 册,第 287 页。
③ 《建国以来重要文献选编》第 16 册,第 294—295 页。

的差,谈反对修正主义的较多,讲农村社会主义教育的较少。据此,毛泽东认为,对这个问题许多人印象不深,没有引起各级干部的足够重视。于是,5月2日至12日,毛泽东在杭州召集有部分政治局委员和大区书记参加的小型会议,即"五月工作会议"。会议主要讨论制定一个指导全国农村开展社会主义教育运动的决定,参加会议的有彭真、陈伯达、各中央局第一书记。团中央第一书记胡耀邦和浙江省委第一书记江华也参加了会议。

会议讨论制订了《关于目前农村工作中若干问题的决定(草案)》(简称"前十条"),于20日颁发,并带有7个附件(《湖南、河北省委报告两件》、《东北、河南报告两件》、《湖南省委的两个报告》、《四个好文件》、《河北省材料两件》、《山西省昔阳县,县、社、大队、生产队四级干部全体参加生产劳动的伟大范例》、《浙江省七个关于干部参加劳动的好材料》)。

"前十条"的基本内容是:

第一,着重强调了认识论问题。"前十条"指出,人的正确思想,只能从社会实践中来,只能从社会的生产斗争、阶级斗争和科学实验这三项实践中来。人们的社会存在,决定人们的思想,而代表先进阶级的正确思想,一旦被群众掌握,就会变成改造社会、改造世界的物质力量。而一个正确的认识,往往需要经过由物质到精神,由精神到物质,即由实践到认识、由认识到实践这样多次的反复,才能够完成,这就是马克思主义的认识论。之所以强调认识论问题,并放在"前十条"的序言中,主要是由于毛泽东对许多地方半年多时间还没有认识阶级斗争和社会主义教育问题有所不满。会议之初,陶铸和李井泉向毛泽东汇报,毛泽东说,二月会议的时候,我提了这个问题,要王延春、刘子厚同志讲一讲,这是人家劳动模范讲的,不是我讲的。他们一听,就知道这是主席对他们很严重的批评,意思就是说,我讲了你们不听。1964年8月22日上午10:30,毛泽东在北戴河找李雪峰、乌兰夫、陶鲁笳、刘仁、刘子厚同志谈话,毛泽东讲,到1963年5月杭州会议,搞了第一个十条,前面的序言是我写的,说人认识事物是不容易的,正确的思想是从哪里来的。客观事物反映到我们脑子里可不容易啦,物质变精神,精神又变物质。南昌有一个研究科学的青年说,物质变精神可以理解,精神变物质,大部分可以解释,但变石头则不能。他提的这个问题启发了我,我就考虑精神能不能变石头。例如,大理石有许多种,有自然的大理石,有人造的大理石,人造的大理石不是石头？人民大会堂的大理石很多不是山里的，是人造的。人为什么能造大理石？因为理解了大理石的化学构成。

第二，强调在社会主义社会中还有阶级、阶级矛盾和阶级斗争存在，当前社会中出现了严重的尖锐的阶级斗争情况。文件列举了阶级斗争的九条表现，认为"被推翻的地主、富农分子，千方百计地腐蚀干部，篡夺领导权。有些社队的领导权，实际上落在他们的手里。其他机关的有些环节，也有他们的代理人"，另外还有"反革命分子"在"进行罪恶活动"，"除旧的资产阶级分子以外，还出现了新的资产阶级分子"，包括"贪污盗窃分子，投机倒把分子，蜕化变质分子"。社教的目的，就是经过教育，使干部和党员"端正无产阶级的立场"，"以便正确的领导绝大多数的人民群众，进行阶级斗争，进行两条道路的斗争，这是决定我们社会主义事业成败的根本问题"，"是关系社会主义和资本主义谁战胜谁的问题。"对于"四不清"问题，虽然说"这种矛盾主要是干群之间的矛盾"，"四清""主要是解决人民内部矛盾"，但又说"对于贪污盗窃、投机倒把、蜕化变质分子来说，也是一场严重的阶级斗争"，它同城市中的"五反"一样，"都是打击和粉碎资本主义势力猖狂进攻的社会主义革命斗争。"文件强调，"这些事实给我们最深刻的教训是：任何时候都不可忘记阶级斗争，不可忘记无产阶级专政，不可忘记依靠贫农、下中农，不可忘记党的政策，不可忘记党的工作。"

第三，强调防止修正主义。文件提出干部参加集体生产劳动，"对于社会主义制度说来，是带根本性的一件大事"，因为"干部不参加集体生产劳动，势必脱离广大的劳动群众，势必出修正主义"。文件还特别引用毛泽东5月9日对《浙江省七个关于干部参加劳动的好材料》批语中的话说："阶级斗争、生产斗争和科学实验，是建设社会主义强大国家的三项伟大革命运动，是使共产党人免除官僚主义、避免修正主义和教条主义，永远立于不败之地的确实保证，是使无产阶级能够和广大劳动群众联合起来，实行民主专政的可靠保证。不然的话，让地、富、反、坏、牛鬼蛇神一齐跑了出来，而我们的干部则不闻不问，有许多人甚至敌我不分，互相勾结，被敌人腐蚀侵袭，分化瓦解，拉出去，打进来，许多工人、农民和知识分子也被敌人软硬兼施，照此办理，那就不要很多时间，少则几年、十几年，多则几十年，就不可避免地要出现全国性的反革命复辟，马列主义的党就一定会变成修正主义的党，变成法西斯党,整个中国就要改变颜色了。请同志们想一想,这是一种多么危险的情景啊!"①因此,文件中把社教看成"是关系马克思列宁主义和修正主义谁战胜谁的问题。"

第四,强调依靠贫下中农,组织革命的阶级队伍。文件认为,"依靠贫农、下中农,是党要长期实行的阶级路线。在整个社会主义历史阶段,一直到进入共产主义以前",都要依靠他们,"他们是我们建设社会主义和共产主义事业在农村的社会基础。""社会主义教育的工作,必须同农村的贫下中农的组织工作结合起来","贫下中农组织应当在公社、大队、生产队三级,首先是在基本核算单位建立起来。""贫下中农组织的成员,要以土地改革和合作化时候的贫农、下中农为基础。在开始建立的时候,要把根子扎正,把基础打好。""贫下中农的代表、委员会和主任,都应当由贫农、下中农选举产生。"

第五,关于社教运动的方法。提出要把毛泽东的指示、中央的有关决定同当地的具体情况、具体事例、具体工作结合起来,"向干部和群众讲解,启发他们,边讨论,边提问题",使他们接受教育,同时"使犯有轻重不同、多少不同的毛病的干部,洗手洗澡,放下包袱,直接同群众见面,解决多年存在的许多干部和群众之间不正常的关系问题。"重要的是抓好阶级斗争,要分步骤地进行,并经过试点。文件指出在社教中,"首先应当发动群众把去年以来的账目、仓库、财务、工分,同时把由国家投资、银行贷款和商业部门的赊销所添置的资产,全面地彻底地清查一次",即进行"四清",并认为"这是一次同社会主义教育相结合的大规模的群众运动。"在"四清"中,"党的方针是:说服教育、洗手洗澡、轻装上阵、团结对敌。""必须以教育为主,以惩办为辅","对于犯有一般缺点和错误的同志,要好好帮助他们洗手洗澡,下楼过关,努力工作。但是不管什么人都必须退回贪污盗窃的赃款、赃物和其他应退的财物,真正做到手脚干净,不能马马虎虎。当然,退赔也要合情合理。"今后"每年还要大清一次到两次",使"四清"成为"基本核算单位的一项经常制度,并作为一种重要的社会主义教育。"文件强调"要放手发动群众","但是,也要防止逼供信,严禁打人和采用任何变相的体罚。要允许被

---

① 《建国以来重要文献选编》第16册,第292页。

批评的干部申辩"。"对于贪污盗窃分子,一般不采用群众大会斗争的方式。"文件提出,为了搞好"四清","县一级干部要结合五反运动,检查、改进领导和作风。"文件认为,"我们绝大多数的干部是好的","四不清的矛盾主要是干群之间的矛盾"。

此外,文件强调要用马克思主义的科学方法进行调查研究,要求各级党组织的负责同志必须有计划、有选择地蹲点,虚心倾听群众意见,及时发现问题,总结经验。在这点上,对于某些同志,确实还有大喊一声的必要。并提出,为了做好我们的工作,各级党委应当大大提倡学习马克思主义认识论,使之群众化,为广大干部和人民群众所掌握,让哲学从哲学家的课堂上和书本里解放出来,变为群众手里的尖锐武器。文件最后指出:"这一场斗争是重新教育人的斗争,是重新组织革命的阶级队伍,向着正在对我们猖狂进攻的资本主义势力和封建势力作尖锐的针锋相对的斗争,把他们的反革命气焰压下去,把这些势力中间的绝大多数人改造成为新人的伟大的运动,又是干部和群众一道参加生产劳动和科学实验,使我们的党进一步成为更加光荣、更加伟大、更加正确的党,使我们的干部成为既懂政治、又懂业务、又红又专、不是浮在上面、做官当老爷、脱离群众,而是同群众打成一片、受群众拥护的真正好干部。这一次教育运动完成以后,全国将会出现一种欣欣向荣的气象。差不多占地球四分之一的人类出现了这样的气象,我们的国际主义的贡献也就会更大了。"①

"前十条"是整个四清运动的纲领性文件,对整个运动的进程产生了十分重要的影响。从文件的形成过程和基本内容看,在总的指导思想上存在着"左"的错误。过分夸大了国内存在的阶级斗争形势,使阶级斗争扩大化、绝对化的错误得到进一步发展。把土改时期和农业集体化时期党所实行的依靠贫下中农、团结中农的路线简单地运用于三大改造完成后的社会主义建设时期,提出了"在整个社会主义历史阶段,一直到进入共产主义以前"都必须"依靠贫农、下中农"的观点,这就为后来提出"一切权力归贫协"的"左"的观点做了重要的理论基础。从发展生产的角度看,这一观点不利于充分调动广大农民特别是中农的生产积极性。当然,"前十条"中有些观

---

① 《建国以来重要文献选编》第 16 册,第 328 页。

点和具体规定是正确的,如毛泽东的辩证唯物主义认识论的观点,反对贪污盗窃、投机倒把,解决干部队伍中的"四不清"问题,干部参加集体生产劳动问题等。

中共中央在印发"前十条"的通知中明确规定:"这个决定是关于我们党的思想上、政治上、组织上和经济上的几项基本建设的重要文件,它的基本原则不但适用于农村,而且适用于城市。各机关、团体、学校、军队和城市中的企业、事业单位,在'五反'进行到一定段落,例如领导干部'下了楼'、'洗了澡'以后,应当组织党员干部学习这个决定和七个附件,并且运用这个决定精神,解决'五反'和工作中存在的问题。"同时,《通知》也规定,在城市,凡是"五反"运动没有结束的单位,暂时不要将这个决定(草案)下达。在农村,凡是不准备开展社教运动的县、社和大队,暂时也不要下达。①

由此可见,中央对"四清"运动的部署还是相当谨慎的,这也反映了毛泽东在这一时期对运动的基本态度。他一再强调运动不要急,要试点,要分期分批。1963年4月26日,毛泽东在接见朝鲜"劳动新闻"代表团时讲:"我们的五反报上不登。鉴于一九五二年、五三年搞'三反'、'五反'运动,报上一登,出了许多问题,搞错了许多人,鉴于那个经验,报上不登,在内部开大会,出大字报,在工厂、机关内部展开批评。要慎重一些,运动一来,总要出些乱子,如自杀等等。紧张了就自杀,贪污了多少,怕揭发,没面子,就自杀。如果在报上公开登'五反',自杀的就更多了,一九五二年、五三年就是这样,鉴于当时的经验、教训,现在要慎重一些。"5月7日,毛泽东在杭州会议上讲:"各地都要试点,试点很要紧。"5月11日晚,毛泽东又指出:"不要性急,横直准备搞它一年,两年,两年搞不完就三年。领导弱的地、县,要有意识地放到后面去搞,省委和地委要派人去搞,一下子都搞起来,搞不好。有的地方不改,就不要勉强搞。有人不改,就让他不改,云南也不要责备他。一批评,他就要搞急了,就不好。总之,这一次要搞稳一点,分期分批,先搞试点,开始各地都要搞试点。先要试点,分期分批,这样做得好。还有,没有蚂蚁的地区不要找蚂蚁。比如,一类队,一定要搞阶级斗争(指敌我斗争)就不一定。那些地方,过去注意了阶级斗争,注意了社会主义教育,就不一

---

① 《建国以来重要文献选编》第16册,第309—329页。

定采取这些方法搞。"讲完话之后,毛泽东一夜未睡,于凌晨5时40分,又找六个大区书记去谈问题,再三叮嘱不要急,注意总结经验,不要一哄而起,不要打无把握之仗,并说,只要我们注意掌握正面教育,分期分批试点,团结95%的群众和干部,干部要洗温水澡,要帮助干部下楼,要划清界限,有强的领导,就可以搞好。①

"前十条"颁布后,各地根据中央和毛泽东的指示,开始进行"四清"运动的试点工作。

二、"五反"试点

1963年3月1日,中共中央通过了《关于厉行增产节约和反对贪污盗窃、反对投机倒把、反对铺张浪费、反对分散主义、反对官僚主义运动的指示》,认为目前无论在国营企业或合作社企业中,无论在生产过程或者商品流通过程中,都存在着严重浪费国家资材的现象。在党政机关、群众团体、部队、学校以及其他事业中也存在许多浪费现象。同时党内有些干部的资产阶级思想作风有所滋长,尤为严重的是,贪污盗窃国家资材、投机倒把、长途贩运、私设地下工厂、牟取暴力等破坏社会主义计划经济的资产阶级活动猖獗起来了,并且新生长起来一批资产阶级分子和一股资本主义势力。因此,中央决定,必须坚决打击。5月20日,中央关于印发"前十条"的通知中,又明确规定,它的基本原则不但适用于农村,而且适用于城市。并运用这个决定精神,解决"五反"和工作中存在的问题。此后,中央以及地方各级机关、企事业单位中相继开展了"五反"运动的试点。

从开展试点单位的基本情况看,主要集中于中央国家机关及各省、市、区级机关、工业交通财贸单位和文教单位的企业以及军队各单位。到5月上旬,中央国家机关开展"五反"运动的单位有54个。其中进度较快的有一个单位,即公安部,已经基本结束领导干部"洗澡"阶段;进度较慢的有两

① 《宋任穷回忆录》,解放军出版社1994年版,第392页。

个单位。其余 51 个单位,都已经进入领导干部"洗澡"阶段。全国各省市区机关"五反"运动的进度,大体上是一个"两头小,中间大"的状态。大多数地区处在反铺张浪费、官僚主义、分散主义阶段。目前仍处在准备阶段的,有广东、广西、安徽、河南、西藏等五个省区;正在反铺张浪费、官僚主义、分散主义的,有四川、贵州、云南、陕西、甘肃、青海、宁夏、新疆、辽宁、吉林、黑龙江、山东、江苏、浙江、江西、福建、湖南、湖北、北京、上海等 20 个省市区。其中,领导干部"洗澡"已基本结束的或即将结束的,有四川、湖北、浙江、辽宁、宁夏等省区。已进入反贪污盗窃、投机倒把阶段的,有山西、河北、内蒙三省区及四川、云南、湖北等少数单位。其中山西进度最快。地委和省辖市机关,已经开展"五反"运动的有山西、河北、内蒙、四川、云南、湖北、江西、浙江、江苏、吉林、陕西、甘肃等 12 个省区。另外,山东省的青岛、济南等四市以及上海、北京两市的区级机关,"五反"亦已开始,上述地区,大多数单位正在进行领导干部"洗澡",只有山西、河北、内蒙的部分地委级机关,已进入反贪污盗窃、投机倒把现象。县级机关已经全面开展"五反"的,只有四川省。少数省已在部分县进行,多数省尚未开始。四川省还在少数农村人民公社搞了"五反"运动。

中南五省(区)文教战线的"五反"运动是从 4 月间开始的到 7 月底止,五省区和两大市(广州、武汉)和直属文教单位,已经开展运动的 180 个,其中党政领导机关 77 个,参加运动的人数约为 4 万人。绝大多数单位(103 个)仍处在"前三反"阶段,着重解决领导干部作风问题。少数单位已进入后两反阶段,解决敌我矛盾。湖北的运动开展较早,文教党政机关已经进入后两反阶段,第一批铺开的单位(主要是大专学校)前三反阶段,即将结束。解决领导干部的思想作风问题,是第二阶段最中心的内容。

到 9 月上旬,中央一级机关的"五反"运动,已经基本结束;中央局和省级机关多数单位的"五反"运动,转入"后两反";地专一级的多数单位和一半左右的县级机关,已经开展了"五反"运动;工矿交通企业,有 90% 以上的单位,已经开展了增产节约和"五反"运动。其中的绝大部分,正处在反浪费阶段,已经进入反贪污盗窃和投机倒把的单位,约有 2%;各地财贸系统的基层单位,普遍地开展了改善经营管理运动,并且进行了商业企业的五反试点;文教系统的高等院校,多数已经开始进行"五反",其中,北京市有 42

所高等学校从 5 月起开展"五反"运动。医院的"五反"运动,除北京市已经全面铺开以外,大部分地区正在试点,少数县以上的中学和剧团,也正在进行"五反"试点。

上海市自二月中央工作会议以来,在工厂企业开展增产节约和"五反"运动,向广大干部和职工群众,分期分批的进行了以阶级和阶级斗争为中心内容的社会主义教育。目前,在工业交通运输系统 18 个试点单位以及第一批工厂、企业单位,计 60 多万人中,都深入进行了社会主义教育,并且在社会主义教育的基础上,开展了"五反"运动。

军队的"五反"运动,自 5 月以来已经普遍展开了,除了福州、济南、西藏三个军区正在进行准备以外,全军军以上单位都已经开始了;师一级单位很多也已经开始;团一级的单位也有一部分开始了。现在多数单位还处在运动的第一阶段,即反对铺张浪费、官僚主义和分散主义,进入第二阶段(反贪污盗窃、投机倒把阶段)的只是极少数单位。现在正是领导进行检查的时候。据十五个大单位的统计,共有军以上党委 167 个,有 90 个已做了检查。参加运动的干部很普遍,机关干部一般达到 90%以上,军级以上干部,据七个单位统计也达到 86%。

4 月 28 日,中共中央统战部发出《关于在增产节约和五反运动中如何对待党外人士的通知》,《通知》规定,对于上层民主人士,不组织他们参加"五反"运动,可以结合社会主义、爱国主义教育和国际主义教育,适当地进行有关"五反"问题的学习。对国家机关、国营和公私合营企业、学校中的一般党外人士、民主党派成员和私方人员,应当同国家工作人员一样参加"五反"运动,并且按照对国家工作人员的要求,一视同仁地对待。各民主党派、工商联和其他有关团体的中央一级的机关内,不搞"五反"运动。这些机关的干部可以适当进行学习。①

从运动揭发出来的问题看,主要集中于以下几个方面:第一,铺张浪费、多吃多占、走后门、生活特殊化现象严重。从山东省"五反"运动第一阶段的情况看,运动中揭发出来的浪费现象的确是惊人的。据 8 个地区统计,

---

① 《中国二十世纪通鉴》编辑委员会编著:《中国二十世纪通鉴》第 4 册,线装书局 2002 年版,第 4170 页。

1962 年共浪费损失 2.3146 亿元。其中工业企业浪费 1.45 亿元,占工业总成本的 9.86%,占工业总产值的 5.05%;商业企业浪费 6781 万元,占商品流转费用的 16.28%。从上海市增产节约和"五反"运动中暴露的问题看,浪费现象也十分严重。据 222 个已经开展反浪费的主要工厂的初步统计,去年浪费金额共达 2.19 亿元,占这些企业生产总值的 4.42%,按这个比例估算,去年仅工业部门的浪费金额即达 6 至 7 亿元,加上交通运输、财贸等部门,去年一年全市浪费金额达 10 亿元左右。浪费现象主要表现在:生产计划安排不当、盲目采购物资,管理不善;设计工艺不高、质量低劣、废次品很多;机构重叠,非生产人员过多,有效工时利用低;缺乏经济核算,不计成本等。由于企业的制度不严,管理不善,在生产过程中工人直接造成的浪费也很大。据工人在讨论中细算账,平均一个工人一年浪费的金额,约相当于 3 个月至 5 个月的工资。① 据北京市海淀区人委机关"五反"运动的情况看,有 408 位同志不同程度地都有问题,占参加运动人员的 99%,共检查交待问题 5607 件,其中铺张浪费 366 件,占总数的 6%,特殊化 124 件,占总数的 3%,多吃多占 1709 件,占 30%,走后门 2252 件,占 40%,公私不分 377 件,占 5%,违反制度、不爱护公物 779 件,占 14%。就问题的严重性来看,主要是靠山吃山,靠水吃水,干什么,沾什么。如搞农业的下乡吃饭不给钱,不给粮票,到畜牧场买鸡、鸭肉;搞粮食工作,跨点买好粮食等。

第二,官僚主义和分散主义严重。1963 年 5 月 29 日,周恩来在中共中央和国务院直属机关负责干部会议的报告中,对官僚主义的种种表现做了十分精彩的阐述。他指出,官僚主义有各种表现:第一种,高高在上,孤陋寡闻,不了解下情,不调查研究,不抓具体政策,不抓政治思想工作,脱离群众,脱离实际,一旦发号施令,必将误国误民,这是脱离领导、脱离群众的官僚主义。第二种,狂妄自大,骄傲自满;主观片面,粗枝大叶;不抓业务,空谈政治;不听人言,蛮横专断;不顾实际,胡乱指挥,这是强迫命令式的官僚主义。第三种,从早到晚,忙忙碌碌,一年到头,辛辛苦苦,这是无头脑、迷失方向的、事物主义的官僚主义。第四种,官气熏天,不可向迩;唯我独尊,使人望

---

① 《推进三大革命运动,做好上海的城市工作》(1963 年 9 月 18 日),中共江苏省委党史工作办公室、江苏省档案馆编:《陈丕显文选》第二卷,中共党史出版社 2000 年版,第 343—344 页。

而生畏,这是老爷式的官僚主义。第五种,不学无术,耻于下问;浮夸谎报,瞒哄中央,这是不老实的官僚主义。第六种,遇事推诿,怕负责任;承担任务,讨价还价;这是不负责任的官僚主义。第七种,遇事敷衍,与人无争;老于世故,巧于应付,这是做官混饭吃的官僚主义。此外,还有糊涂无用的、懒汉式的、机关式的、特殊化的、摆架子的、自私自利的、争名夺利的、闹不团结的、宗派性的官僚主义等。周恩来也指出:"官僚主义在我们执政的党内,在我们的国家机关内,的确是十分有害、非常危险的。""如果听其发展,不坚决加以克服,必将造成更大的危害。"

分散主义的主要表现就是往往借口本部门、本地区、本单位的特殊性,片面强调本部门、本地区、本单位的利益,破坏国家和人民的整体利益,在党内讲策略,弄虚作假,不报真情,不执行党中央的统一政策,不服从国家的统一调度,不遵守国家的规章制度,不积极完成国家规定的任务,要东西的时候越多越好,交东西的时候越少越好,使国家计划不能正确制定和顺利执行。[①]

官僚主义和分散主义给国家造成的损失是惊人的。仅就 10 个省市和另外一些省市的 92 个单位的计算,由于官僚主义和分散主义造成的损失,就有 106 亿,如果全国算一笔总账,仅这一项数字,恐怕就不下几百亿。据山东省人委党组检查,1961 年生产救灾期间,由于不了解下情,盲目决定大量采购菜种子,造成损失 1.6 亿元。据有关初步清查估算,第二个五年计划期间,全省基本建设中报废工程和损失浪费等达 4.2 亿元,占这个期间投资总额的 15%,5 年的移民经费被挪用的达 2500 万元,占这项费用的 16% 以上。

第三,贪污盗窃、投机倒把案件比较严重。到 5 月 10 日止,全国共揭发出贪污盗窃、投机倒把的"万字号"案件 1425 件,"千字号"案件 14420 件。截至 8 月份的统计,全国各级机关企业中,已经揭发出来的贪污盗窃、投机倒把的案件,作案人数将近 20 万人。其中"万字号"的 630 多人。不少较大的案件,盗窃国家财产的数目,达到十几万元,粮食几十万斤。

各地"五反"运动的试点,大体上按照中央"关于厉行增产节约和反对

---

① 《建国以来重要文献选编》第 16 册,第 372—376、184 页。

贪污盗窃、反对投机倒把、反对铺张浪费、反对分散主义、反对官僚主义"的指示进行的,一般分为以下几个步骤:

第一,学习文件,深入开展以阶级教育为中心的社会主义教育。学习的主要内容是八届十中全会公报、人民日报和红旗杂志社最近发表的关于反对修正主义的文章。领导干部还要学习中央关于厉行增产节约和"五反"运动的指示。在企事业单位的干部中,还要学习工业、商业、手工业等工作条例。

同时,各单位结合实际情况,进一步揭发阶级斗争的事实,开展以阶级教育为中心的社会主义教育。不少单位采取了回忆对比的方法,即让许多老工人用切身经历控诉旧社会的罪恶,揭露剥削制度和剥削阶级给劳动人民造成的苦难,帮助"喝甜水长大的"青年一代不忘阶级苦,牢记血泪仇,续无产阶级"家谱",扬无产阶级革命传统。"许多工人白天在厂里回忆对比,晚上回家还同全家回忆对比。"①有的人在回忆对比中写道:

> 这时代,是无产者的地狱,
> 多么"昂贵"啊,一块粮换一个奴隶!
> 祖辈三代给巴依当牛马,
> 只因为一张血迹斑斑的卖身契!
> 皮鞭上沾满了奴隶的血和肉,
> 镣铐在身上打下仇恨的印迹。
> 鞭子叫,使人想起代代血仇,
> 复仇的烈火燃烧在心里。

第二,开展以反浪费为中心的增产节约运动。针对各地暴露出来的大量浪费的现象,中央决定在开展"五反"运动的同时,必须开展增产节约运动。工业部门,主要是厉行节约,降低成本,扭转亏损,增加盈利;努力提高质量;增加品种、规格,增加产量;提高劳动生产率。商业部门,主要是改善经营管理,降低流转费用,减少中转环节,增加盈利;提高服务质量。学校,

---

① 《陈丕显文选》第二卷,中共党史出版社 2000 年版,第 339 页。

主要是检查贯彻"教育为无产阶级政治服务"和"教育与生产劳动相结合"的教育方针,明确培养目标,提高教育质量,贯彻勤俭办校的方针。医院,主要是提高医疗质量,改善服务态度,贯彻勤俭办院的方针。党政领导机关,主要是检查改进领导,克服官僚主义、分散主义,改进工作制度,转变工作作风。同时,各地广泛开展了"比、学、赶、帮"的劳动竞赛活动,也形成了一套有组织、有计划的做法。例如,全国各地许多工厂和上海有关的工厂,从"比、学、赶、帮"的角度建立了经常联系,经常有计划地互相比较,互相学习,互相帮助,人们把这种联系叫做"对口工厂",各地派到"对口工厂"取经的人员,采取了跟班劳动、跟班操作、跟班研究、边干边学的做法。派到先进单位取经的学习团采用三结合,即由领导、主要工程技术人员、生产工人三部分组成,先进单位帮助后进单位也采用了三结合等措施。① 有的地区采取层层树标兵,定榜样,明确学赶的方向;组织技术观摩表演,广泛传授先进经验;组织先进生产者与一般生产工人签订帮学合同,共同提高;总结和交流先进经验,开展技术革命活动,按时检查规划,定期进行总结评比等方法。

第三,领导干部"洗澡下楼"、"放包袱",自觉革命。"前十条"中提出的"说服教育,洗手洗澡,轻装上阵,团结对敌"的方针,不仅适用于农村"四清",同样适用于城市"五反"。因此,许多领导干部纷纷引火烧身,自觉革命,检查自己存在的问题,从而放掉包袱,轻装上阵。如公安部的"五反"运动中,党组主要负责人和党组成员,带头检查,引火烧身,连续开了13次党组会和党组扩大会。全部44名部、局干部,在大小会上,反复洗澡,少则四、五次,多则六七次。有的局长,前后经过四次处以上干部会议,三次全局干部大会,20多天的小组会,才下了"楼"。

多数领导干部在洗澡、放包袱的过程中,做了深刻检查。有的同志说:"原来阶级斗争很具体,我们单位有,我自己也有,这回可看得见了,摸得着了。"有的检查说,在精神状态上"安福养荣"、"保本保命",以为年纪不小,挣钱不少,革命搞到这个样子就不错了。因此,一味追求"嘴头香点,手头松点,工作轻点"的资产阶级好逸恶劳的生活方式。有的检查到有黄昏思想,认为南征北战的时代过去了,太阳偏西完事了,于是饱食终日,无所用

---

① 《"一分为二"和比学赶帮》,河北人民出版社1965年版,第63—64页。

心,准备后事,安排家务。有的检查到,近几年来是无病呻吟,小病大养,不是革命,而是保命。有的检查,觉得革命多年,没有功劳,也有苦劳,多吃多占一点,特殊化一点不算什么,对自己的照顾,认为理所当然,受之无愧,对走后门、闹特殊,也是来则受之,心安理得。通过这次"洗澡"后,认识到,走后门、多吃多占、闹特殊,是阶级斗争在经济生活方面的反映,是要不要社会主义的问题,是高官厚禄、养尊处优在精神世界上的一种表现,是高薪阶层意识形态的反映,也即修正主义的根子在自己脑子里有了影响。不少同志还说,要没有这次"洗澡"检查,非常危险,感谢党的挽救,感谢同志们的帮助,振作起革命的精神。

第四,反对贪污盗窃、投机倒把阶段。在铺张浪费、多吃多占、走后门、生活特殊化等问题基本上解决了以后,各单位充分发动群众,大张旗鼓地开展反对贪污盗窃、投机倒把活动。据北京市公安局整理的贪污盗窃、投机倒把的一批典型事例反映,贪污盗窃、投机倒把的主要表现是:有的倒卖国家统配物资、统销商品和不足商品;有的倒卖黄金和各种票证;有的城乡串通、长途贩运;有的内外勾结,套购倒卖国家物资;有的开办各种地下工厂、地下修配厂、地下修建队、地下运输队、地下描图社等;有的利用职权,监守自盗,贪污盗窃国家资财;有的已成为有组织的贪污盗窃、投机倒把集团,并且出现一批大贪污犯、大盗窃犯、大投机倒把分子。这些贪污盗窃、投机倒把分子有一批原来就是资产阶级分子;还有一批是国家机关、企业干部、职工和生产队干部;有的是共产党员、共青团员、支部书记;有的是先进工作者、优秀教师;还有的是厂长、经理、科长等等。

总之,从试点情况来看,全国大部分地区已进行了学习文件、增产节约、领导干部洗手洗澡阶段的运动,少数地区进入了反贪污盗窃、投机倒把阶段。由于"五反"运动是中央作为开展阶级斗争的一项重大战略部署,因此,运动中不可避免地出现了阶级斗争扩大化的错误,一些地区也出现了自杀等极端现象。

但从总体上看,"五反"运动的部署是比较谨慎的,对贪污盗窃、投机倒把分子的处理也是比较适当的。中央"五反"指示明确规定,运动必须首长负责,亲自动手;必须从实际出发,不要主观从事,要有什么反什么,有多少反多少,在反对贪污盗窃的时候,不要主观地规定指标;必须正确地开展群众运动,但要防止逼供信,严禁打人和采用任何变相体罚,对于贪污盗窃分子,一般不要采取群众大会斗争的方式;不要急于做结论,运动中揭发出的贪污盗窃分子,都放到运动的第三阶段结束以后,即是整个运动结束以后,交给专案小组,经过细致审查,根据确凿证据,然后定案。① 毛泽东也多次强调,打击面尽量不要宽,要努力团结。这次城市"五反"中,除去那种个别恶劣的、猖狂活动的,杀人放火血债民愤很大的反革命,经过中央批准,必须杀以外,其他属于"五反"的问题,一个不杀,并且多次强调这一问题。

同时,"五反"运动对改进干部作风、提高劳动效率、促进生产发展等方面也有一定的积极作用。据山东省向华北局汇报"五反"的有关材料看,自开展运动以来,工交企业和商业在增产节约方面都获得了显著效果。如工业系统,在总产值方面,1963 年上半年完成 17.48 亿元,占年计划的47.3%,为去年同期的 102.9%;在劳动生产率方面,上半年完成 2954 元,占年计划 5632 元的 52.5%,比去年同期 2163 元增长 37%;在原材料消耗方面,大幅度降低,上半年共节约煤炭 27.7 万吨(与 1962 年实际定额比较的,不包括中央企业节约)共节约电量 3627 万度(与 1963 年计划比较,包括中央企业节约数);在利润方面,上半年盈利完成 16293.5 万元,占国家年度计划 22144 万元的 73.6%,上半年亏损完成 997.4 万元,占过节亏损指标2963.22 万元的 33.6%。盈亏相抵后,净利润 15296.1 万元,占国家计划19180.78 万元的 79.7%。商业系统,1 月至 7 月盈利 2083 万元,占全年国家计划的 24.92%;1 月至 7 月亏损 209 万元,比去年同期减少亏损 4347万元。

三、农村"四清"试点

"四清"是河北省保定地委在整风整社运动中为解决年终分配问题而创造的经验。其主要做法就是根据中央调整农村经济的方针和"六十条"

---

① 《建国以来重要文献选编》第 16 册,第 186—187 页。

精神,贯彻执行勤俭办社和民主办社方针,普遍进行清账目、清仓库、清工分、清财物(简称"四清")。保定"四清"的经验,得到了河北省委、中央和毛泽东的高度重视。1963年2月17日,河北省委把关于整风整社和开展"四清"安排向华北局、中央和毛泽东做了汇报。毛泽东批示:"两个报告各有特点,都是好文件,值得引起全国各地、中央各部门的同志认真研究一下。"①二月中央工作会议期间,经毛泽东推荐,会议印发了河北省委关于整风整社运动安排的报告。同时,正式介绍了保定"四清"经验。

1963年4月4日,保定地委向河北省委写出了《关于开展社会主义教育进行"四清"工作向省委的报告》。河北省委认为保定地委的"报告很好",批转全省参照执行,并上报华北局、中央及毛泽东。中央及毛泽东对保定"四清"运动给予高度评价。中央称保定地委的报告"极为重要,写得很好"②。毛泽东在修改"前十条"时,加上"河北保定地委的同志到农村进行调查,发现了农民迫切要求社、队认真地清理账目、清理仓库、清理财物、清理工分(简称'四清')"一段。③ 可见毛泽东对保定地委的做法非常重视。"前十条"中专列"四清"一条,重点介绍了保定"四清"经验,并认为"这个经验是重要的,应当推广"④。在5月杭州会议上,毛泽东讲:"河北现在有十个地委,下去调查都不去了,但只有保定地委才是真正的调查,保定地委开始也不是四清,是去搞分配问题,群众不同意,要四清。听群众的,才是真正的调查研究。"会议期间,毛泽东还曾举杯祝酒,"为城市五反,农村四清,挖掉修正主义根子的胜利干杯!"并认为这是"百年大计"。

5月20日,中央将保定地委关于"四清"的报告随同"前十条"下发。此后,全国各地陆续开展农村"四清"运动的试点。

从开展试点单位的总体情况来看,江苏省共组织了7000人的工作队,搞了67个公社,占全省公社总数(1847个)的3.6%。北京市郊区农村定点25个(公社21个,大队4个),其中市与县(区)合搞的有11个,县(区)试点14个,25个试点中共有266个大队,1197个生产队,63000户。山西省组

---

① 《建国以来毛泽东文稿》第10册,第257页。
② 《建国以来重要文献选编》第16册,第313页。
③ 《建国以来毛泽东文稿》第10册,第305页。
④ 《建国以来重要文献选编》第16册,第321页。

织了 2435 个干部,在 19 个公社,166 个生产大队,开展了"四清"试点工作。其中省委的试点单位有 3 个大队,地、市委的试点单位有 3 个公社,40 个大队,其余为县的试点。东北三省的 26 个社、队进行了试点,省、地、县三级派出的工作队有 6200 多人,东北局和三省省委的一些负责同志参加了试点。江西省于 1962 年 11 月中旬,各地开始试点。到 1963 年 2、3 月间,全省共集训生产队以上干部 70 万人左右,全省 28000 多个大队,有 26000 多个大队(约占 90%)开展了教育。"前十条"下发后,江西省委于 1963 年 6 月底至 7 月初召开三级干部会议,对运动的部署做了比较大的调整。决定在 153 个公社进行试点。在此基础上,1963 年冬至 1964 年春铺开第一批 726 个公社。这样第一年便可完成全省 30.3% 的公社,整个运动可在两年半到三年的时间内搞完。到 1964 年 5 月,实际进行了试点的有 165 个公社,其中省委直接进行试点的共 20 个公社,有安义县的 18 个公社,南昌县的八一公社,东乡县的水南公社。而第一批实际开展运动的只有 232 个公社,第一年只完成 397 个公社,占全省公社数的 13.7%,还不到计划数的一半。全省抽调参加工作队的干部 8467 人,另外组织了 83000 多名干部下农村宣讲"双十条",进行面上的社会主义教育运动。宁夏于 1963 年 7 月成立"社教"运动办公室后,在青铜峡县的叶盛公社、西吉县的兴隆公社开展了社教试点。马玉槐、马信、江云等自治区主要领导人亲自带队蹲点。与此同时,由自治区和各市、县抽调干部组成工作队伍,在全自治区各市、县的 11 个公社、113 个生产大队、753 个生产队开展了试点。广东省于 1963 年 7 月召开了全省县委书记会议,着重讨论了"四清"中组织队伍问题。会后,开始农村"四清"试点。广州市委也召开了郊区委、县委书记会议。研究部署农村"四清"运动,决定以市郊石井公社、花县炭步公社、从化江浦公社为"四清"试点。安徽省全省抽调 2 万名干部到农村搞试点。山东省根据中央部署,陆续组织了 2.8 万多名干部开展社教试点工作。上海郊区农村从 1963 年 3 月下旬开始,先后抽调 1474 名干部组成工作队分赴郊区人民公社开展"四清"试点。6 月 24 日至 7 月 10 日,市委召开农村三级干部会议,学习贯彻"前十条",并教育和启发干部自觉交待问题,洗手洗澡。此后,试点工作陆续开展。从一开始的 6 个公社,随后扩展到 17 个、44 个公社,直至扩展到郊区 10 个县的 61 个公社,占全郊区 197 个公社的 31%。内蒙古自治区在华北局于 6 月召开的第三次委员(扩大)会议之后,研究决定分别在农村、牧区和城市进行试点,以取得经验。试点地区有乌盟卓资县、呼和浩特市郊区桃花公社贾家营、兴旺庄两个大队。河北省组织了近 3000 名干部,搞了 328 个大队的"四清"试点。到 1964 年 2 月 20 日,省委搞的 15 个大队和地委搞的 53 个大队,已经结束或即将结束。县委的试点,因为开始的晚,一部分已结束,大部分还在"四清"阶段。

从全国各地"四清"试点的基本方法和步骤看,大体上可分为以下几个阶段。

第一,摸清阶级斗争的基本情况,宣讲中央政策,在此基础上,组织阶级队伍。

工作组进村后,先通过访贫问苦,摸清大队的基本情况,包括土改、合作化、公社化、阶级、党组织和干部情况等。之后,工作组开始向干部和各阶层群众亮明政策,交底交心。首先向大队党总支交底,然后按照先党团员、干部,后贫下中农群众的步骤,传达和宣讲中央和毛泽东关于目前农村工作的指示精神,主要宣讲"八届十中全会公报"、"前十条"和"六十条"。

在"讲"的基础上,进行"组",就是扎根串联,访贫问苦,组织阶级队伍。一般是先寻找老贫农根子,同时进行严格的四查,即查成分、查历史、查思想行为、查社会关系。把苦大仇深、立场坚定、政治可靠、劳动积极、作风正派的贫下中农骨干选出来。这一步工作是相当困难的。如有的贫农积极分子说:"这回的积极分子,真是沙里澄金找出来的。"有的说:"过去划成分是草筛子过,这回是小米筛子过细箩。"如有的地区提出四不要:历史上干过坏事的不要;与地富、投机倒把分子有拉拢的不要;劳动不好,有过偷摸行为的不要;与手脚不干净的干部有拉拢的不要。

在此基础上,各生产队普遍建立了贫下中农委员会,下设贫下中农小组,并选出了主任和委员。这样开展运动的基本组织就建立起来了。组织阶级队伍的目的,就是为了"战斗"。各地工作组动员广大贫下中农积极分子大揭阶级斗争的盖子。一般是先由领导干部做阶级斗争的辅导报告,把资本主义倾向、封建复辟活动以及社会上的各种"歪风邪气"、"牛鬼蛇神"拿来示众,然后放手发动群众展开讨论,背靠背的揭发问题。

第二,大放包袱,开展"四清"。

大量的阶级斗争揭发出来以后,首先是干部"洗澡",放包袱,目的是解放 90%以上的大多数,便于轻装上阵,一致对敌。"洗澡"的方法一般是"洗温水澡",要形成一个热烈的政治空气,面对面的检讨,背靠背提出批评意见,以便互相帮助,互相影响,互相推动。由于许多农村在运动前干群矛盾比较突出,运动开始后,干部普遍比较紧张。

　　在帮助干部"洗澡"、"放包袱"的同时,开始"四清",即清账、清财、清库、清工。大队建立"四清"委员会,小组建立"四清"小组。"四清"首先是从群众最关心的粮库清起,将库存查出后,转而进入查账。

　　查账是"四清"中最关键的一环。查账过程中,一般采取了以下几种做法:一是"四清"小组查账与群众鸣放相结合。根据群众提供的线索,有重点地查账,并且用查账的结果推动群众鸣放。二是内查外调相结合。在清理各种票证和奖励物资时,都到粮站、棉站等有关部门查出数据,与账上数字核对。三是发动干部、群众找漏账。由于账目不全,账账不符、账实不符是普遍现象,就采取找漏账的办法,先把账补上。四是查账与调查研究相结合。有些问题账上无从查证,就采取调查研究的办法。五是小型对证会。账外的问题主要靠干部放包袱把问题落实。干部谈的情况与群众提出的情况有出入时,"四清"小组就召开有关人员的小型对证会,当面对证。六是群众运动与专案调查相结合。有的问题案情较大,问题复杂。群众提出线索后,就建立专案小组进行查证。

　　通过"四清"运动有力地促进了干部作风的转变,群众对此反映比较积极。有的说:"洋学生变成了庄稼汉,官老爷变成了农民,干部放下架子和社员一样了。"有的说:"过去是队长见队长,钞票哗哗响,你说买飞鸽(自行车),他说买国防(自行车)。现在队长见队长,忙着把活抢,你说买小车,他说买粪筐。"广大干部也受到深刻的教育,有的说:"四清救了命,今后一伸筷子,一动手,就得想想这次四清,再也不犯这错误了。"

　　第三,群众"洗手洗澡",加强自我教育。

　　在干部"洗澡"和"四清"工作基本结束后,有的地方专门拿出一段时间,向广大群众进行社会主义教育,号召群众自觉革命,"洗手洗澡"。

　　干部认真"洗澡"和积极退赔,对群众影响、教育很大。有的群众说:"干部的包袱放下了,咱们社员的包袱也得放放,洗洗思想,这样才公平合理,才能团结一致。""人家能自觉革命,咱也能自觉革命。""早洗水清,晚洗水浑,晚洗不如早洗。"如有一社员,偷拿过队里的豆子、玉米。十分悔恨,激动得站起来连连检讨说:"共产党、毛主席领导咱们穷人翻了身,可我不争气,办出了这样丢人的事,坑了集体,害了自己,这臭包袱不放,我的脸给那儿搁!"随即当众表示:"以后决不再动队里的一个谷穗。"

在群众放包袱的同时,各地也广泛开展了大讲"三史"、讲故事等活动,进行回忆对比、忆苦思甜,从而达到自我教育的目的。用家史、合作化史、村史教育农村青年,这是东北局宋任穷向中央及毛泽东所做的《关于农村社会主义教育的两个报告》中提出的。其主要做法是请一些苦大仇深、觉悟高的老贫雇农现身说法,回忆对比,讲家史、村史、合作化史,启发群众的阶级觉悟和社会主义觉悟。讲村史前后,有的大队演了"三世仇",展览了今昔对比的漫画,将本村的村史及一部家史登上黑板报;有的还放映了"暴风骤雨"等影片,激发群众的阶级感情。许多人看了电影、戏剧都感动得流了泪。

贫下中农的回忆对比,进一步激发了群众的阶级仇恨;干部"洗手洗澡",轻松上阵,下一步就是集中火力,一致对敌了。

第四,集中火力,对敌斗争。

前一阶段的运动,经过艰苦细致的访贫问苦、扎根串联,组织了开展对敌斗争的基本队伍。经过"四清"和社会主义的自我教育,干部和群众放了包袱,地富反坏的破坏和投机倒把的罪恶被充分暴露和孤立起来,于是,工作组率领贫下中农,集中火力,开展对敌斗争。

第五,整顿组织,巩固成果,大搞生产。

"四清"运动中,由于揭发出许多干部贪污盗窃、投机倒把、多吃多占、腐化堕落。因此,各地在"四清"的同时,也进行了整党工作。

整党工作的方法和步骤一般为:第一,教育党员。主要通过上党课,讲解党的性质、目的、现阶段的任务、党员十条标准以及党的团结等问题。第二,鉴定和重新登记。先由每个党员作自我检查,同时表明自己是否申请登记,愿意申请者填写申请书,然后由其他党员和列席会议的贫下中农积极分子提意见,作出鉴定,同时讨论是否准予登记,是否给处分。对于不提出申请登记,即准予退党,不再进行讨论和鉴定。最后把每个党员的书面鉴定和处理意见在支部大会上正式通过。第三,组织处理。对犯有严重错误、思想认识不深刻的党员,经支部党员讨论通过开除党籍;对于性质严重,但在运动中悔改表现好的人,给予从轻处分。第四,支部改选,健全领导核心。

从试点的总体情况看,大部分地区搞得比较好,基本上能够按照中央制订的"前十条"的规定开展运动。如规定"四清"的基本方针是说服教育、"洗手洗澡"、轻装上阵、团结对敌,对运动中揭发出来的坏人坏事,其处理方法必须以教育为主,惩办为辅,防止逼供信,严禁打人和采用任何变相的体罚等。这些规定,就开展运动本身而言,是正确的,使运动能够纳入良性循环的轨道。同时,试点阶段的"四清"基本上限于经济领域,即小"四清",而政治上、组织上、思想上的"四清"尚未大规模开展,阶级斗争的火药味不太浓烈。而且各地基本上一方面成立"四清"小组,一方面成立生产小组,在搞阶级斗争的同时,也抓生产斗争。

但是,由于各地开展运动之始先入为主,认为农村存在严重的阶级斗争,存在地富反坏的封建复辟活动和新生资产阶级势力的猖狂进攻。因此,在运动中,人为地制造了不少阶级斗争不断激化的事实,产生了打人、捆绑罚跪、吊人等极端现象,影响了农村社会的稳定。据薄一波回忆,湖北省第一批试点铺开前后死了 2000 多人。第二批试点开始后,仅襄阳在 25 天内就死了 74 人。广东在试点中,共发生自杀案件 602 起,死亡 503 人。[①]

1963 年 1 月 14 日,中共中央向各中央局,各省、市、自治区党委、西藏工委发出《关于在社会主义教育运动中严重打人的通知》。《通知》指出:根据许多地区的材料反映,在农村社会主义教育运动中,有些地方发生打人和乱搞斗争等违法乱纪现象。这件事应该引起全国各地党组织的严重注意。请各地的县一级以上党委,立即进行一次检查,并且采取有效措施,坚决防止纠正。中央已经多次指出,不仅在人民内部的教育运动中,绝对不允许采取打人、罚跪、捆、吊这类粗暴办法,对于有违法行为的地主、富农和贪污盗窃分子、投机倒把分子等,也应该依法惩处,而不要用打人等办法对待。凡是已经发生打人现象的地方,由上级党委负责,进行严肃的处理,对犯有这种错误的人,特别是领导干部,应该责令认真检讨,情节严重恶劣的,给以必

---

① 薄一波:《若干重大决策与事件的回顾》(下卷),第 1150 页。

要的纪律处分,并且向群众进行适当的解释,消除群众的怀疑误会。①

四、"后十条"

鉴于试点中出现的问题,中央认为有必要对运动中的一些具体政策做出明确的规定。1963 年 5 月 15 日至 6 月 15 日,彭真同志到河北、江西、湖南、广西、云南、贵州、四川、陕西等 8 省视察工作,在河北,他找了县委书记谈了"四清",在西南局、西北局,他找领导同志谈了话,并听取了一些地委、县委和蹲点工作组同志的汇报。7 月 4 日,彭真向毛泽东和党中央写了《有关当前阶级斗争、社会主义教育和四清、五反等若干问题的报告》。

在这一《报告》中,彭真同志如实地反映了运动中存在的问题,并提出了解决的措施。第一,运动中存在急躁情绪。部分领导同志没有准备好,甚至根本没有准备,就想大干,对这次伟大革命运动的艰巨性和复杂性认识不足,估计不足。因此,认真学习中央和主席的有关指示,是十分必要的。一方面,要下定决心,充分发动群众,把运动搞深搞到底;另一方面,要防止急躁情绪,要有计划、有步骤的开展这一运动。第二,关于"四清"的时限问题。在中央指示中,尚未作统一规定,各地做法也不尽一致。看来,清得过远并没有必要,害多利少,而且群众也不一定都这样要求。一般从"六十条"草案下达到农村的时候,即从 1961 年下半年起,就可以了。希望中央能有一个统一的规定。第三,关于团结教育上中农问题。有些地方贫下中农很厌恶、痛恨上中农,甚至侵犯一般富裕中农,有的地方已经提出打击"单干头"、打击"暴发户"的口号,分了"暴发户"多余的粮食。对于上中农必须加以分析,区别对待。上中农的绝大多数是拥护公社集体经济的,表现是好的。因此,必须教育党员、干部和贫下中农了解:上中农虽然有两面性,但这个阶层是我们的朋友,决不是我们的敌人。第四,关于工作人员中的地富和资本家子女问题。有的地方,对于他们中间有一般性错误的人,也采取厌恶

---

① 《建国以来重要文献选编》第 16 册,第 84 页。

和仇视的态度,因而有打击面过宽的倾向。要教育党员、干部,对地主、富农、资本家子女要区别对待,要看到他们中间,有表现很坏的阶级异己分子,有表现很好的改造好的分子,也有一些中间状态的分子,要注意区分敌我问题和人民内部的是非问题,分别进行斗争或团结教育工作。第五,对于犯错误干部的区别对待问题。在运动开始阶段,首先要在党员干部中,在贫下中农积极分子和群众中,分清两类矛盾。在共同对敌的前提下,发动党员干部主动"洗手洗澡",解决党群关系、干群关系,使干部轻装上阵,同贫下中农一道,团结上中农共同对敌。第六,工作组下去和依靠原有组织问题。对于领导被地富篡夺的、蜕化变质的社队,或者因为别的原因,情况很混乱,无力领导运动的社队,应该派工作组去发动群众改造领导。在正常的情况下,一般应该领导、教育并且基本依靠原来基层的组织和干部进行此次运动。第七,对于贪污盗窃、投机倒把分子的处理问题。对于贪污盗窃、投机倒把分子,必须坚决揭露,严肃批判,应该退赔的,必须退赔。同时,要在不损害严肃性的原则下,尽可能从宽处理。对于那些老老实实地交待、退赔了款物、坚决悔改,特别是有立功表现的,纵然贪污盗窃数目较大,也可以不以贪污论罪,至于是否给以行政处分或党纪处分,可以根据情节轻重,另行处理。从彭真报告中提出的问题以及解决措施看,实际上是为中央九月工作会议制订"后十条"做了重要的政策准备。

1963 年 8 月 13 日,中央发出《关于对农村工作若干政策问题准备意见的通知》,要求各中央局准备关于贫下中农组织中的若干问题、对于犯错误干部的政策问题以及对于新生资产阶级分子的政策问题等材料。8 月 29 日,中央发出关于召开中央工作会议的通知,决定于 9 月 5 日召开工作会议,拟讨论的问题有工业发展的方针、1964 年的国民经济计划、农村工作以及国际问题。

根据中央指示,各地陆续向中央提供了有关社教运动和农村问题的材料。如国务院农林办公室秘书组整理的关于处理自留地、开荒地和宅基地问题的一些材料;公社组整理的各地对于审查清理农村阶级的一些意见案以及九个贫下中农组织条例;共青团中央书记处关于在农村社会主义教育运动中对待地主、富农子女的政策问题的意见;中组部关于在"四清"运动中对基层干部的若干政策问题的意见;公安部党组关于在"四清"运动中对敌斗争的九个问题的意见以及安子文同志关于增产节约和"五反"运动的情况和今后意见的报告等。

在经过充分的准备和酝酿后,9月6日至27日,中共中央在北京召开了工作会议。会议就农村社会主义教育运动中若干政策问题展开了讨论,并由邓小平同志和谭震林同志主持、田家英同志执笔,起草了《关于农村社会主义教育运动中的一些具体政策问题》(1963年9月中央工作会议纪要)

工作会议期间,与会者就这个纪要提出了若干修改意见,主要集中于以下几个问题:第一,干部的处分面。纪要第一稿中,关于干部的处分面规定,以县为单位,受处分的干部控制在2%以内。对于这一规定,东北组代表在9月14日的讨论中认为,以县为单位控制处分干部的比例,实际上似有困难,因整个运动一般要两到三年结束,而对干部的处理,是不可能等待全部运动结束的,可考虑以公社为单位控制打击面。受处分的干部控制在2%以内,比例可能高了,建议改为控制在1%左右。华东组在9月16日的讨论中也认为,文件中对干部处分的面控制在2%以内的规定,加上要坚决打击的蜕化变质和混进来的地富反坏分子1%,就占了3%,大家认为,这样处分面过大了,除了蜕化变质和混进来的地富反坏分子有多少清洗多少外,干部的处理面一般以控制在1%以内为好。第二,对于一些篡夺了领导权的社队,要撇开原来的基层组织,首先夺回领导权的提法,西南组的同志提出,在未判明社队的领导权真正是被敌人篡夺前,不要撇开原来的组织,以免被动。另外,建议把被篡夺领导权的界限写一写,约束一下,不要轻易搞夺权斗争。第三,合作化以后,依靠不正当收入而富裕起来的贫、下中农,是否要改划成分,讨论中有相反的两种意见。绝大多数同志主张不再改划。第四,新上中农和一般老中农中少数从互助组以来一直表现很好、坚定地走社会主义道路的人,可否参加贫下中农组织,也有两种完全相反的意见。第五,对于有反动言行的地富子女,是否戴地富帽子。因为这些人在土改中年龄还小,好些同志不赞成给他们戴地富帽子,主张犯什么罪戴什么帽子。第六,关于贪污分子的处理意见,有的同志提出,只要检讨的好,可以按主席在去年的指示,不戴帽子,不以贪污论处,并且建议把主席指示的原话写在纪要上。

9月27日,毛泽东在中央工作会议最后一次会议上强调,现在,我们城乡的工作应该抓紧做好,刚才总理讲的城市"五反",农村十条,在明年这一年要进一步展开,可能后年还需要一年,也许要三四年才能搞好。要团结绝大多数,团结95%以上的人民、同志与群众,孤立那个极少数的确是破坏分子、反动分子。也不是都要提,也不是都要杀。杀戒要极力缩小,提人要少。你提起来,关起来,不好办,放出去以后还是捣乱。还是依靠群众来监督他们,用公开批评的办法,用我们农村搞十条这样的做法,使他失掉市场。

在经过多次修改后,9月27日,田家英将第五稿交送谭震林并转邓小平。同天,邓小平在中央工作会议最后一次大会上,向全体与会者宣布:这个文件大体上比较好。① 10月5日邓小平将文件送毛泽东,并指出:"主席,我看这个文件可以了。请你抽暇审阅修改后定稿。"同时,刘少奇、周恩来也审阅了第五稿。

在这之后,毛泽东又找河北省委、河南省委以及中南局和中南一些省的领导同志讨论了一次,在上面增加了一段点面结合的问题。后来又到浙江找华东局的领导同志,以及华东各省委第一书记,此外还有刘少奇、邓小平、周恩来,开会讨论了一次。可见,中央和毛泽东对"后十条"是相当重视和十分谨慎的。据文件起草人逄先知的回忆,当时,党内有些人,包括某些地方上相当负责的人的议论,说是右了。这对田家英无疑形成一种压力。正在这时,从武汉传来了毛泽东亲自为中共中央起草的关于要在全国宣讲两个"十条"(即"双十条")的指示。当我们听到这个消息时,心里真是一块石头落了地,"后十条"草案得到了毛主席的认可了!② 10月25日,毛泽东起草了《关于印发和宣传〈关于农村社会主义教育运动中的一些具体政策问题(草案)的通知〉》,要求将这个文件向农村全体党员和全体农民宣读,同时要向城市的一切人宣读,对农村和城市的地富反坏分子及右派也要宣读和讲解。

中央政治局根据毛泽东的意见,于10月31日召开第116次会议,由刘少奇主持,专门讨论"后十条"的修改。据田家英的介绍,毛泽东修改送回后,他又做了比较大的修改。一是将半农半商改成附带做点小生意。这是

---

① 董边、镡德山、曾自编:《毛泽东和他的秘书田家英》,第98页。

② 董边、镡德山、曾自编:《毛泽东和他的秘书田家英》(增订本),中央文献出版社1996年版,第98—99页。

彭真同志提的意见。二是林克同志来电话说,主席和江西省的同志谈话时,江西的同志觉得这个文件对多吃多占的干部处理写的太宽了。主席说,准备和华东和上海的同志谈一下再说。而柯老他们主张在文件上写宽一点,这主要看多吃多占的干部检讨的好坏。小平同志加上了"干部贪污的,只要检讨好的,可以不戴帽子"的意见。此次会议期间,刘少奇同志谈了对多吃多占的干部的处理问题,他认为,主要是批评和让他们检讨,文件应该加一个批评和自我批评。经过批评,他又没有发火,认识了错误那就好了。这次会会议讨论的结果,又对文件做了几处重要修改。一是文件名称,认为这个文件实际上是一个正式文件,不是一个什么工作会议的纪要,还是将草案保留,将纪要勾掉,可以把这个文件的标题改一下,改成一个正式规定,叫《中共中央关于农村社会主义教育运动中的一些具体政策问题的规定(草案)》。二是关于党、团员、贫下中农青年同地富子女通婚问题,文件作了种种限制。刘少奇认为,结婚可以,但是要加一点,让他们注意不要受社会的坏影响,只要不受坏影响那有什么不好的,反过来还要影响改造他们。三是将文件中"地主、富农的子女,一律不能担任基层领导干部",改为"一律不能担任本地的基层领导干部"。四是将文件中"一切重大的事情,在党内讨论之前,应当征求贫、下中农组织的意见",改为"一切与社队有关的重大事情",因为有党的问题,党内问题都拿到贫下中农组织中去征求意见就不合适了,这也是对贫下中农组织工作范围的限定。

这次政治局会议基本上通过了修改后的第六稿。11月1日,刘少奇同其他领导人到上海,向毛泽东汇报了政治局会议讨论的情况,并在毛泽东主持的有华东局负责人和华东各省第一书记参加的小型会议上对文件做了进一步的修改。[①] 11月4日,又由邓小平同志主持进行了最后的讨论修改。当日,由田家英将修改稿送毛泽东审阅。11月14日,由刘少奇同志主持会议,正式通过了这个文件,随即由毛泽东批准发出。这个规定草案,后来称为"后十条"。

由于"后十条"是在"前十条"的基础上加以撰写和完善的,因此,两个文件既有相同之处,又有不同之处。相同之处:第一,都强调社教是一次深刻的

① 金冲及、黄峥主编:《刘少奇传》,中央文献出版社1998年版,第950页。

社会主义革命,并提出"是一次比土地改革运动更为复杂的大规模的群众运动",说各地的试点充分证明,社教"对于打退曾经嚣张一时的资本主义势力和封建势力的猖狂进攻,对于巩固农村社会主义阵地和无产阶级专政,对于铲除发生修正主义的社会基础,对于巩固集体经济、发展农业生产,都有着极其重大的作用",并引用"前十条"最后毛泽东的话,说"这一场斗争是重新教育人的斗争",社教之后"全国将会出现一种欣欣向荣的气象"。

第二,都强调阶级斗争。说"毛泽东同志对于社会主义社会中的阶级、阶级矛盾、阶级斗争问题的分析和指示,具有伟大的革命意义和历史意义。"社教问题应该抓住五个要点,而这五个问题中间,"阶级斗争是最基本的,学习毛泽东同志关于社会主义社会中的阶级、阶级矛盾和阶级斗争问题的思想,深刻的领会这个思想,是正确的开展和领导社会主义教育运动的关键和前提。以阶级斗争为纲,抓住五个要点。""这就是这次社会主义教育运动的基本方针。"

第三,都强调依靠贫下中农组织。"前十条"中说:"不可忘记依靠贫下中农"、"依靠贫农、下中农,是党要长期实行的阶级路线。在整个社会主义历史阶段,一直到进入共产主义以前,我们要在农村中进行社会主义改造和社会主义建设,要发展农业生产,不依靠他们依靠谁呢?""后十条"中专列"关于贫、下中农组织"一项,对贫下中农组织的建立以及经常性工作做了规定,并把建立贫下中农组织作为社教运动的十二项工作之一。

第四,都强调干部参加集体生产劳动,双十条都十分重视此问题,认为"干部按照规定的制度认真参加集体生产劳动,对于社会主义制度来说,是带根本性的一件大事。干部不参加集体生产劳动,势必脱离广大的劳动群众,势必出修正主义。""后十条"进一步强调:"动员和组织干部参加集体生产劳动,是社会主义教育运动的一个重要内容"、"争取在三年内使全国各地农村干部都认真地参加集体劳动,并且长期地坚持下去。"还提出要"提高认识,提高觉悟,提高参加集体劳动的自觉性"、"必须建立一套切实可行的规章制度"、"改进各级领导机关,主要是县级两级机关的领导作风"等。①

---

① 《建国以来重要文献选编》第16册,第385—389、316—317、325、411页。

不同之处:第一,强调团结95%以上的干部,依靠基层组织和基层干部。认为工作队如果只在基层干部的圈子里打转,不去扎根串联,不发动贫下中农群众是不对的,但是,如果把基层组织和原有的干部抛在一边,不依靠他们进行工作,也是不对的,工作队的任务,重要是给基层干部当参谋,出主意,进行指导和帮助,启发基层干部善于分析问题,确定方针和方法,而决不能包办代替;文件提出绝大多数的农村基层干部都是好的,是能够坚持社会主义道路的,在积极参加阶级斗争和生产斗争的过程中,他们的缺点和错误是能够逐步改正的,他们的思想意识是能够逐步提高的。试点经验证明,团结95%以上的干部,是团结95%以上的群众的一个前提条件。文件认为,不可挽救的蜕化变质分子和混进来的地富反坏分子,不过占1%左右,对犯错误的干部总的精神是教育为主,在具体做法上要划清政策界限,做好教育工作,做好经济退赔和组织处理工作,处分要实事求是,该受什么处分,给什么处分,处分的面要严格控制。除开不可挽救的蜕化变质分子和混入干部队伍中的地富反坏分子以外,这类人,有多少清洗多少。以县为单位,把受处分干部的人数,一般的控制在2%以内。

第二,强调团结95%以上的群众,认为这是进行社教必须执行的一项根本政策,为此文件提出:1.分清敌我矛盾和人民内部矛盾的界限,并且正确处理人民内部矛盾,具体来说,要分清以下几个方面的界限,即必须把进行复辟活动的阶级敌人同那些一时糊涂而被敌人利用的落后群众,加以区别;把投机倒把分子同资本主义倾向比较严重的农民加以区别;把投机倒把活动同正当的集市贸易活动、临时的肩挑运销及小量的贩运活动,加以区别;把资本主义自发势力同正当的社员家庭副业,加以区别。2.必须团结中农。在对待中农问题上,主要是对待上中农,文件认为这是能不能团结95%以上的农民群众的一个重要问题,由于在划分上中农时存在不同标准,文件强调,划分上中农的标准是,占有较多生产资料和进行轻微剥削。文件也指出,在组织阶级队伍的时候,需要确定那些人是老下中农。但除了个别情况特殊地区以外,都不重划阶级。农民的阶级成分,应当以土地改革时期划分的成分并且参照合作化以前变化了的成分,作为依据。对上中农的资本主义倾向,必须教育、批评,情况严重的还要进行必要的斗争。但不能笼统地反对上中农。我们所反对的,只是少数资本主义倾向严重的上中农损害国家利益、集体利益和社员利益的思想和行为。3.正确处理地富反坏分子问题,基本方针是,必须坚决打垮资本主义势力和封建势力的进攻,同时,必须把斗争的锋芒,准确的、集中的指向有严重破坏活动的地富反坏分子,不要扩大打击面;对于有破坏活动的四类分子,基本上采取"一个不杀,大部不捉"的方针;对于有破坏活动的漏划的地主、富农分子一定要清查出来,但不需要一般的进行清查漏划地主、富农分子的工作。4.正确对待地主、富农子女。团结95%以上的群众,应当包括地主、富农子女中的大部分人,也就是他们当中一切可以争取的人。

第三,强调要结合社会主义教育运动,整顿农村党的基层组织,认为社教实际上也是一次群众性的整党运动。社会主义教育运动的整个过程,也就是整顿党的基层组织的过程。整顿党的基层组织,应当采取党内批评和党外批评互相结合的方法。

第四,强调同生产工作紧密结合。文件指出,在社会主义教育运动进行以前,在干部的认识上,往往可能注重生产而忽略阶级斗争。在运动开展起来以后,特别是群众发动起来以后,又往往容易忽略生产。这两种倾向都应当避免。社会主义教育运动的进行,必须同生产工作紧密地结合起来。运动进行的每一个步骤,都不能耽误生产。运动的一切措施,都应当有利于生产。在整个运动中间,随时都要注意把群众的政治热情和劳动积极性,引导到巩固集体经济、发展农业生产上去。

第五,强调必须点面结合,积极做好面上的社会主义教育工作。因为这次社教是由点到面、分期分批铺开的,暂时不系统搞运动的社、队,在一个时期内占大多数,而且由于点上运动的开展,对面上必然引起很大的震动,如果放松了广大面上的工作,就会造成严重的损失。文件同时也规定,如果在面上发现一些情况特别严重、阶级斗争特别尖锐、问题非及时解决不可的社、队,应及时派工作队下去,进行系统的社教。

总之,从"后十条"的最初准备、起草以及修改过程看,这一文件的制定是经过了大量的调查研究和多次讨论后集体智慧的成果,是对社教试点的经验总结,也是"带有一定反'左'和防'左'意义的文件。"① 如文件对团结

---

① 董边、谭德山、曾自编:《毛泽东和他的秘书田家英》(增订本),第100页。

两个95％的政策规定、强调社教必须同生产相结合、整顿党的组织、干部参加集体劳动以及对中农和地富子女的处理政策等等,这对于防止扩大打击面、改进党的作风、促进农业生产,从而保证运动健康进行,都是非常必要的。但是,"后十条"的基本指导思想是要"挖修正主义根子",并且提出了"一纲五点",即以阶级斗争为纲,抓住五个要点:阶级斗争、社会主义教育、组织贫下中农阶级队伍、"四清"、干部参加集体劳动。并认为,这就是社会主义教育的基本方针。这就明确提出了"以阶级斗争为纲"的方针,使阶级斗争的弦越绷越紧,不可避免地导致阶级斗争扩大化的错误。而且,随着运动的发展,必然要把阶级斗争看得越来越严重、尖锐,从而使试点中存在的"左"的错误,因有"以阶级斗争为纲"这个理论根据而更加发展。因此,"后十条"草案的下发,并没有也不可能阻挡运动的继续"左"倾。

第三章 "四清"全面铺开

1964年2月,毛泽东在同金日成谈话时说:"如果中国变成修正主义,天就黑暗了,你们怎么办?要做思想准备,要高举马列主义的旗帜反对中国的修正主义,这样中国人民是会感谢你们的。"

"四清"运动的根本目的就是"挖修根",而经过一年多的运动后,在毛泽东看来,社会上的阶级斗争仍然十分尖锐,地富反坏分子猖狂活动;基层干部贪污腐化、多吃多占;党内高层又出现修正主义,这一切使毛泽东更加坚定了搞"四清"运动的决心,而且必须进行到底、要打"歼灭战"。

一、"双十条"宣讲

1963年5月20日,中共中央在印发"前十条"时明确规定,"凡是暂时不准备执行这个运动的县、社和大队,则暂时不要传达。"①"后十条"制定后,中共中央于11月14日发出了《关于印发和宣传农村社会主义教育运动问题的两个文件的通知》,对上述规定做了重大修改,决定将两个文件向全国农村每个支部发出两本,由县委、区委、公社党委领导干部负责向全体党员和全体农民宣读。城市工厂、机关、学校、街道的一切党支部都要发给两本,由市委、区委指定负责干部用口头向一切人宣读。人民解放军、人民公

---

① 《建国以来重要文献选编》第16册,第310页。

安部队、人民警察,照此办理。民主党派成员,由统战部召集大会小会宣读,并发给他们阅读。同时,对农村和城市的地富反坏分子及右派,也要宣读和讲解这两个文件,以利于对他们的教育和改造。

通知发出后,各地先后开始了"双十条"的宣讲活动。江苏省委于1963年12月20日向中央及华东局汇报了在农村基层干部和群众试读讲解中央两个文件的基本情况。23日,中央发出《关于在春耕前讲解一次两个文件的指示》,要求各地"争取在春耕以前,在农村、城市、军队、机关、学校(小学除外)普遍讲解一次,并且略作讨论,粗线条地解决一些问题"①。12月14日,毛泽东就部队宣讲两个文件致信林彪,提出:"由团营两级理解力强的军政干部向连队一切人员分几次宣读、讲解、讨论,由群众提出意见,讲解员解答疑难问题,是会成为一个大规模社会主义政策教育运动的。军师两级也可派一部分强的干部下去,杂在团营干部中,向连队宣读、讲解,作为军官当兵的一种形式。至于高级首长,例如瑞卿、肖华、杨勇、廖汉生、许世友、黄永胜、刘亚楼等等同志也应择一二个连队去作一二次讲解……军队一动起来,还可抽出一些干部帮助地方,向工厂、农村作宣讲工作。这样又可以使军民联合起来,人民了解和拥护军队,军队了解和帮助人民,更是一大好事!"②16日,中国人民解放军总政治部接到毛泽东的指示后,立即做了部署,在军队中开展了宣讲活动。1964年1月14日下午6时,华北局发出了《关于在农村宣讲中央两个文件工作中几个问题的紧急通知》,此后,华北各地普遍改变了前段时间宣讲较慢的做法,重新进行了部署,加速了宣讲活动。3月22日,中共中央又发出了《关于在全党组织干部宣讲队伍把全党全民的社会主义教育运动进行到底的指示》,要求两个文件"应在几年内分几次在城乡全党全民中宣读,讲解,发问,答问,由粗到细,由浅入深,结合当地实际情况,深入调查研究,直到确实解决问题。为此要组织宣讲队伍,"并指出:"从中央委员到县委市委委员,与县一级相同的党委委员以及其他有相当文化和政治水平的同志,除年老体弱及有病者外,一律要使他们充当宣读员,至少一次到两次。避免不去的,叫做消极怠工分子。"③

---

① 《建国以来重要文献选编》第 17 册,第 383—384、577 页。
② 《建国以来毛泽东文稿》第 10 册,中央文献出版社 1996 年版,第 449—450 页。
③ 《建国以来重要文献选编》第 18 册,中央文献出版社 1998 年版,第 331—332 页。

为贯彻中央指示,使"双十条"做到家喻户晓,人人皆知,各地组织了大量的干部和宣讲队伍,向群众宣讲"双十条"。如江苏省委组织县以上机关干部和17000多名工作队队员学习两个文件,并部署各地先在县、市三级干部会议上宣读讲解,还要求地市委的负责干部亲自深入一两个社队向群众试读讲解。① 河北省接到华北局的紧急通知后,几天之内,全省抽调了12万名干部参加宣讲,其中公社书记、社长以上骨干26000多人。从1月20日前后各地宣讲工作已普遍陆续铺开,到春节前,全省农村和城市已普遍宣讲一遍。军队系统绝大多数高级首长和各军区、军种、兵种、各大院校的主要领导干部积极响应主席号召,下连宣讲,很快形成一支4万多营以上干部(内有400名将军)的宣讲队伍,在1400多个基层单位进行了试点,半个月内,就在全军范围内掀起了宣讲高潮。

　　从各地宣讲的基本情况来看,其方法和步骤大致有以下几点:

　　第一,做好组织发动工作。在宣讲前充分做好组织发动工作,是达到家喻户晓、人人皆知的重要前提。宣讲队进村后,各地采取的办法一般是开好三个会:支委会,主要是说明来意,听取他们的情况介绍,安排宣讲计划;群众大会,主要是说明来意,安定人心,造成声势,发动群众都来听讲;积极分子会,动员他们在学习中起骨干带头作用。如唐山地委在宣讲前召开"三老会",即老党员、老干部、老贫下中农座谈会,或分别召开几个不同类型的座谈会,调查当地的生产情况、阶级斗争情况、干部队伍情况、各阶层的思想动向以及正反两方面的生动的典型材料,同时,还附带了解群众的理解能力以及群众常用的比喻等,以便讲解时,根据群众的接受程度,恰当地引用群众熟悉的事例,深入浅出地把文件解释透彻,提高宣讲效果。

　　第二,备好课。参加宣讲的人,一般以自学为主,以集体研究讨论为辅,熟读中央文件,深刻领会文件精神,明确要点,了解各项政策界限,对两个文件要有一个全面的、系统的认识。其具体做法,大体有三种:集体备课,即一人讲大家听,然后大家提意见、总结;听领导干部示范宣讲后,集体研究,讨论补充;通过训练辅导员,总结经验,改进方法,为讲好课打下基础。同时,在学习文件的基础上,进一步研究讲解重点,分析当地情况和典型材料,写

---

　　① 《建国以来重要文献选编》第17册,第578页。

出讲解提纲,经过讲解人员联合研究,补充修改,随即召集一部分党、团员干部和社员,作小范围的试讲,根据群众意见,再修改讲解提纲。

第三,研究宣讲方法,提高宣讲效果。在正式宣讲中,各地注意了宣讲的顺序和宣讲中应该注意的问题。如唐山地委在宣讲时,在两个文件的安排顺序上,都是先讲"决定"(草案),后讲"规定"(草案)。在具体讲法上,一般是先念一遍原文,复习讨论一次,根据群众讨论的情况,然后逐条讲解,最后再总的讨论一次。"决定"(草案)在念一遍后,一般分三至四次逐段讲完。序言和结语部分,一般是合在一起讲解,也有的先讲序言,认为这样可以说明文件的来源,有头有尾,又可以引起群众的重视。"规定"(草案)在念一遍后,一般分三次讲完。同时,还针对职工、干部、街道居民等不同对象,采取了一些不同的方法。唐山市城市居民中,一般是逐段宣读,逐段讲解;干部、教职员和其他知识分子,理解能力较强,一般是先读全文,再逐条讲;对工人、财贸业务人员,一般是读原文略加解释,讨论一次,然后逐条讲,细嚼慢咽,容易消化。保定地委在宣讲时,提出了"六要六不要",即要原原本本,不要偷工减料;要严肃认真,不要随心所欲的解释;要适当联系实际,不要离题太远;要讲慢、讲清,不要开快车;要抑扬顿挫,不要丢句、串行;要重点讲,不要一次讲得时间过长。同时,提出两注意,第一是不要指名点姓的揭发批判,这样容易引起群众的紧张心理,转移听课精力,影响对文件的领会。第二是对四类分子也要认真宣讲,不能形成训斥会。经过教育干部讲清,对四类分子宣讲能够起到瓦解分化敌人的重要作用,达到宣讲的应有效果。

第四,组织好宣讲会。宣讲会的层次,在开过三级干部会的地方,一般分为两层,即社员群众,包括摘帽的地主、富农以及地主、富农子女在内为一层,四类分子为一层。有些小村,或四类分子较少的村,在征得社员同意后,也有的让四类分子列席一同听讲。没有召开三级干部会议的地方,一般分三层讲,即党、团员、干部和贫下中农积极分子。宣讲会的规模,大村一般分片讲,给四类分子宣讲,一般以大队为单位,规模或大或小,主要考虑宣讲能力的强弱以及会场条件好坏两个因素。宣讲会的时间,多数地方是两个小时至两个半小时不等,强调不宜过长,时间过长不仅记不住,而且群众也受不了,到最后容易发生秩序混乱、退场等现象,影响宣讲效果。如唐山地委的宣讲队伍同社员约法三章,明确规定开会和散会时间,按时到就按时开,按时散;晚到就晚开晚散,讲解人员有计划的讲,不拖长时间,防止晚到早退现象,效果很好。

第五,组织讨论,做好辅导工作,巩固宣讲成果。

讨论辅导,是加深群众对中央文件的理解,巩固宣讲成果的重要环节。各地在宣讲后,十分重视组织讨论。如唐山地委为做好这一工作,专门成立了一支庞大的辅导队伍,共选拔辅导员69439人。选拔的条件也很严格,要有一定的政治文化水平,受群众拥护的党、团员、贫下中农积极分子,成分好的荣复军人、知识青年;还注意选拔了一部分合乎上述条件的老年人担任辅导工作,以便辅导时更好地联系实际。弥补青年人员有文化,但实际斗争知识不足的缺陷。同时也注意了使妇女辅导员占一定的比重,以便于辅导妇女讨论和给妇女补课。各地在讨论时,一般都成立了讨论组,人数为10至20人。如何编组,各地有不同的做法,一般按阶层编组,即党、团员、干部、贫下中农、一般社员分开编,这样可以有共同语言,减少发言的顾虑,也便于侧重辅导。有的是以生产队为单位,各阶层混合编组,每个组中都适当搭配党、团员、干部、贫下中农、一般社员。这样,干部可以在组内起些辅导作用,也能够直接听到社员的意见。有的地方按讨论问题编组,如讨论阶级斗争,老贫农和青年搭配,通过老贫农的回忆对比,忆苦思甜,加强对青年的阶级教育;讨论各项政策,分阶层编组,议题集中,便于深入;讨论"四清",干部、社员、干部家属分别编组,便于联系实际。

第五,做好补课工作。由于在宣讲过程中,许多地方漏听人数较多。因此,补好课,是使中央文件达到家喻户晓、人人皆知的重要步骤。从各地反映的情况来看,漏听的人一般是孩子较多的妇女、饲养员、年老体弱的社员、使役员以及副业班子等。为此,各地采取了许多措施,以清除宣讲工作的死角。如唐山地委,为做好补课工作,抓了以下几项工作:一是组织骨干力量,分头动员漏听的人去补课,并且发动已经听讲的男社员,帮助自己的家属料理家务,看管孩子,给妇女补课创造条件。二是补课的方法灵活多样,集中与分散相结合。凡是能走动、能离家的,部分片集中起来补课;不能集中的,采取人包人,送上门的办法,个别补课。三是保证补课质量。补课任务由较强的辅导员担任,人数较多的集体补课,由宣讲人员向大会宣讲一样,细读细讲,不能推给辅导员。四是边讲解、边检查、边补课、边验收,防止把补课任务拖到最后,容易不了了之,或者形成一个补课阶段。五是注意偏僻山区和沿海偏僻村落。

第六,检查验收。各地在宣讲工作铺开后,就开始重视这一问题,有的地区建立了宣讲人员责任卡片,有的地方实行岗位责任制,规定验收不合格的不能出村,由宣讲人员负责重讲。同时,各地、市、县都组织了检查组,分赴各地巡回检查。如张家口地委,在宣讲后期,从县、社先后抽调3413名干部组成781个检查组,巡回检查验收。各检查组都是听、看、查、问,全面考核,边检查,边补课,边验收。各地在验收时,也提出明确的标准。一般包括以下几点内容:一是中央两个文件必须做到家喻户晓,力争达到人人皆知。二是原原本本地宣讲,读得清楚,讲得明白,联系实际,通俗易懂。三是宣讲后收到实际效果,提高广大干部群众的阶级觉悟,刹住歪风,树立正气,调动起群众的积极性,人们的精神面貌有变化,推动生产和各项工作等等。

"双十条"宣讲后,在各个阶层引起了不同的反映。从各地的汇报材料看,基层干部普遍反映,经过这次学习,更深刻地了解了党的各项方针政策,在工作上有了"方向盘"、"指路灯"。认为"学习文件,分清了敌我,明确了方向,找到了病根,清醒了头脑",他们对文件中阐明的对待干部的方针政策有四个满意,即对干部的全面估价满意,对"十六字"方针满意,对"冷处理"的办法满意,对开头就把政策底细全部交给他们满意。认识到这次运动"不是换班子,倒干部,而是换思想、救干部"。很多干部反映:"党中央、毛主席,教育干部苦口婆心,关心干部无微不至,帮助干部仁至义尽,处理干部实事求是,真像大寒天的太阳,晒在身上,暖在心里。"不少干部表示:"党向我们交底,我们要向党交心。"广大贫下中农听了中央两个文件的宣讲后反映:"过去不把我们当做二百钱数,现在仍要我们作擎天柱,还是毛主席他老人家知道我们贫农、下中农的心!""听了文件上的话,心里暖了,眼睛亮了,腰杆直了,腿肚子也有劲了。"

向全党全民普遍宣讲"双十条",改变了运动之初的谨慎做法,使"四清"运动随着"双十条"的宣讲而大规模铺开,阶级斗争扩大化的错误也愈加严重。

二、继续"五反"

试点后,各地的"五反"运动普遍进入反对贪污盗窃、反对投机倒把的后两反阶段,并清查出了一批贪污盗窃、投机倒把分子。据1963年10月上旬不完全统计,全国计有贪污盗窃人民币千元、粮千斤、布千尺和投机倒把获利千元以上的案件2万多起,贪污盗窃人民币万元、粮万斤、布万尺和投机倒把获利万元以上的案件一千多起。①

由于后两反斗争,涉及问题很多,情况也很复杂,既有敌我性质的问题,也有大量人民内部性质的问题。如果处理不当,就会产生严重后果。1963年7月9日,中共中央转发湖南省批转株洲市委《关于从宽处理丁志鹏贪污案件的通报》,并批示:"在'五反'运动中,对于揭发出来的犯有贪污行为的人,在处理上既要有原则性,又要有灵活性。一方面要揭露从严、检讨从严、退赔从严;另一方面,只要他们自动坦白交代、检讨得好、退赔得好、决心洗手不干的表现好的,可以从宽处理,不以贪污论罪,也可不开除公职。为使犯有贪污错误的人,取得深刻教训,今后不敢重犯,所有赃款、赃物,必须彻底退赔,不能马马虎虎。"②

1964年1月2日,中共中央批转中央监委《关于"五反"运动中对贪污盗窃、投机倒把问题处理意见的报告》。《报告》指出,在"五反"运动中,党的一贯指导方针是:敌我问题从严,人民内部问题从宽;在人民内部问题中,批评自我批评从严,党纪、政纪、法律处分要分别情况,酌量从宽,必须严肃与谨慎相结合。在运动开始时,重点是使干部、群众认识问题的严重性,防止麻木不仁,在群众已经发动起来以后,即在运动中期和末期,不仅要防止"虎头蛇尾"、"走过场",尤其要防止把问题扩大化,防止打击面过宽,处分人过多,而事后又要对处分过重、处分错了的人进行甄别平反、赔礼道歉。

---

① 《建国以来重要文献选编》第18册,第11页。
② 《中国共产党编年史》编委会主编:《中国共产党编年史(1958—1965)》,山西人民出版社、中共党史出版社2002年版,第2431页。

中央认为，正确处理"两反"斗争揭发出来的案件，关系着前一阶段运动成果的巩固，关系着今后运动的顺利开展。①

中央监委是于 1963 年 11 月 8 日向中央汇报了"两反"问题的处理意见的，主要内容包括以下几点：

第一，关于划分贪污盗窃与非贪污盗窃、投机倒把与非投机倒把的界限问题。中央监委指出，贪污盗窃，是指侵吞、盗窃、骗取国家和集体的财物、勒索他人财物、收受贿赂等行为。投机倒把，是指以牟取暴利为目的，套取国家或集体的物资，进行倒买倒卖，长途贩运，组织地下企业（地下厂、店、工程队等），以及从事其他非法商业活动等行为。公私不分，占小便宜，小量贩卖，做私活等，是属于一般性的违反制度、违反纪律和违反市场管理规定的行为。对运动中揭发出来的下列各种问题，不要视为贪污盗窃、投机倒把行为：（1）私拿公家的一些价值不大的小工具、零星产品、少量材料或废旧物品的。（2）在生产、经售、运输、保管的过程中，吃用了一些价值不大的东西。（3）虚报多领了少量补助费、加班费、粮油票证以及其他物品的。（4）长期借支或挪用公款的，是违反财政制度的行为，应当令其检讨，归还公款，不要视为贪污。（5）利用职权，削价购买或无偿私分少量公物，多占少量福利款物和补助费的。（6）帮助某些单位、社队，在国家计划以外购买统一调配物资或给予某些方便，接受了对方少量而不是数量较多的东西。（7）错账、错款、错票证无法查清的。（8）违反党和国家的政策、规定，进行小量贩卖活动，或者在自由市场出卖本人的物品、票证，或者出卖自养自产的家禽家畜和农副产品的。（9）请假、旷工、私自进行加工修配、小件制造、装卸搬运等，或者受雇到地下企业做工的。（10）家属搞投机倒把与本人无直接关系的，不要牵连本人。

第二，关于贪污盗窃、投机倒把问题的处理原则。总的原则是"过去从宽、现在从严，坦白从宽，隐瞒从严，退赃从宽、不退从严"。既要有原则性，又要有灵活性。具体而言：（1）贪污盗窃、投机倒把非法所得在 300 元以下，能够检讨的、退赃的，可不以贪污盗窃、投机倒把论处，也就是不给予行政、党纪处分。个别情节严重，拒不检讨，拒不退赃的，应当给予适当的行

————————
① 《建国以来重要文献选编》第 18 册，第 9 页。

政、党纪处分。（2）贪污盗窃、投机倒把非法所得在 300 元以上、千元以下，能坦白交代，认真检讨，积极退赃，洗手不干的，可以减轻或者免予行政、党纪处分。坦白、退赃不好的，应当给予应得的行政、党纪处分。个别情节严重，拒不坦白，拒不退赃的，应当加重处分，直至交司法机关依法制裁。（3）贪污盗窃、投机倒把非法所得在千元以上、五千元以下，能自动坦白，彻底退赔，决心洗手不干的，可以免予刑事处分；表现特别好的，也可以减免或免予行政处分；坦白、退赃不好的，应当给予刑事处分；拒不坦白，拒不退赃的，必须从严惩办。共产党员贪污盗窃、投机倒把非法所得在千元以上的，一般应当开除党籍，个别表现特别好的，也可以不开除党籍。（4）贪污盗窃、投机倒把非法所得 5000 元以上，能自动坦白，彻底退赃，决心洗手不干的，可以减轻刑事处分；表现特别好的，也可以免予刑事处分，不开除公职。坦白、退赃不好的，可以从重给以刑事处分。共产党员贪污盗窃、投机倒把非法所得在 5000 元以上的，一律开除党籍。按照上述的各项处理意见，初步估算，在"两反"斗争中，需要给予党纪、行政、刑事处分的干部，连同"五反"运动中揭露出来的其他错误需要给予处分的干部，应当严格控制在参加运动的干部总人数的 1% 左右（运动中清查出来的地富反坏分子除外）。

第三，关于退赃问题。凡属于贪污盗窃的赃款赃物和投机倒把的非法所得，不论数量多少，包括受刑事处分的，都必须彻底退还，不能马马虎虎，绝不能开不退赃的口，绝不能使贪污盗窃和投机倒把的人在经济上占到便宜。在退赃中，是现金的，退还现金；原物在的，退回原物；已经吃用或损坏了的，应当按照现在的国家牌价退还；已经出卖了的，应当按照出卖价格退还。是票证的，未用的要退还，已用出的，应当酌情退还，出卖了的，按照出卖价格退还。对于确实没有现金可退，需要用实物抵赃的，一般应当要他们通过合法手续，把实物出售用现金退赃；如果出售实物确有困难，也可酌情收取实物，但不要收他们的基本生活资料和日常必需品。退回的赃款赃物，属于个人的，应当交还个人；属于集体的，应当交还集体；属于国家和无法交回原主的，应当交还国家。①

中央监委的报告，就如何开展反贪污盗和反投机倒把制定了明确的政

---

① 《建国以来重要文献选编》第 18 册，第 10—21 页。

策界限,对防止运动中发生打击面过宽等过火行为起了一定的作用,保证了运动的顺利开展。

这一时期,正在开展"五反"运动的各地工交部门掀起了大学解放军、学大庆的活动。1960年10月,在林彪主持的军委扩大会议上,通过了《关于加强军队政治思想工作的决议》。在该《决议》中引述了林彪关于政治工作领域中四个关系的问题,即在武器和人的关系上人是主要的;在各种工作和政治工作的关系上领先的应当是政治工作;在政治工作中的事务性工作和思想工作的关系上重点应放在思想工作上;在思想工作中书本思想和活的思想关系上重要的是掌握活的思想。这就是说,人的因素第一,政治第一,思想工作第一,活的思想第一。这是我军政治思想工作的方向,也是整个军队建设的方向。①

毛泽东对林彪在军队中所搞的这一套"突出政治"的做法很欣赏,认为加强政治工作是反修防修的一个重要方面。1963年12月16日,毛泽东专门致信林彪、贺龙等人,指出:"这个问题我考虑了几年了,现在因为工业部门主动提出学解放军,并有石油部的伟大成绩可以说服人,这就到了普遍实行的时候了。解放军的思想政治工作和军事工作,经林彪同志提出四个第一、三八作风之后,比较过去有了一个很大的发展,更具体化又更理论化了,因而更便于工业部门采用和学习了。"②19日,薄一波向毛泽东报告了工业、交通部门学习解放军政治工作经验的情况,他指出,石油工业部的思想政治工作所以抓得比较好,就是由于他们能够结合石油工业的具体情况,成功地运用了解放军的成套的政治工作经验。他们的经验集中到一点,就是把做好人的工作,使人革命化放在第一位,正确地处理人和人、人和物的关系,把思想工作做到生产过程中去,做到科学实验中去,做到日常生活中去,保证党的路线、方针、政策的正确贯彻执行,促进生产的发展。为此,工业、交通各部门都要学习解放军的政治工作经验,用毛泽东思想、革命精神把全体职工重新武装起来。所有工业部门都要仿照解放军的办法,从部到企业建立政治工作系统,并选拔优秀领导干部分别到政治学院或军队中去学习

① 《建国以来重要文献选编》第13册,第744—747页。
② 《建国以来重要文献选编》第17册,第575页。

政治工作的经验。①

　　1964 年 2 月 1 日,《人民日报》发表社论《全国都要学习解放军》,号召在比先进、学先进、赶先进、帮后进的共产主义竞赛中,向解放军学习,并指出,全国学习解放军就是要学习解放军高举毛泽东思想伟大红旗,在一切工作中用毛泽东思想挂帅;学习解放军大抓政治思想工作,坚持"四个第一"的原则;学习解放军坚持我国革命军队的优良传统"三八作风";学习解放军注重创造"四好"连队,加强基层建设等。社论希望全国人民真正活学活用这些宝贵经验,像解放军那样,做到更加无产阶级化,更加战斗化。②

　　与此同时,大庆油田也传来捷报。自 1959 年发现大庆油田后,石油工业部调集全国 50 多个石油厂矿和院校的 4 万多人、7 万多吨器材设备,采取大兵团作战的方式,开发大庆油田。经过了 3 年多艰苦奋战,大庆油田探明地质储量 26.7 亿吨,到 1963 年年底,累计生产原油 1000 多万吨,国家投资的 72 亿元全部收回,并为国家积累资金 3.5 亿元,取得了令世人震惊的重大成就。1963 年 12 月 25 日,新华社报道宣告:我国石油产品已经基本自给,中国人民使用"洋油"的时代,即将一去不复返了。在大庆油田会战中,还锻炼出一支有一定技术素养、有组织有纪律、能吃苦耐劳、能打硬仗的石油工业队伍,涌现出了"有条件上,没有条件创造条件也要上"的"铁人"王进喜。12 月,领导会战的余秋里、康世恩在中央机关和北京市的干部大会上做关于大庆石油会战情况的报告,总结了会战的基本经验,即社会主义现代化企业,必须革命化;高度的革命精神与严格的科学精神相结合;现代化企业要认真搞群众运动;认真做好基础工作,狠抓基层建设;领导亲临前线,一切为了生产;积极培养和大胆提拔年轻干部,培养一个好作风;全面关心职工生活;全面学习解放军的政治工作等。③

　　这一报告随 1964 年 2 月 5 日中共中央的通知一并下发。中央的通知高度评价了大庆油田的经验,指出:"大庆油田的经验虽然有其特殊性,但是具有普遍意义。他们贯彻执行了党的社会主义建设总路线,坚持政治挂

---

① 《建国以来毛泽东文稿》第 10 册,第 458 页。
② 《建国以来重要文献选编》第 18 册,第 69—80 页。
③ 《建国以来重要文献选编》第 18 册,第 146—214 页。

帅,坚持群众路线,系统地学习和运用解放军政治工作经验,把政治思想、革命干劲和科学管理紧密结合起来,把工作做活了,把事情做活了。它是一个多快好省的典型。它的一些主要经验,不仅在工业部门中适用,在交通、财贸、文教各部门,在党、政、军、群众团体的各级机关也都适用,或者可做参考。"①由此,全国工业交通战线开始了长时期的学习大庆经验的运动。

学解放军、学大庆成为这时正在开展"五反"运动各单位的重要内容。但是,有的单位把"五反"运动同学习解放军、学大庆对立起来,使运动陷入无人负责的自流状态,甚至半途而废停止了。同时,这一时期,有些地方的"五反"运动抓得不紧,拖拖拉拉,进度很慢。为此,中央于 1964 年 3 月 22 日发出《关于继续抓紧进行"五反"运动的指示》,强调:"这个运动也像农村的社会主义教育运动一样,是重新教育人、改造人的革命运动,是防止和克服资本主义和修正主义的侵蚀,打退资本主义势力猖狂进攻的革命运动。""是推进工作和生产的一个巨大动力。"要求"'五反'运动必须坚持进行,搞深搞透。凡是放松的或者停顿的地区和单位,一定要重整旗鼓,把'五反'进行到底。"②

1964 年 3 月 28 日,毛泽东视察河北邯郸,当地方领导汇报有人想以学习解放军、学习大庆代替"五反"、"四清",并且说,这样做是从正面搞社会主义,"五反"、"四清"是从反面搞社会主义时,毛泽东说:"那是代表那些不愿搞阶级斗争的人的意见。难道解放军、大庆就不反官僚主义?不反贪污盗窃?不反投机倒把?不反分散主义?'五反'、'四清'就只有反面吗?就不是从正面搞社会主义吗?要团结 95% 以上的干部和 95% 以上的人民嘛,对地富子女要争取嘛。'五反'、'四清'有正面、反面,学习解放军、学习大庆,也有正面、反面。"当汇报有人说阶级斗争是共产党挑起来的怪论时,毛泽东讲:"什么挑起来的呀,共产党是反映人民的要求。人民要求'四清',反贪污,反浪费,反多吃多占,反对反革命破坏。因此,才写了'五反'指示,才出了双十条,然后发下去,到农村、工厂去念,看他们赞成不赞成,有无修改。你说这些东西是从天上掉下来的?这是主观挑动起来的吗?说是共产

---

① 《建国以来重要文献选编》第 18 册,第 136 页。
② 《建国以来重要文献选编》第 18 册,第 313—314 页。

党想出来的,为什么群众欢迎?"

3月30日至4月1日毛泽东在听取刘澜涛、李葆华、刘建勋等同志汇报时讲:"看起来,'五反'要搞几年,通过'五反',一定要搞厂矿、企业、机关的革命化。现在的问题是革命化,还是官僚化?会议那么多,要想个办法。有些会议不能不开,但不能开的过多。"4月2日,王任重向毛泽东汇报,"五反"不仅是思想战线上的革命,同时是政治战线上的革命。对于隐藏在工人阶级内部的反革命小集团的头子和极端反动的右派分子,应当发动群众进行揭发和批判,根据他们的反动情节和坦白程度,实行区别对待。同时,王任重还提出在城市街道上应当划阶级,搞清楚依靠谁、团结谁和向什么人进行专政的问题。据王任重介绍,主席对这个问题未表示肯定的意见。不过,看主席的口气,似乎是赞成这样做。4月18日毛泽东在长沙同张平化、李瑞山、王延春谈话,当张平化说陶铸、王任重让他请示城市街道成立劳动人民协会进行划阶级的问题时,毛泽东讲:"赞成嘛!农村有阶级,工厂有阶级,城市无阶级,那是全民党全民国家了。城市也有阶级,过去没有划就是了。"当张平化说城市有的以评功摆好、学大庆代替"五反"时,毛泽东讲:"株洲一个会计贪污了两次,只评功摆好,不评过摆坏,能解决问题吗?"4月28日,毛泽东在杭州同江华、霍士廉、林乎加等同志继续谈"五反",当江华、霍士廉说"五反"去年省地县前三反都搞完了,有一部分后两反还未结束。县只搞了常委,工厂只搞了几十个工厂,"五反"搞完的只占3%,准备今年七月搞完县的"五反"。毛泽东插话说:"你们经验还不足。社会主义教育进行了5%,'五反'还只进行了3%,'无证民不信,不信民不从',搞典型才有证据,才能说服人。"5月12日下午毛泽东在计委领导小组汇报"三五"计划设想时讲:"'五反',从去年算起,搞五年,工业、农业、商业都要划阶级,学校、机关、军队、文化团体也要划阶级。此外,街道、小市镇也要划,小市镇那个地方是藏垢纳污之所,每次运动坏人都朝那儿集中,搞不到他们。小镇,几百户、一两千户、三四千户,不叫城,也不叫乡,要划。阶级成分和本人表现要区别,主要是本人表现,唯成分论是不对的。问题是,你是站在原来出身的那个阶级的立场上,还是站在改变了的阶级的立场上,即站在工人、贫下中农方面?又不能搞宗派主义,又要团结大多数。我们在工厂中划阶级,主要是把那些国民党的书记长、反动军官、逃亡地主、地富反坏分子清查出来,像白银厂一样,把那些坏人清查出来,并非查所有的人,并非主要为了查剥削阶级出身的技术人员。这个问题我是首先看了西安在工人中查阶级的报告才提出来的,去年转发给大家。"

考察毛泽东这一时期对"五反"的态度,发现与试点阶段的谨慎、小心相比,有了明显的改变,最突出的就是强调城市划分阶级,这一问题也成为1964年5月中央工作会议讨论的焦点问题之一。在城市强调重划阶级,组织阶级队伍,无疑加大了运动发生"左"的过火行为,影响了城市正常的生活和工业生产。

这一阶段"五反"的内容与做法,与试点相比,也有明显不同。主要表现在:第一,在企业中广泛宣读"双十条",学习讨论中央《关于加强相互学习、克服固步自封、骄傲自满的指示》,学习人民解放军政治工作经验、大庆油田会战经验以及反对现代修正主义的指示,以解放军和大庆为榜样,促进领导机关革命化、企业工作革命化和人的思想革命化。广泛开展群众性的评功摆好活动和以增产节约为中心的比学赶帮运动,大揭阶级斗争盖子,深入进行回忆对比教育,造成人人自觉革命的形势。第二,大张旗鼓地进行反对贪污盗窃、反对投机倒把的斗争。大讲开展"两反"斗争的必要性,揭露资本主义势力猖狂进攻的种种手段,反复交代政策,号召坦白检举。第三,强调必须通过运动组织好一个有阶级觉悟的纯洁的阶级队伍,认为这是一项重要的基本建设,绝对不可忽视。有的地方在领导干部"洗澡"以后,集中一段时间对职工群众进行社会主义教育,经过串联发动,重新组织阶级队伍,并进行清理工会组织的工作,把混入工人阶级队伍的地富反坏分子同新老资产阶级分子清除出工会组织,有的地方还结合运动进行了整党工作。

总之,从1963年"五反"试点到1964年4月底,全国县以上工交企业大约有40%的企业,70%的职工,开展了"五反"运动。华北局已经在22%的企业、55%的职工中铺开"五反"运动。中南各省已经结束和正在开展"五反"运动的职工人数都占该省区职工总数30%以上,其中,广西35%,广东约30%,湖南40%,湖北56%,河南40%多。各地揭露出来的贪污盗窃、投机倒把行为也相当惊人。如华北地区工交系统就揭发出犯有贪污盗窃、投机倒把错误的23400多人,占参加"后两反"斗争职工的2.43%,其中"千字号"1000多人,"万字号"14人。上海市工交企业已查出犯有贪污盗窃、投机倒把错误的 21800 余人,占参加运动总人数的 2.7%,其中"千字号"952人,"万字号"25 人。

但总的看来,这一阶段的"五反"运动对改善干部作风、加强经营管理、巩固集体经济、促进工业生产有一定的积极作用,中央规定的各项政策也是稳妥的,如强调依靠基层组织,团结 95% 以上的干部和群众,敌我问题从严、人民内部问题从宽,必须同生产紧密结合等,都对运动的正常开展产生了积极效果。

三、"四清"全面铺开

在经过"四清"试点,特别是普遍宣讲"双十条"后,农村各地陆续铺开了运动。一方面,进行了面上的运动;另一方面,又先后铺开了系统进行"四清"运动的第一批社队,个别地方开展了第二批。

据统计,截至 1964 年 4 月,面上的运动已基本结束。系统进行"四清"运动的社队,到 1964 年 4 月时,已经结束的和正在进行的,共 153300 多个大队,占全国大队总数的 19.85%。其中,华北占 12.17%;东北占 10.24%;华东占 15.6%;中南占 21.59%;西南占 50.5%;西北占 23.34%。

从各地的基本情况看,四川省从 1963 年 10 月到 1964 年 2 月,开展第一批社 1600 多个,占 21.8%,工作团干部 5700 余人,平均每社 30 余人。从 1964 年 1 月至 4 月,开展第二批社 2200 多个,占 29.9%,工作团干部 6 万余人,平均每社 30 余人。其中第二批约有 7% 的社,因生产大忙季节到来,只搞完一两个阶段就暂停下来了。尚未开展运动的 3200 多个公社,都进行了"双十条"的宣讲工作。黑龙江省去冬今春普遍召开了县社两个三级干部会议,训练了各级干部和骨干 53 万多名,组织了 32000 多名公社以上干部,在全省 1200 万农村人口中进行了"双十条"和反修文件的宣传教育,在 72 个公社、884 个大队进行了系统的社会主义教育,分别占全省公社和大队数的 7.4% 和 8.15%。河北省在全省进行了粗线条式的"四清",这些试点有 138 个已经结束,一般的搞了五六个月,个别的搞了十个月。今春铺开的第一批"四清",共有 4498 个大队,占大队总数 8.3%;301 个公社,占公社总数 7.4%。山东省 1615 处公社(区),80807 大队,1946 年到 4 月底,先后开展运动的有 324 处公社,占公社数的 20%,16670 个大队,占大队数的 20.6%。江苏省、地、县三级共组织 19000 人的工作队,搞了 125 个公社,占全省公社总数的 6.7%,一般一个县搞一两个公社,部分县搞三个公社,实际上是扩大试点范围,目的在于使各级党委取得系统开展农村"四清"运动的领导经验。中南区开展系统"四清"运动的有 31000 多个大队,占 21%,分布在 377 个县,占全区总县数的 75%。

与试点阶段相比,这一阶段运动的明显特点就是点面结合。既有面上开展粗线条式"四清",又在点上开展细线条式"四清",运动的范围明显扩大。点面"四清"的最大区别就是点上派出了强有力的工作队,进行访贫问苦,扎根串联,对农村各家各户的阶级成分进行复议、审定和重新登记,突出了阶级斗争等。面上主要就是宣讲"双十条",干部和群众"洗手洗澡"等。除此之外,在运动的内容和方法以及激烈程度上,与试点阶段略有不同。

首先,在运动内容上,有的地方揭发了政治"四不清"的内容,即立场不清、方向不清、阶级路线不清、真假革命不清,为下一阶段提出"清政治"打下了基础。如河北省抚宁县卢王庄公社"四清"运动中,发现经济"四不清"和政治"四不清"常常联系在一起,凡是有严重经济"四不清"的人,大都有政治上"四不清"。在群众揭发经济"四不清"的同时,也揭露出一些被群众称为"活阎王"、"土皇帝"、"南霸天"、"北霸天"、"坐山雕"等人物。

其次,在运动方法上,这一阶段,各地普遍召开了三级或四级干部会,进行面上"四清"。如山西省文水县召开四级干部会就是一个典型。1963 年 11 月 21 日至 12 月 22 日,山西省文水县召开了四级干部会,会议分四个阶段进行。第一阶段,以七天时间学习了"前十条",作动员报告,并开展讨论。第二阶段,揭盖子,查上当,开展诉苦。第三阶段,学习"后十条","洗手洗澡",放包袱。1964 年 1 月 20 日,华北局做出重要批示:"文水县的四级干部会方法对,效果大,开得好,报告写得也很生动。凡是正在开三级干部会的地方,可以马上参照采用文水县的做法,还没有开三级干部会,或者虽已开过但开得很不好的地方,在面上宣讲完中央关于社会主义教育问题的'两个文件'以后,可以仿照文水的办法,再开一次三级干部会。"此后,华北各地以及其他地区大都采用召开三级或四级干部会议的方式开展面上"四清"，成为开展面上"四清"的一个主要方法。

最后，在运动激烈程度上，这一阶段有些地区明确提出"搞高潮"的计划，强调运动要搞深、搞透、搞彻底。如河北省某地"四清"时，就强调鼓足干劲，放手发动群众，做艰苦细致的工作，掀起"四清"运动的高潮。

这一阶段的运动也产生了许多问题，主要表现在以下几点：第一，在运动中发生干部对社员打击报复的案件。第二，运动中，群众打骂、体罚犯错误干部以及其他斗争对象的问题也比较严重。第三，运动中，发生了多起自杀性事件。

由上述事实可以看出，虽然中央对"四清"运动的开展制定了一系列政策，其中有些政策就是专门为防止运动发生过火斗争而制定的，但在实际运行中，这些规定走了样，并没有防止打击报复、打骂体罚以及自杀等极端事件的发生，特别是中央领导人对阶级斗争形势的估计更加严重，从而导致以后运动过火斗争的进一步加剧。

四、毛泽东谈"四清"

在杭州会议上，毛泽东曾举杯祝酒：为城市"五反"，农村"四清"，挖掉修正主义根子的胜利干杯！可见。毛泽东对开展这场运动的决心和豪情。但运动之始，由于毛泽东对全国各地的阶级斗争形势尚未完全掌握，只有湖南和河北印证了毛泽东在八届十中全会上讲阶级斗争的判断，因此，毛泽东对运动的态度是十分谨慎的。但随着各地纷纷反映阶级斗争严重尖锐的情况后，使他进一步增强了大规模开展运动的决心，其主要表现一是提出点面结合，齐头并进推开运动，二是大张旗鼓地向全国各个阶层、各个党派宣讲"双十条"，使之做到家喻户晓，人人皆知，从而使运动在全国广泛开展起来。为进一步了解运动的进展，毛泽东于 1964 年 3 月下旬至 5 月上旬，一路南下视察，向各省负责人了解"四清"运动的开展情况，并谈了自己的看法。总的看来，主要有以下几点：

第一，对阶级斗争形势的估计仍然十分严重，强调要加强阶级斗争思想教育。

毛泽东对阶级斗争形势的认识有一个发展变化过程。早在八届十中全会上，毛泽东在全党集中搞经济调整时期提出阶级斗争的题目，很大程度上是针对当时单干风以及黑暗风、翻案风的。不过，这时毛泽东只是出了题目，尚未有充分有力的实践检验，他需要把社会主义社会阶级斗争理论付诸实践，指导现实。1963 年 2 月，湖南省汇报了农村存在尖锐的阶级斗争，但毛泽东还是有点把握不大。他到了河北问，到底有没有阶级斗争？河北说，有。毛泽东追问，真有、假有？回答真有。① 但毛泽东还未得到全国大部分地区的证据，所以，考察这一阶段毛泽东的谈话，可以清晰地看出毛泽东的思想深处有一些明显的矛盾，一方面突出强调阶级斗争，号召阶级斗争年年讲、月月讲、天天讲。另一方面，却不断地强调不要急，要谨慎，要抓生产，用"六十条"教育干部和群众等，其思路还带有 1960 年以来调整初期的不少观点。1963 年 6 月间，制定完"前十条"，在返回北京的路上，毛泽东又得到了一个对他决策产生重要影响的情况，湖北、河北反映，大约 1/3 的队不是社会主义。他由此对阶级斗争的形势估计得更加严重了。6 月 4 日，他同外宾谈话说："我们农村经过几次整顿，总是整不好，现在找出原因了，一是过去土改不彻底，领导权并不真正在共产党手里。二是有些共产党人起了变化，名为共产党，实际上不是了。"② 与此同时，各地反映上来的材料也证明阶级斗争形势非常严重，于是加大了进行社会主义教育的决心。

1964 年 3 月 28 日下午和 29 日下午，毛泽东在邯郸召集了山西省委、河北省委及河北南部几个地委同志汇报工作，参加的人员有山西省委的陶鲁笳、阴发祥，河北省委林铁、刘子厚，保定地委陈子瑞，石家庄地委康修民，衡水地委赵树光，邢台地委刘琦，邯郸地委庞均、刘英。当有人汇报工作组有的人不承认有阶级斗争时，毛泽东说："现在到公社去搞'五反'的，要加强阶级斗争思想教育，现在恐怕没这样做。"当汇报到去年见到主席批示湖南那个材料时，曾强调是湖南特殊，结果一搞，牛鬼蛇神并不少。毛泽东讲：

---

① 张素华：《60 年代的社会主义教育运动》，载《当代中国史研究》2001 年第 1 期。
② 张素华：《60 年代的社会主义教育运动》，载《当代中国史研究》2001 年第 1 期。

"牛鬼蛇神不一定每个村都有,但相当普遍。我主张牛鬼蛇神统统出来,它不出来你就打不倒它,出来一半也不行,你一打它就抽回去了。"当汇报有人说,有砖无墙(指有分子,没阶级)搞好生产就没有阶级斗争问题时,毛泽东讲:"就是不承认有阶级,让大家讨论讨论,要加强阶级斗争教育,中央'五反'指示对阶级斗争没有那么强调。"当汇报到有人说那里有什么阶级斗争呢?是你们的工作没有做好,毛泽东讲:"是的,工作也是没搞好,我们十年没有讲阶级斗争了,1952年搞了一次'三反五反',后来1957年搞了整风反右,没有触及农村,只是机关学校搞了一下。"当汇报到有人谋杀劳模陈永贵时,毛泽东讲:"这是阶级斗争,阶级斗争确实存在,不能把没有说成有的,也不能把有的说成没有的,我们十年没搞了。"当汇报到文水县乐村老贫农韩七十说,社会主义是生道道,走不好还要滑下来时,毛泽东讲:"这是上太行山嘛。阶级斗争搞三四年还不行,三四年也不解决一切问题,你说一切问题就能解决了。再搞若干年,还要搞的,过几年又要进行教育。资本主义是熟道道嘛!你看吧,只要不搞'五反'、'四清'、干部参加劳动,资产阶级、牛鬼蛇神又要出动,修庙宇、祠堂、续家谱又要出现。"针对有些地方和平演变时,毛泽东讲:"有些地方是和平演变,有些地方根本没有进行民主革命,有些地方民主革命搞得不彻底,是夹生饭。"针对有些支部书记被地富拉了过去,毛泽东说:"他为地富服务了,他们是夺取政权,他们用各种手段腐蚀干部,几包纸烟收买一个支书,一个女人一拉更不得了。赫鲁晓夫、国民党在我们这个地方是有一定基础的,帝国主义、修正主义、反动派在中国几亿人口中间,是有他一定基础的。"当陶鲁笳说:"有1%、2%、3%的支书不能依靠,毛泽东说:"支书当中只这些?还多一些,有的地方达到20%,有的村里的情况是,去不了罗加,卡斯特罗就进不来,有70%到80%的干部有大小不同的问题,靠他们扎根不行。不是有10%到20%的大队很坏吗?我们真正有三分之二就了不起了,天下三分,我们占二分。古代时说,周文王三分天下有其二,一分属殷,当时那种说法是假话,没那么回事,那是两个民族互相争,纣王客气点,没杀掉他,关了他没杀头。说文王是圣人,不见得。纣王是吃了这么个亏,他征伐俘虏了很多人,弄得自己的队伍净是些俘兵,没有骨干,乱了自己的基本队伍。我们有三分之二就不错,三分之一也要具体分析,大部分是可以争取的。"

第二,强调大力宣讲"双十条"。毛泽东指出,凡不是年老有病的,比如徐老、吴老,凡不是不认识字的,在群众中有威信的,就是说不是右派,比如彭德怀,都去读。军队中的将军都下去读了,说行嘛,其他的人为什么不行?实际上,向群众宣读文件,就是向群众学习。有人汇报说杭州会议精神传达贯彻时,只念一本香山记,毛泽东说:"几十年前,我看过香山记,一开始就是不唱天来不唱地,就唱一本香山记,七个字一句。唱那个戏,别的戏就不能唱了。这个方法是个普遍的方法,如你们河北梆子唱劈山救母,也是一段一段的唱,这个方法要普遍运用。"有人汇报说河北宣讲"双十条",群众总结了这么几句话是"贫农笑,中农靠,地富分化子弟跳,四类分子要改造"。毛泽东讲:"很有意思,记下来,革命这些年,公开宣讲也是第一次。对六亿人,包括反革命,把政策交代清楚,他们搞阴谋,我们搞阳谋。"并询问:"你们宣读了吗?你们地委书记都宣读了没有?宣读要准备,重点在哪里,要讲好还要调查当地情况。"当刘子厚说因嗓子坏了没宣读时,毛泽东讲:"还有机会嘛,三年到四年嘛。"有人汇报"双十条"一个大队只一份,有的念破了,文件不足,毛泽东说:"一个大队只有一份,有两份就好了,书不多呀。"并指示:"花一点钱,用一部分纸,不仅每个大队要有,每个生产队都要有一份。"4月2日在汉口时,毛泽东问王任重同志是不是去向群众宣讲过?当王任重说省委、地委、县委的负责同志都下去宣讲过了,自己还未去时,毛泽东尖锐地批评说:"你为什么不去,你又不老,又没有病,又不是右派,应当亲自向群众去宣讲两个十条。"①

第三,关于开展运动的时间问题,多次强调至少三到四年,不要着急。毛泽东认为,农村社会主义教育要打个歼灭战,没有这么四五年工夫不够,至少四年。去年一年,今年一年,明年一年,后年一年,不能急。有的省今年就要把社会主义教育搞完,太快了。你没有那么多好干部嘛!现在全国有点苗头,就是急,要什么今年搞60%,明年搞完呀,你何必那样急呢?劲头上来了就急,我看宁可慢一点,南方有句俗话,"紧成鼓包慢成绳",像拧绳子一样,快了就出疙瘩,快了就要碰壁,欲速则不达。无论"五反"也好,"四清"也好,时间长一点,搞好一点,急了不能达到目的,当然不是说要慢

① 薄一波:《若干重大决策与事件的回顾》(下卷),第1151页。

腾腾地搞,现在不是慢腾腾的问题,作战的军队已经起来了嘛!主要的问题是防急,比如,河南省,它几个月就要解决问题。同时,要讲质量、品种、规格嘛,不能只讲数量,不能出次品,三年到四年也不能解决一切问题,你说一切问题就能解决了?我说的是至少三年到四年,还有个至少二字。

第四,强调干部参加劳动。毛泽东指出,搞革命,就要搞彻底些,不劳动的不能当支部书记、公社书记,也不能当县委书记,这三级书记不劳动不能当。将来有一天,支部书记、大队长是否不要1%—2%的工分补贴?过去打仗有什么工分补贴呀!就是吃饭穿衣,还要死人,人吃了饭,穿了衣,不就解决问题了吗?你说打仗不算劳动?连、营、团长不算劳动?师、军长指挥作战不算劳动?走二万五千里不算劳动?哪有薪水呀?谁发薪水?为什么一定要到县委机关开会?万里长征还不是走到哪里就在哪里开!有什么房子呀?睡觉有什么钢丝床?有块门板,有些稻草就好了,南方有稻草。革命就是这么过来的嘛。现在搞建设,大房子也来了,钢丝床也来了,汽车、火车也来了,病也来了,官僚主义也来了,自己不写东西,叫秘书写,我直到现在还是自己写,不叫他们写,自己有手嘛。不能写时,就用嘴说。1947年12月的那篇《论目前形势与任务》,就是我说着别人写的,写出来后,我又修改了几遍才定下来的。因为那时我害了病,不能写东西。现在部长、司长、厅长都不写东西了,统统让秘书代替起来了,秘书只能找找材料,如果一切都由秘书去办,那么部长、厅长、司长就可取消,叫秘书干。

第五,关于运动的步骤,强调先搞"四清",后搞对敌斗争。针对有些地区的"四清"运动,有的是从生产入手,有的是从对敌斗争入手。毛泽东指出,贫下中农起不来,就没有对敌斗争的队伍,第二个十条,也是说先解决内部问题,先组织队伍,先搞"四清",然后才去对敌嘛!当有人汇报,南方同志和北方同志认识不一样,"四清"要解决阶级斗争问题、政治思想问题,不只是解决经济问题。毛泽东说,河南的材料,是先解决内部问题,然后对敌斗争。北方派、南方派、南方干部很多是北方去的,来一场南北大战。1964年3月30日、4月1日毛泽东在听取刘澜涛、李葆华、刘建勋等同志汇报时讲,现在各地的做法不一样,看起来,一般的还是先解决人民内部问题,先解决"四清"问题,然后再解决敌我问题为好。如果领导权被敌人篡夺了,就要先夺权,解决敌我问题。1964年4月2日毛泽东在汉口同王任重谈话时又说,农村社会主义教育的做法,是从对敌斗争入手,还是从"四清"入手?你们下一批是不是可以从干部洗澡放包袱搞"四清"入手?

第六,强调依靠贫下中农,建立贫下中农协会。1964 年 3 月 29 日下午,毛泽东在邯郸听取汇报时说,公社要有代表会,县要不要开,县不开声势不大,同时,可以考虑,为什么没有全国性的农民协会呢!当有人汇报有的大队讨论表决干部补贴工分数目时,要贫下中农协会和社员代表会同时分别开会表决,统一计算票数,这样贫下中农协会也就有实权管这事了,毛泽东笑着说,贫下中农协会好像下议院,社员代表会好像上议院,你发明了这么个办法。我们的基本政策是依靠大多数人,不能依靠少数地富,贫下中农开会,中农就来了,不然他的尾巴翘得很高。要团结中农,首先要切实团结贫下中农,就是这个办法。要让贫下中农积极分子参加我们的支部会,不要关着门开,群众不知道开的什么会,搞秘密的,像搞特务工作,要他们贫下中农参加支部大会,开的什么会让他们知道,不是开让人听不到的会。1964年 5 月 12 日下午毛泽东在计委领导小组汇报"三五"计划设想时说,要依靠大多数,依靠贫下中农,把他们组织起来。看你站在 95% 的人这一边,还是站在 5% 的人那一边?剥削者不过占 1%—5%。按七亿人口计算,5% 就是 3500 万人,剥削 6.65 亿人。要算这个基本账。到底站在哪一边?我们站在工人阶级、贫下中农这一边。我赞成召开贫下中农代表会议,各级有工会,就是没有农会,共产党又不代表它,妇女有妇联,青年有青年团。省应该召开贫下中农代表会议。贫下中农代表会议也要有一部分中农的积极分子,使他们感到也有他们的份。湖南就是这样开的。我们这一辈子忘不了贫下中农,有时只要提醒一下就行了。干部子弟恐怕就会忘记了。我们许多人中间,地委书记也忘记了。他们现在丰衣足食了。你们作计划工作的也要注意绝大多数,注意贫下中农。贫下中农有权,能管中农,也能管地主富农。

第七,毛泽东还提出"中国出了修正主义怎么办"、"中国出了赫鲁晓夫你们怎么办"的问题。他总结历史经验说,在国际形势和平发展的时期,必然出修正主义。在第一次世界大战以前,欧洲出现了许多修正主义。我们现在又碰到这种情况,又处在国际上所谓和平时期,所以必须防止出修正主义。修正主义不是一朝一夕形成的,是旧社会母胎中的产物,就算没有赫鲁晓夫,苏联也很有可能出修正主义,这不是个别人的问题,而是一定的社会阶层的反映。[1] 这实际上点明了中国也难保不出修正主义,而且在此之前,毛泽东就认为,修正主义的苗头在中国已经出现了。早在 1957 年反右派斗争期间,毛泽东就指出:"我党有大批知识分子新党员(青年团员就更多),其中有一部分确实具有相当严重的修正主义思想。"不过,这时毛泽东对修正主义的看法基本限于党内一些知识分子。庐山会议后,毛泽东又把彭德怀说成是"中国的修正主义者",他说:"我国也有修正主义者,去年夏季向党进攻。我们批评了他,他失败了。"1962 年在七千人大会上,毛泽东说:"苏联的党和国家的领导权现在被修正主义者篡夺了""苏联的坏人坏事,苏联的修正主义者,我们应当看作反面教员,从他们那里吸取教训。"[2]从而提出了中国"反修防修"的问题,而"四清"、"五反"就是毛泽东为防止中国出修正主义而做出的重大部署。

从毛泽东反修防修的初步实践看,他一方面对广大基层干部贪污腐化、"被敌人拉出去、打进来"甚为不满;另一方面,又警觉中央高层出修正主义的问题。其主要表现就是这一时期他不断同外国领导人谈中国党内的所谓"三和一少"、"三自一包"以及向资产阶级投降等问题。

所谓"三和一少",是指中央对外联络部部长王稼祥同志于 1962 年春向中央提出的正确建议,即为争取时间渡过困难,抓紧国内建设,有必要争取对外关系的相对缓和,同美国、苏联和印度的斗争要注意策略,对外援助必须实事求是,量力而行。所谓"三自一包",即自留地、自由市场、自负盈亏、包产到户。是中央农村工作部部长邓子恢同志关于发展农业生产和集市贸易,调动农民积极性,克服农村困难的一些正确主张。所谓"向资产阶级投降",是指中央统一战线工作部部长李维汉在研究统战理论政策过程中,提出争取 5 年或者更多一点时间使对资产阶级分子的改造实际达到消灭阶级的水平,把民主党派根本改造成为社会主义政党等。而毛泽东却对这些本来正确的主张加以批判,并上升到"修正主义路线"的高度。

1963 年 5 月 22 日,毛泽东在武汉同新西兰共产党总书记威尔科克斯

---

①　张素华:《60 年代的社会主义教育运动》,载《当代中国史研究》2001 年第 1 期。
②　丛进:《曲折发展的岁月》,第 503 页。

谈话时说："我们党内有些人主张'三和一少',对帝国主义和气一点,对反动派和气一点,对修正主义和气一点,对亚非拉人民的援助少一些,这就是修正主义的路线。"①1964 年 2 月 9 日,毛泽东再次同威尔科克斯谈话时,又说:"我们党内有少数人主张'三和一少',三和就是对帝国主义和、对修正主义和、对反动派和,一少就是少援助反对帝国主义的国家和党,这实质上就是修正主义思想。他们联络部里就有少数这样的人。另一个是统战部,它是同国内资产阶级打交道的,但是里面却有人不讲阶级斗争,要把资产阶级政党变成社会主义的政党。每个部都找得出这样的人。例如农村工作部里面就有一个邓子恢,他是中央委员,还是副总理,却主张单干,实际上不要社会主义农业。"

1964 年 2 月,毛泽东在同金日成谈话时说:"天下大事分则必合,合则必分。一个党也是如此,我们同高岗、彭德怀也是如此,他们是我们的敌人,也是你们的敌人。""'三和一少'是他们的国际纲领,'三自一包'是国内纲领。这些人中有中央委员、书记处书记,还有副总理。除此之外,每个部都有,每个省都有,支部书记里头更多。"并提出:"如果中国变成修正主义,天就黑暗了,你们怎么办? 要做思想准备,要高举马列主义的旗帜反对中国的修正主义,这样中国人民是会感谢你们的。"

1964 年 3、4 月,毛泽东同日本共产党访华代表团袴田里见谈话时,也讲了相同的内容,并说:"中央各部,每个部都不是太平的,每个部都可以一分为二。地方上也不是太平的。我们的中央委员、中央候补委员中,就有十几个人是修正主义者。"后来,毛泽东又强调,领导人、领导集团很重要,1962 年刮歪风,如果我们几个常委顶不住,点了头,不用好久,只要熏上半年,就会变颜色,许多事情都是这样,领导人一变,就都变了。② 同年 4 月 10日,毛泽东又说,这些人的理论和赫鲁晓夫的调子一样,中国出了赫鲁晓夫你们怎么办?③

这一时期,毛泽东对统战、教育、文艺以及理论工作也相当不满。1964年 1 月,毛泽东在徐冰《关于中央统战部几年来若干政策理论性问题的检

---

① 丛进:《曲折发展的岁月》,第 576 页。
② 丛进:《曲折发展的岁月》,第 577—580 页。
③ 张素华:《60 年代的社会主义教育运动》,载《当代中国史研究》2001 年第 1 期。

查总结》中加上了一段话:"如果我们和我们的后代不能时刻提高警惕,不能逐步提高人民群众的觉悟,社会主义教育工作做得不深不透,各级领导权不是掌握在真正的马克思主义者手里,而被修正主义者所篡夺,则我国还可能要走一段资本主义复辟的道路。"2 月 3 日,他又严厉批评了《人民日报》"历来不注重思想理论工作,哲学、社会科学文章很少,自然科学文章更少,这种情况必须改变过来才好"。[①] 同时,毛泽东与朝鲜同志谈话中说,你们搞得好,理论队伍组织起来了,我们六个中央局,比朝鲜都大,但还没有组织起理论队伍,比你们落后了,并提出从政治、社会科学、文艺等方面解决反修防修问题需要 25 年。

1964 年春节期间,毛泽东召集教育工作者座谈,就教育问题发表了一系列看法。他主张学制可以缩短,课程可以砍掉一半,考试题目可以公开。学制、课程、教学方法、考试方法都要改,马克思主义的书要读,读了要消化。读多了,又不能消化,也可能走向反面,成为书呆子,成为教条主义者、修正主义者。[②]

毛泽东对文艺界的问题也看得越来越严重,在制定"前十条"的杭州会议期间,他说:"有鬼无害论"是农村、城市阶级斗争的反映。9 月 27 日,他在中央工作会议的讲话中明确提出:反对修正主义要包括意识形态方面,除了文学之外,还有艺术,比如歌舞、戏剧、电影等,都应该抓一下。要"推陈出新","陈"就是封建主义、资本主义,要把封建主义、资本主义推出去,出社会主义;就是要提倡新的形式,旧形式要搞新内容,形式也得有些改变。1963 年 11 月,毛主席又对《戏剧报》和文化部接连进行了两次尖锐的批评,说:一个时期《戏剧报》尽宣传牛鬼蛇神,文化部不管文化,封建的、帝王将相的、才子佳人的东西很多,文化部不管。要好好检查一下,认真改正,如不改变,就改名"帝王将相部"、"才子佳人部"或者"外国死人部"。接着,毛泽东又作出了关于文艺工作的两个著名批示。此外,毛泽东还谈了城市划分阶级的问题,提出了"知识分子最无知识"、"教授不如学生,知识分子不如农民"等不正确的观点。同时,强调要搞好生产,认为如果生产搞坏了,

---

① 《建国以来毛泽东文稿》第 11 册,中央文献出版社 1996 年版,第 17、20 页。
② 《建国以来毛泽东文稿》第 11 册,第 22—23 页。

下降了,农村社会主义教育运动就是失败了,要求阶级斗争、生产斗争、科学实验三大革命密切结合,等等。

"四清"运动的根本目的就是"挖修根",而经过一年多的运动后,在毛泽东看来,社会上的阶级斗争仍然十分尖锐,地富反坏分子猖狂活动;基层干部贪污腐化、多吃多占;党内高层又出现修正主义,并提出了一整套国际国内纲领;教育、文艺等领域问题严重,如果不抓紧,也会变成修正主义,这一切使毛泽东更加坚定了搞"四清"运动的决心,而且"必须进行到底"、要打"歼灭战"。① 此时,在中央一线主持工作的刘少奇,对"四清"运动也非常重视,并于1963年11月亲自派夫人王光美到河北省唐山专区抚宁县卢王庄公社桃园大队进行"四清"。国内严峻的现实,中央领导人的高度重视,就使"四清"运动在各地不仅有开展的必要,而且必须大张旗鼓,集中火力,一致对敌,"四清"运动也走向了高潮。

---

① 张素华:《60年代的社会主义教育运动》,载《当代中国史研究》2001年第1期。

第四章 刘少奇与"四清"

刘少奇提出要在运动中摧垮"反革命两面政权",搞比土地改革更深入的革命运动。这使田家英感到很为难,因为要按照自己没有想通的意见去写,自然十分吃力,难以落笔。

在"四清"运动中,刘少奇多次强调"挖根子",上面的根子也要追,追到什么地方算什么地方,因为上面的根子更危险。

一、防止"中国出赫鲁晓夫"

自 1963 年下半年后,中国的周边形势已经是"四海翻腾云水怒,五洲震荡风雷激"了。中苏两国关系急剧恶化,从 1963 年 9 月至 1964 年 7 月,中共中央以《人民日报》和《红旗》杂志编辑部的名义,相继发表九篇评论苏共中央公开信的文章,指名批判"赫鲁晓夫修正主义",中苏两党展开了空前规模的大论战。中美两国因中国的核计划和越战的迅速升级而日趋严重。国内"四清"运动也正如火如荼地开展。为了反修防修和防备世界大战的总体战略考虑,中共中央于 1964 年 5 月 15 日至 6 月 17 日在北京召开了工作会议。这次会议除"三五"计划、大三线建设等题目外,主要研究了"四清"运动和培养革命接班人等具体政策,综合会议讨论和解决的问题,主要集中在以下几个方面:

第一,总结了前一阶段运动中存在的主要缺点,并提出了城市应当划分阶级。

会议中,各中央局和省委负责人就前段运动中存在的问题进行了认真的总结。就整个运动而言,大家普遍认为运动的发展基本上是正常的和健康的,取得的效果也是显著的。但也存在许多问题。如西南组的同志在谈四川社会主义教育运动时指出,在开展运动的单位中,质量较差的约占50%,其中15%走了过场,部分社队特别是落后社队,对阶级敌人斗争不彻底,"四清"也不彻底,运动中对党员进行党的原则教育做得不够,同时,对于经营管理中两条道路斗争的问题,也没有彻底解决。黑龙江省的同志介绍,全省面上的社会主义教育运动有10%的生产队搞得不够好,有走过场的现象。在系统社会主义教育运动中,约有20%的生产大队搞得比较粗糙,并且有些地区存在急躁情绪。中南地区的社会主义教育运动大约有10%的队搞得不好,其中湖北大约有10%—15%的生产队搞得不好,搞得很坏或是完全失败的6%—7%。同时,据一些地区的来信反映,农村四清工作组对犯错误的人,算经济账时不够实事求是,只凭部分群众反映,不调查对证,不允许本人申诉;退赔时,有些地区有些过火,把犯错误的人赶出门,拿走全部生活日用品,造成他们的生活困难,还有被逼得自杀;有些基层干部乘机整人,违反政策,逼死人命;对重划阶级成分有意见,有些来信,对在运动中重划和补定的阶级成分不服,提出申诉。

城市"五反"工作也存在许多问题。据与会者反映,有些单位的领导干部认识不足,抓得不紧,松散、拖拉,没有放手发动群众,甚至是表面上拥护,实际上拖拉。有的单位出现单纯求快、忽视质量、走过场的苗头,运动搞得不细、不深、不透。有些单位,曾经用学大庆代替"五反"等。

由于毛泽东主张城市应当划分阶级,因此,在会议上,与会者也着重讨论了这一问题。认为在工交企业进行划阶级和整顿、纯洁工人阶级队伍,十分必要,必须把划阶级和整顿、纯洁工人阶级队伍,列为工交企业"五反"和社会主义教育的重要内容。划阶级时必须先行试点,要明确划阶级的目的是查坏人,一定要把95%以上的职工团结起来,唯成分论是不对的。同时必须依靠工人阶级,依靠大多数,依靠老工人。有的同志认为,城市"五反"的内容要进一步发展,要划阶级,一切敌人的一切破坏都要给以坚决打击,封建主义、资本主义、修正主义的根子要统统挖掉;"五反"的范围也不限于机关、工厂、商店、学校,而且城市的街道和小集镇都要搞。城市和农村可以都叫社会主义教育。有的地区提出,一定要讲阶级,划阶级,评审阶级,进行阶级登记,还要搞阶级档案,搞阶级斗争展览。另外西藏和新疆提出,牧区没有划过阶级,希望中央做出专门的指示和规定。湖北还提出,希望中央根据解放后的情况制定一个文件。

第二,对国内形势做出了严重的估计,提出了"三分之一的社队领导权不在我们手里"的不切实际的概念,认为中国要出修正主义。

实际上,"三分之一的社队领导权不在我们手里"的概念,早在 1960 年和 1961 年就已经初步提出了。1960 年 11 月 15 日,毛泽东在中央机关抽调万名干部下放基层情况的报告上批示:"全国大好形势,占三分之二地区,又有大不好形势,占三分之一地区。"①广东坦州在 1960 年整风整社运动中,认为原被划为二类社的坦州公社,20% 的大队,30% 的小队的领导权已掌握在坏人手里。1961 年 1 月 18 日,毛泽东在八届九中全会的讲话中也曾指出:我们党内也有代表地主阶级、资产阶级的,各地大约 20% 烂掉了,领导权落到敌人手中了,凡是三类县、社、队,大体上都与反革命有关。②

"四清"运动开展后,毛泽东的这种认识又有了发展。1963 年 6 月 14 日毛泽东在邯郸同河北省委书记林铁等人谈话,了解农村"四清"进展情况后说:"你们跟湖北差不多,湖北同志讲他们(那是被篡夺的基层)是占三分之一,有的土改就不彻底,有的后来变了,有的是富裕中农当权,这就是说,有三分之一不是社会主义的,他们挂的是社会主义牌子,实行他们的一套。"8 月 4 日,毛泽东向日本共产党一位政治局委员谈话说:"现在在农村还有近三分之一的生产队掌握在敌人及其同盟者的手里。"③1964 年 3 月29 日下午,毛泽东在邯郸同陶鲁笳、刘子厚、林铁等人谈话时说:"现在看来,大约有三分之一的大队很坏,我们真正有三分之二就了不起了,天下三分,我们占二分。"

在这次中央工作会议上,有的地区在汇报时指出,根据部分生产大队的排队,坚持走社会主义道路的占 20%,阶级界限不明,方向不清随大流的占

---

① 《建国以来毛泽东文稿》第 9 册,第 349—350 页。
② 薄一波:《若干重大决策与事件的回顾》(下卷),第 1152 页。
③ 丛进:《曲折发展的岁月》,第 533 页。

50％，发展资本主义而且问题比较严重的占 30％，有的已经演变为反革命的两面政权。第三类单位中搞资本主义、修正主义的占 30％ 左右，蜕化变质、称王称霸，对群众实行暴力统治的占 10％ 左右，政治上软弱无力或严重不团结的占 50％。党员排队情况是，好的占 30％，一般的 50％，有各种问题的 20％。

6 月 8 日，在周恩来、彭真谈到运动中暴露出来的一些基层干部严重蜕化变质的材料后，毛泽东指出：总之，我看我们这个国家有三分之一的权力不掌握在我们手里，掌握在敌人手里。① 6 月 11 日下午，当刘少奇在做关于反修斗争的报告时，毛泽东插话讲："我们农村同城市，大约有三分之一，或者少一点，是没有进行过真正革命的。那么，很好了，我们有三分之二了，有三分之一大概是左派，有三分之一大概是中间派，跟着走，这就是大多数了。但是，还有三分之一，他就抓到那个支部书记呀，还有什么区委委员呀。"

同时，会议上毛泽东还提出中国"如果出了赫鲁晓夫怎么办"的问题，并对中国出修正主义看得非常严重。在 6 月 8 日的工作会议上，当刘少奇指出，苏联搞了四十年，出了修正主义！因此，也要想想我们会不会搞修正主义！凡是不注意的一定会搞。毛泽东认为，已经搞了，像白银厂、小站，不是么？国家有三分之一的权力不拿在我们手里。中国党搞赫鲁晓夫修正主义比较难些。他们不仅在国际上是父子党、猫鼠党，而且在党内也是。斯大林时代，祝酒时都要祝，每个人祝，就是那么捧，捧到天亮。为此，毛泽东要求大家：省、地、县传下去，中国出了赫鲁晓夫修正主义的中央，各省顶住。刘少奇在会上说：如果出了这种情况，"一个省可以独立，可以造反。"②

6 月 11 日下午，会议就反修问题听取刘少奇的报告，刘少奇提出，既然苏联搞了四十多年都可以出修正主义，列宁的党可以变质，那么中国共产党是不是将来也要出？毛泽东认为，如果不注意，准出，注意了也可能出。出了也不是什么了不起的大事，无非是闹那么几个月，或者几年，或者十几年，

---

① 丛进：《曲折发展的岁月》，第 533 页。
② 丛进：《曲折发展的岁月》，第 538 页。

或者几十年，又要走向反面。这个修正主义它不做好事的，脱离群众的。要准备出，若干年之后出来怎么对付，现在就要想一想。当会上有人讲到，恐怕是一切社会主义国家，无产阶级取得政权后，都可能产生修正主义、资本主义复辟，看起来，大概一切社会主义国家是这个规律，不注意要出，注意了也还要出。毛泽东认为，资本主义因素它不断产生。我们这里不是出了很多吗？白银厂不是个修正主义呀，天津的小站不是修正主义占统治呀？但我们还要有信心，帝国主义还只有一百多年嘛，资本主义还只有二三百年嘛，还是那两句老话，前途总是光明的，道路是曲折的。同时也要准备另一方面，天要黑。天天是晴天呀，没有下雨？没有打雷？没有阴天呀？这个社会就那么干净呀？我看永远不干净，不干净才合理嘛，不然就没有矛盾了嘛，对立统一嘛，是两个侧面的统一嘛。好像我在这里提倡牛鬼蛇神，这个东西你提倡也好，不提倡也好，总而言之，它要存在的，你"四清"也好，"五反"也好，它还是有的。

与会者在讨论这一论断时，也普遍认为这个问题很值得严重注意。各地都有类似白银厂、天津小站的单位，这个问题如不及时解决，势必使革命遭受巨大损失，并将贻害子孙后代。有的同志提出，权力不掌握在我们手里的情况是很复杂的。有的是公开的篡夺领导权，有的则是背后指挥，我们的干部，甚至包括相当负责的干部，成为敌人的工具，被敌人利用。在党内还有野心分子。有的同志说，我国会不会产生修正主义，关键是两个方面，一是选择好各级领导人，保证各级领导核心的纯洁；一是做好两部分人的工作，即做军队和知识分子的工作，保证文、武两个方面的队伍实现革命化。

第三，为防止"中国出赫鲁晓夫"，毛泽东提出了培养革命事业接班人问题。

培养革命事业接班人，是毛泽东长期思考和酝酿的一个关涉百年大计的重大问题。早在延安时期，毛泽东不在时就指定刘少奇同志代理，蒙哥马利曾问他，谁是他的代理人，毛泽东公开说，少奇同志。建国后，毛泽东多次提出重视使用年轻干部。他在成都会议、八大二次会议上，曾列举了中外历史上许多出身寒微而建树很多的名人，说他们都在年轻时就做出了一番事业。在古代中国，他从孔夫子到战国时的甘罗、西汉时的贾谊、晋朝的王弼、唐朝的王勃和李贺、宋朝的岳飞、明朝的夏完淳等,一一讲述他们的生平事业,说明重视培养青年人的重要意义。① 毛泽东虽然还没有明确使用"革命接班人"这一概念,但上述措施和言论,实际上已经表明他在思考和探索这方面的工作了。

1964 年 2 月 8 日,毛泽东在接见柬埔寨驻华大使西里克·马塔克时说,西哈努克亲王正在解决他的继承人问题,这个办法好,我们党早已决定接替我的人,你们知道吗?为了解决接班人问题,就要大力培养和选拔优秀的年轻干部。3 月 24 日,毛泽东在一次谈话中就曾这样说过,现在必须提拔青年干部。赤壁之战,群英会,诸葛亮那时是 27 岁,孙权也是 27 岁。孙策干事时只有十七八岁。周瑜死时才不过 36 岁,那时也不过 30 岁左右。鲁肃 40 岁,曹操 53 岁。事实上,年轻人打败了老年人。"长江后浪推前浪,世上新人斩(换)旧人"②。

在这次中央工作会议上,由于过分强调中国要出修正主义,要出赫鲁晓夫,再加上东北局宋任穷同志的一份报告,毛泽东又突出地强调了这个问题。1964 年 3 月,宋任穷同志到辽宁省盖平县(今盖县),听取了该县太阳升公社何屯大队党支部书记李铭新关于培养革命接班人问题的汇报。据宋任穷回忆说:"当时感到培养接班人是个很重要的问题,一个农村党支部书记能思考这个问题,并且有具体的计划和行动,确实很有政治远见。"③同年5 月 13 日,宋任穷同志就这个问题给中央和毛主席写了一份题为《关于农村支部培养接班人问题——汇报一个有政治远见的党支部》的报告。5 月18 日,毛泽东将此报告批给刘少奇、邓小平同志阅,并说:"阅后印发工作会议,予以讨论。"④6 月 8 日,毛泽东在中央工作会议上的讲话中说:"宋任穷写的报告,很值得注意,那个支部书记说要注意后事,注意培养提拔青年人,这个材料要发到各县、各社、各队去。你不注意培养后代怎么行?你有些人占着位子,都是老年人,就是不让青年人上来,怎么行?天有不测风云,人有旦夕祸福。过去苏联的战斗条例上,就有班长被打死了,要指定代理人。不

---

① 薄一波:《若干重大决策与事件的回顾》(下卷),第 1194 页。
② 薄一波:《若干重大决策与事件的回顾》(下卷),第 1195 页。
③ 《宋任穷回忆录》,解放军出版社 1994 年版,第 399 页。
④ 《建国以来毛泽东文稿》第 11 册,第 74 页。

能一个人死了,就没人管事了,要准备几线。"

6月16日,毛泽东在十三陵水库召开的中央政治局常委和大区第一书记会上讲了军事问题、准备打仗之后,又就宋任穷同志的信,再次强调重视培养革命事业接班人问题。他说,帝国主义说我们第一代、第二代没有希望,第三代、第四代怎么样,有希望,帝国主义这话讲得灵不灵?我不希望灵,但也可能。像赫鲁晓夫,列宁、斯大林希望吗?还不是出了!如何防修,我看有几条:第一,要观察干部,教育干部懂得些马列主义。第二,教育人民大多数,要靠大多数,为大多数人服务,中国的大多数人,世界的大多数人。没有这一条不能当支部书记,也不能当中央书记、主席。第三,要能团结多数人,包括反对过自己反对错了的。不管他是哪个山头的,不要结仇。第四,民主作风。总要跟同志商量,总要听各种意见,反对意见让他讲出来,不要"一言堂"。第五,自己有了错误,要自己批评。拿我来讲,只要少一点就行了。不要总是自己对,要比较,少打错主意,出坏主意少一点好,经常打错主意,只会打败仗。一共五点:马列、人民、多数、民主、自我批评。

接着,毛泽东又说,还有接班人的问题,中央局、省、地、县到支部,都要搞几层接班人。不要认为世界上只有自己行,别人什么都不行,好像世界没有自己,地球就不转了,党也没有了,自己死了无办法了。死了张屠夫,就吃活毛猪?!什么人死了也不怕。说什么死了一个人是很大损失,我就不相信。你看嘛,马克思、恩格斯、列宁、斯大林不是死了吗?死有各种死法的。敌人打死,飞机摔死,游水淹死,枪打死,包括原子弹炸死,细菌钻死,不钻也老死。要准备随时离开自己的岗位,随时准备接班人,要三线接班人,一二三把手。

后来,"九评"把培养接班人作为防止修正主义和防止和平演变的重要措施之一,并提出培养无产阶级革命事业接班人的五项条件:必须是真正的马克思列宁主义者;必须是全心全意为中国和世界的绝大多数人服务的革命者;必须是能够团结绝大多数一道工作的无产阶级政治家;必须是党的民主集中制的模范执行者;必须是谦虚谨慎、戒骄戒躁、富于自我批评精神、勇于改正自己工作中的缺点和错误的人,而不能是像赫鲁晓夫那样的人。毛泽东在修改这篇文章时,特别加上了这样一段文字:这是"我们能不能胜利地防止赫鲁晓夫修正主义在中国重演的问题。总之,这是关系我们党和国家命运的生死存亡的极其重大的问题,这是无产阶级革命事业的百年大计,千年大计,万年大计"、"要特别警惕像赫鲁晓夫那样的个人野心家和阴谋家,防止这样的坏人篡夺党和国家的各级领导。"①文章发表后,培养革命事业接班人和接班人的五个条件,成为当时全党的共识。

第四,讨论并制定了《中华人民共和国贫农下中农协会组织条例(草案)》。

1960 年冬至 1961 年春的整风整社运动中,华北局根据农村阶级斗争的严重形势,在一些三类队、二类队甚至是一类队,把贫下中农组织起来,以生产大队为单位,建立贫下中农代表会议,并组织成立委员会,作为农村贫农、下中农的阶级群众组织,也作为基层党组织的助手和依靠力量。同时,拟定了一个贫下中农委员会组织条例(草稿)。1963 年 3 月 20 日,华北局向中央汇报了这一情况。4 月 9 日,中央向各中央局、各省、市、区党委转发了华北的情况报告。此后,各地普遍建立了贫农、下中农协会组织。但由于"贫农、下中农协会是一个新生事物",各地尚未取得比较充实的经验。同时,在建立贫农、下中农协会组织的地方,也提出了许多问题,如怎样对待上中农?怎样规范贫农、下中农协会组织与各地管理委员会、监督管理委员会以及社员代表大会的关系?如何界定这一组织的性质、权利和义务等。1964 年 4 月 24 日,毛泽东在湖南省贫下中农代表会议简报上批示:这是一批好材料,易看,有许多闻所未闻的情况,看了大有益处。这个问题要在五月会议一谈。②

在这种情况下,中央工作会议讨论了已经起草好的贫农、下中农协会组织条例(草案)第一稿。讨论中,与会者基本同意此文件,但也提出意见,都主张搞比较概括的,比较粗的,不主张搞细的。6 月 25 日,中央在《关于印发〈中华人民共和国贫农下中农协会组织条例(草案)〉的指示》中要求,"把这个条例草案发到生产队一级,各地在进行农村社会主义教育的时候,不论是点上的社会主义教育,或是面上的社会主义教育,都要把这个条例草

---

① 薄一波:《若干重大决策与事件的回顾》(下卷),第 1198 页。
② 《建国以来毛泽东文稿》第 11 册,第 61 页。

案和'双十条'一起,在农民和农村干部中间广泛地宣读和讲解。"指示指出,"组织贫农、下中农协会,是我党在农村工作中的一项组织方面的基本建设。经验证明,要使这个阶级队伍发挥它应该发挥的作用,一个先决的条件是保证他的纯洁性。参加协会的贫下中农,必须是真正的贫下中农""同时,注意建立贫下中农协会的经常工作,是一个非常重要的问题。经验证明,要在农村中加强对于敌人的专政,加强对于资本主义自发势力的斗争,加强对于干部的工作协助和群众监督,以及加强农民群众的自我教育,中心的问题是在于加强贫农、下中农协会的经常工作。"①

《中华人民共和国贫农下中农协会组织条例(草案)》,总结了过去一段时期各地有关贫下中农组织的经验,对协会的性质、基本任务、会员问题、组织机构问题、领导成员问题,它同党的农村基层组织的关系,同社、队组织的关系,它的经常工作,都做了比较具体的规定,共18条。

关于协会的性质,条例规定,贫农下中农协会,是在中国共产党领导下的,由贫农、下中农自愿组成的,革命的群众性的阶级组织。

关于协会的基本任务,条例规定,要积极响应党和毛主席的号召,模范地遵守和执行党和国家的政策和法令,坚持社会主义方向;同资本主义势力和封建势力进行坚决的斗争,防止被推翻的剥削阶级;团结中农,团结农村中一切可以团结的人,共同走社会主义道路;协助和监督农村人民公社的各级组织和干部,办好集体经济;积极发挥生产中的骨干作用,努力发展集体生产;对贫农、下中农和其他农民群众进行阶级教育和社会主义教育,提高他们的政治觉悟。

关于会员问题,规定凡是贫农、下中农成分的农村人民公社社员,不分民族、性别,经过本人申请,由生产队的全体会员大会讨论通过,生产大队贫农、下中农协会委员会批准,就可以成为贫农、下中农协会会员。但对那些有重大的政治历史问题的人,同地主、富农、反革命分子、坏分子有勾结的人,有严重贪污盗窃、投机倒把活动的人,有严重损害集体经济利益行为以及犯有其他严重错误的人,除了彻底坦白交代,有经济问题的还进行了退赔,并且经过长期考察,证明确实改正了错误的以外,一律不能入会。同时

---

① 《建国以来重要文献选编》第18册,第580—581页。

也规定,贫下中农协会的会员,在协会组织内,都有选举权和被选举权,都有权对协会的工作提出意见等。

关于协会的组织机构问题,规定贫农、下中农协会的全国领导机关,是中华全国贫农、下中农协会,其最高权力机关为全国贫农、下中农代表大会。贫农、下中农协会的地方各级组织,是省、市、自治区和县的贫农、下中农协会,其权力机关是省、市、自治区和县的贫农、下中农代表大会。贫农、下中农协会的基层组织,是农村人民公社各级的贫农、下中农协会,公社、生产大队、生产队的贫农、下中农协会的权力机关,是各级的会员代表大会或者会员大会。

关于协会的领导成员问题,规定在人民公社各级的贫农、下中农组织的领导成员中间,必须保证老雇农和贫农占绝对优势,也要有一定数量的下中农。人民公社各级的贫农、下中农组织的主席和组长,都不能由公社社长、大队长、生产队长、会计、出纳员、保管员、社队企业和事业的管理人员兼任。

关于协会同党的农村基层组织以及社队组织的关系问题,规定人民公社各级贫农、下中农组织要经常向公社党委和大队党支部汇报工作,反映贫农、下中农和其他社员的意见。在党组织领导下,积极宣传和执行党的政策。公社党委和大队党支部,应该定期讨论贫农、下中农组织的工作,指导他们开展经常活动,注意培养贫农、下中农组织的骨干力量。社队的一切重大事情,在党内决定以前,应该同贫农、下中农组织商量,在党内讨论决定之后,应该先在贫农、下中农组织内进行传达和讨论。同时,也应该模范执行社员代表大会和社员大会的决议,带头完成各项任务,应该积极协助和监督管理委员会的工作。

关于协会的经常性工作,规定人民公社各级贫农、下中农组织,应该帮助和监督各级干部正确执行党和国家的政策,监督各级管理委员会和干部严格执行财务管理制度,坚持勤俭办社;经常注意防止和制止资本主义自发倾向的滋长,向资本主义势力做斗争;要协助治安保卫部门加强对于地主分子、富农分子、反革命分子和坏分子的监督和改造;带动广大社员积极改变自然面貌,努力发展集体生产;经常关心贫农、下中农和其他有困难社员的生活;组织会员学习毛主席著作,对会员进行阶级教育,进行社会主义、集体主义、爱国主义和国际主义教育,组织会员学习文化科学知识,破除封建迷信等。①

　　另外,在会议期间,中共中央还发出了关于当前工作中应该注意的几个问题的指示,要求各地精简会议和报表,宣传报道要做扎扎实实的、科学的、冷静的促进派,注意劳逸结合,关心群众生活,关心干部和群众的健康。要求各地在抓紧进行"五反"、"四清"的同时,必须抓紧生产工作,一切工作都应该服从生产的需要,只能促进生产,而决不能妨碍生产。

　　总之,1964年5月的中央工作会议是在国际国内形势比较严峻的情况下召开的,会议提出了一些正确的问题,如培养革命接班人、重视贫下中农、强调生产等。但这次会议与1963年2月和5月的中央工作会议相比,气氛已大不相同,提出了一些过火的不恰当的意见和措施。如有的人提出,社会主义教育运动试点时,对农村基层干部偏严,对基层干部的问题看得过重。纠正以后,又过多地强调依靠干部,强调自觉,因此处理问题偏宽,要求对犯有严重错误的人,一定要严肃处理,对于"小霸王"一类的人,必须搬开。社会主义教育运动中"搬石头"的问题,看来是个很值得注意的问题。有的人认为"四清"是农村阶级斗争的纲,不能只简单地看作是经济问题。"五反"、"四清"主要是政治、思想上的革命,不能认为"五反"只是搞搞多吃多占,"四清"只是清账、清物等。有的人提出,现在"五反"越搞越看出来,上上下下,里里外外,城乡各界,互相牵连。地富反坏修分子向党进攻相当广泛,所以只搞"五反"不行,必须城乡"五反"、"四清"联合夹攻。6月2日,少奇同志在会议讲话中提出,"和平演变"已经演变到高级机关中的某些人了,省委、市委都有他们的人。他不再强调依靠基层干部,而是认为有些地方"四不清"干部对工作队的办法是"喂、顶、拖、混",要想办法摆脱他们,并说,他们抵抗"四清",就是"反党",破坏就是"反革命",要开除党籍。群众没有充分发动起来以前,不能强调团结95%以上的干部、依靠基层。② 同时,在这次会议上,还印发了陈伯达在天津小站和王光美在河北桃园大队的"四清"材料,以及中共甘肃省委和冶金工业部党组关于白银有色金属公司夺权的报告。

---

① 《建国以来重要文献选编》第18册,第584—593页。
② 薄一波:《若干重大决策与事件的回顾》(下卷),第1151—1152页。

二、刘少奇视察"四清"运动

中央工作会议后,经毛泽东同意,中共中央决定成立"四清"、"五反"指挥部。8月5日,中央书记处会议正式决定:"四清"、"五反"指挥部,由刘少奇挂帅。① 此后,刘少奇把大量的时间和精力用于领导"四清"运动上来,实际上处于运动领导工作的第一线。6月28日至7月25日,他先后到天津、济南、合肥、南京、上海、郑州等地,同当地党政军干部座谈如何开展"四清"运动。8月5日至26日,又先后到武汉、长沙、广州、南宁、昆明等地视察,并在广州修改"后十条"。一路上,刘少奇就"四清"运动、两种教育制度、劳动制度、反修正主义以及军队政治教育和军事训练做了多次讲话,并且对许多地方领导人开展运动的做法非常不满,"脾气大得很,他在山东已经发了脾气,到合肥发了大脾气"②。

从刘少奇视察"四清"运动谈话的主要内容看,主要有以下几个方面:

第一,对国内阶级斗争形势估计严重,强调对基层干部既依靠又不依靠,并不断提出"追根子"。

7月2日,在河北地委书记座谈会上,刘少奇认为,政权不在共产党手里,你们讲有30%,恐怕大体合乎实际。9日,在济南军区座谈会上,刘少奇指出,就是我们中国也出修正主义咧!事实上中国有相当一部分工厂、企业、机关、农村的公社、生产队,领导权不在我们手里。有的是共产党员,打过游击的被他们拉下了水,被糖衣炮弹打中了;有的原来是贫农、雇农,和地主、资本家的女儿结了婚,或者吃了请,吃了几包香烟,就给他们办事,给他们隐瞒身份。现在相当一部分单位不是我们领导,或者原来是我们领导,现在变了;或者原来反动统治没有打倒,他换了个方式在那里领导,叫两面政权。

① 中共中央文献研究室编:《刘少奇年谱》(下卷),第599页。
② 江渭清:《七十年征程——江渭清回忆录》,江苏人民出版社1996年版,第483页。

山东提出主要是怕"左",像信阳经验,好多人听到就头痛,提出来恐怕通不过。河南反映,河南对大搞群众运动有许多思想顾虑,过去斗争扩大化的错误影响很深,有的说,平了反,反了平。① 刘少奇并没有接受这些意见,反而更加强调三分之一政权不在我们手里。他认为,毛主席说,我们的基层单位有三分之一的领导权不在我们手里。这个话有人怀疑,完全可以,但你们也没有去查。实事求是,多少就是多少。我也希望没有三分之一,问题是三分之一打不住。有多少搞多少。有这么多基层组织领导权不在我们手里,他有他的一套,他有理论、有文艺向我们进攻,这就是资本主义复辟。

鉴于基层组织和干部中存在的严重问题,刘少奇提出,对基层干部既依靠又不依靠,"靠得住,就靠,不可靠,就不靠"、"要等基层干部改变了,再来依靠,开始不能依靠,后来群众发动起来了,问题揭发了,又实事求是地退赔了,然后再来依靠他。"他认为,"后十条"中规定的两个团结、两个依靠不妥当,文件对放手发动群众强调不够,群众还没有发动起来就规定那么多政策,结果那些政策变成了清规戒律,团结95%的群众是团结95%的干部的前提,不首先发动群众,不首先团结95%的群众,团结95%的干部是不可能的。当群众没有发动起来的时候,决不能把政策变成束缚群众的清规戒律,"四不清"干部就利用这一点。

同时,刘少奇也多次强调"挖根子","挖根子"的思想,是1964年春节期间,刘少奇在听取王光美的汇报时提出的。他指出,犯严重"四不清"的错误,根子在哪里? 我们说根子是封建势力和资本主义势力的腐蚀和影响,如一般所说的"错在干部,根子在地、富",这是下面的根子,群众还提出有上面的根子。上面有根子没有? 要不要挖? 应该切实查一下上面的根子。很多事实说明,犯严重"四不清"错误的干部,如果没有上面干部的保护,就不敢犯那么严重的错误,不敢犯大错误。科员不拉科长下水,就不敢乱搞、大搞;科长不拉处长下水,就不敢乱搞、大搞;处长不拉部长下水,也不敢乱搞、大搞。生产队干部,没有大队干部撑腰,不敢胡搞;大队干部没有公社干部撑腰,不敢胡搞;公社干部没有上面干部撑腰,也不敢胡搞。这些干部犯错误的时候,以为有上面的干部支持,用上面的根子压群众,可以控制群众,

---

① 张素华:《60年代的社会主义教育运动》,载《当代中国史研究》2001年第1期。

这时候,他们不怕群众。

在这次视察过程中,刘少奇再次强调这一问题。他指出,一切有严重问题的人和集团,都要积极向上级领导机关找靠山,找保护人,找代理人,就是找上层建筑来保护。根子不仅上面有,而且上下左右都有根子,就是上下左右都有联系。他强调,上面的根子也要追,上面的根子更危险,一律要追,追到什么地方算什么地方,是公社的追到公社,是县委的追到县委,是地委的追到地委,是省委追到省委,是中央的追到中央。①

第二,认为地方领导干部在"四清"运动中,存在严重的右倾思想,对运动的领导很不力,必须大力纠正,并强调领导干部必须蹲点。

在视察座谈过程中,刘少奇了解到,自开展"四清"运动以来,很多省地一级领导干部没有按中央的要求下基层蹲点调查,掌握第一手材料,而是靠听汇报,看材料了解动态,并没有直接亲自从事运动的领导。对此,他非常不满意,并严厉批评了地方领导干部的右倾思想。

7月5日晚,他在天津同河北省委负责同志的谈话时指出,真正下去蹲过点的人和没有蹲过点的人不一样,一听就知道,包括地委也好,县委也好,公社也好,官僚主义相当严重,自己不下去搞,就是要别人搞,自己指示指示,结果什么也不懂,人家批评他他也不愿意听,高官厚禄,养尊处优,骄傲自满,固步自封。所以,这次下个决心,你们一定下去。没有这一条,你们整个省的工作就不可能领导得好的。7月14日,在南京视察座谈时,刘少奇针对在场的省、地(市)、县几级领导干部,严厉批评了许多领导同志浮在上面,不蹲点,就是下去也是"面上跑跑,听听汇报,指示指示"。反复强调,农村"四清"、城市"五反",各级领导都要蹲点。他还认为,现在情况变了,搞调查研究,光靠开调查会不行了,只有领导亲自带工作队,蹲到点上去,直接掌握运动,才能取得第一手材料和经验。他又说:你当书记的,生病也生得,休息也休得,离职学习也离得,甚至死也死得,为什么离开自己职务蹲半年点就不行? 要求省、地、县三级领导都要分期分批,轮流下去蹲点,并提出:省、地(市)、县委书记以及其他负责人,都要参加两批农村"四清",搞两个大队,从扎根串联到整顿组织,取得比较完整的经验。还要参加两批城市

———
① 丛进:《曲折发展的岁月》,第537页。

"五反"，搞两个单位的运动。有了两个大队、两个工厂的经验，才有资格当省委书记、地（市）委书记、县委书记。①

刘少奇对此也十分焦急。他认为，社会主义教育运动是个大革命，实际上比土地改革、合作化，比过去任何一次革命都广泛、深刻、复杂得多。它和过去历次革命不同，非要自己亲自去做不行。自己不去取得直接经验，就不能领导这个革命。他多次说过，没有经过蹲点调查的人，没有资格当地委书记、省委书记。② 刘少奇指出，什么叫蹲点？过去你们那个蹲点不叫蹲点，不够标准，不及格。蹲点要善始善终搞一期，这样才算蹲定一个点，才能取得直接经验。

刘少奇认为，上述种种情况，实际上反映了在领导干部中存在着严重的右倾思想。在 7 月 30 日的中央工作会议上，刘少奇讲，我这次在各地的讲话，实际上是批驳右倾机会主义，只是没有戴这个帽子。③ 8 月 11 日，刘少奇到达广州，在听取中共广东省委负责人汇报农村社会主义教育运动时指出，现在党内严重右倾相当普遍，我过去怕讲右倾，有顾虑，回去向主席汇报后，主席说不要怕"左"，半年总结一次。后来在北京做了一次报告，不戴右的帽子，实际上全是反右的。但是要掌握"火候"，掌握火候者，就是防"左"。④

以后，刘少奇进一步把这个问题提到了全党面前。10 月 11 日，中共华北局第一书记李雪峰在给刘少奇的一封信中反映，在两省地书会议上，都发现几乎在每个地委召开的会议上，县委同志的思想都抵触很大。或者在这个问题上思想"通"了，到那个问题上又回生了。为此，华北局决定，戳穿"怕左不怕右"这种精神状态，打出反对右倾的旗帜。⑤ 12 日，刘少奇为转发《李雪峰致刘少奇的信》代中央起草的批语中指出，在目前情况下，不向党内各级干部明确地指出当前的主要的危险是右倾危险，是不利的。要求各省、市、区党委"根据各地干部的思想情况，及时地向地委书记和县委书

① 江渭清：《七十年征程——江渭清回忆录》，第 485 页。
② 金冲及、黄峥主编：《刘少奇传》（下卷），第 956—957 页。
③ 金冲及、黄峥主编：《刘少奇传》（下卷），第 958 页。
④ 中共中央文献研究室编：《刘少奇年谱》（下卷），第 599 页。
⑤ 中共中央党校党史教研二室编：《中国共产党社会主义时期文献资料选编》第 5 册，第 467—470 页。

记提出反对右倾的问题,怕'左'不怕右,宁右勿'左'的问题,进行认真的讨论,以便为当前的社会主义革命打好思想基础"。经毛泽东、周恩来、邓小平等同意,此件于十六日作为中共中央文件下发。①

10 月 18 日,刘少奇复信李富春指出,右倾危险是当前的主要危险。中央最近转发了李雪峰同志的一封信,请给同志们念一念,今天河北省委又送来一个反对右倾的情况简报,也可以念给同志们听。但是,不要同过去一样在生产数字和计划指标上反对右倾。生产数字和计划指标,只能在厉行节约的条件下实事求是。当前的右倾思想,主要表现在阶级斗争、经营管理方法、干部的精神状态和生活作风等方面。②

10 月 20 日,中央转发了《关于认真讨论刘少奇同志答江渭清同志的一封信的指示》,认为"江渭清同志对自己的缺点和刘少奇同志的信所采取的态度是好的","这封信上所批评的江渭清同志的缺点,不只是他一个人有,其他许多同志在不同程度上都有,还有一些同志则比江渭清同志更严重,其中,也包括中央的和中央各个部门的许多同志在内"。"所有这些同志都应当进行检查。"③刘少奇同志答江渭清同志的信是于 9 月 30 日写出的。在信中,刘少奇对江渭清提出了尖锐批评:

> 我和你在北京的那次谈话中,我向你提出了这样的问题,我说:你在抗战期间就是在江苏打游击的,解放以后,你一直在江苏工作,从前你作省委副书记,以后作省委第一书记,也有许多年了。我问你:你了解江苏的情况,是比十年前更多了,还是比十年以前更少了呢? 毛主席说,我们有些干部"高官厚禄,养尊处优,骄傲自满,固步自封",你和江苏的许多同志是不是除外的呢? 对于第二个问题,你当时就回答,你和江苏的同志不能除外。对于第一个问题你当时不好回答我,在我作了进一步的解释之后,你最后也承认,你对于江苏社会上当前的许多重要情况,特别是当前阶级斗争的情况,比十年以前是了解得更少了,而不

---

① 中共中央文献研究室编:《刘少奇年谱》(下卷),第 607 页。
② 中共中央文献研究室编:《刘少奇年谱》(下卷),第 607 页。
③ 中共中央党校党史教研二室编:《中国共产党社会主义时期文献资料选编》第 5 册,第 473 页。

是更多。严重的问题就在这里。①

此前，毛泽东在对刘少奇给江渭清复信的批语和修改中，也对领导干部右倾提出了尖锐的批评。他指出，你的信写得很好。存在着的问题，正是要照你写的那样去解决。我们的干部中，自以为是的很不少。其原因之一，是不懂马克思主义的认识论。因此，不厌其烦地宣传这种认识论，是非常必要的。简单地说，就是从群众中来，到群众中去。下决心长期蹲点，就能听到群众的呼声，就能从实践中逐步地认识客观真理，变为主观真理，然后再回到实践中去，看是不是行得通。如果行不通，则必须重新向群众的实践请教。这样就可以解决框框问题，即教条主义问题了，就可以不信迷信了。如果不这样做，则官越大，真理越少。大官如此，小官也是如此。"10 月 28 日，毛泽东致信刘少奇"我看了你给江渭清信的全文，觉得实在好"②。再次肯定了刘少奇的复信。

第三，提出了改变过去以县委领导为主的办法，实行在省委、地委领导下集中搞一县，县以下都由工作队领导的运动方法。

针对地方领导干部在开展"四清"运动中存在严重的右倾思想，刘少奇对运动的部署和方法也十分不满。7 月 24 日，刘少奇在同河南省委和各地、市委第一书记座谈时指出，领导干部怕下去蹲点，这不仅是领导方法问题，而是能不能领导革命的问题，是真革命还是假革命的问题，是要不要领导革命的问题。不敢革命，怎么能领导革命？敢不敢放手发动群众，是敢不敢革命的问题。群众发动起来以后，敢不敢实事求是，也是敢不敢革命的问题。工作队要集中力量打歼灭战，几百人搞一个公社。

随后，刘少奇同湖北、湖南、广东省委和中南局的同志研究了农村社会主义教育运动的部署问题，并于 8 月 16 日向毛泽东及中央写信建议，集中力量打歼灭战。刘少奇在信中对各地社会主义教育运动的部署提出了不同意见。他认为中南各省对今冬明春农村社会主义教育的部署大体相同，即每一个县搞一个区（湖北、湖南）或一个相当于区的公社（广东），现在正以

① 江渭清：《七十年征程——江渭清回忆录》，第 496 页。
② 《建国以来毛泽东文稿》第 11 册，第 168、169 页。

县为单位训练工作队,准备分到各地县工作。地县工作队的总团与分团之间有领导关系,但实际上是以县委领导为主。工作队的一些重要决定,按规定须经县委批准。根据过去的经验,有些县委往往偏袒基层干部,使工作队难于贯彻党的方针政策,影响运动的开展;对于某些重要案件,又常常拖着不批,因此不能结案,在实际上否定了工作队的决定,使坏干部得以进行翻案和反攻倒算,破坏了运动的成果。他指出,我在几个省走了一遍之后,了解到各省对社会主义教育进行了认真的讨论,省、地、县三级干部的认识大有提高。但是,还有一部分县委对于放手发动群众,把这一次社会主义革命搞彻底是没有决心的。另一部分县委虽有某种决心,但不够坚定,又缺少办法。此外,一部分社队的严重问题,又牵连到区委和县委、县人委的某些人员,常常难于下决心去发动群众加以揭露、批评和斗争,并且给以适当处理。因此,由各县分散去进行农村社会主义教育,是否都能搞深搞透,我认为是难于保证的,至少也有一部分是没有保证的。因此,我向湖北、湖南省委建议,是否可以把各县工作队集中到地委,省委工作队也分到各地委,在省委、地委领导下集中搞一个县。县以下各行各业和城镇的"五反"以及农村社会主义教育,都由工作队统一包干或先或后地全部搞好。经过湖北、湖南省委讨论,他们都赞成这个建议。在我到广州之前中南局也赞成这个建议,并决定中南五省都照此办理。

刘少奇的这封信,最初得到毛泽东的高度评价。8月18日毛泽东复信:

八月十六日来信收到,我于昨天(十七日)看了一遍,觉得很好,完全赞成。今天(十八日)即与中央各同志商量,照此办理,迅速实行。十月工作会议还应该讨论此事一次,取得一致同意,统一党内思想。在此以前,各中央局,各省、市、区党委,各地委、各县委先行讨论一次,收集各种意见,以利十月中央工作会议讨论。八月中旬至十月中旬,中央,各中央局,各省、地、县委,各中等城市市委,以两个月的时间,即照你的办法,立即训练工作队,以利秋冬实施。①

---

① 《建国以来毛泽东文稿》第 11 册,第 132 页。

同时毛泽东也批示将此件"即送邓、彭、康生、朱德、贺龙、荣臻、瑞卿、伯达、冷西阅后,请尚昆印发。"①

在 8 月 18 日这一天,毛泽东对公开放映并组织批判影片《北国江南》、《早春二月》的报告做出批语:"不但在几个大城市放映,而且应在几十个至一百多个中等城市放映,使这些修正主义材料公之于众。可能不只这两部影片,还有些别的,都需要批判。"②下午,毛泽东在北戴河中央开会的一间大房子里,接见了陈伯达、康生、吴江、关锋、龚育之、邵铁真等批判"合二而一"写作班子。据龚育之回忆,经过简单的介绍和寒暄,毛泽东坐下来就讲,好像有意要向搞哲学的人讲一大篇话。一开始就讲下乡"四清"和阶级斗争。毛泽东说,哲学家要下乡去,今冬明春就下去,去参加阶级斗争。马克思主义三个组成部分,基础是社会学,是阶级斗争。无产阶级和资产阶级做斗争。大学生今年冬天就要开始下去。去搞阶级斗争。那是一个大学。什么北大、人大! 还是那个大学好。我就是绿林大学的,在那里学了点东西。到阶级斗争中去,到"四清"、"五反"中去,你们面貌会改观。不搞阶级斗争,搞什么哲学! 同时,毛泽东在谈话中,还讲到了《红楼梦》,他认为《红楼梦》写四大家族,阶级斗争激烈,几十条人命。统治者二十几人(有人算了说是 33 人),其实都是奴隶,300 多个,鸳鸯、司棋、尤二姐、尤三姐等。讲历史不拿阶级斗争观点讲,就讲不通。《红楼梦》写出 200 多年了,研究红学的到现在还没有搞清楚,可见问题之难。③

同一天,既大讲阶级斗争,又批示同意刘少奇提出集中力量打歼灭战,可见,毛泽东对形势的看法是非常严重的,对目前运动开展的现状是非常不满的。从这一点上看,在这一时期,毛泽东与刘少奇没有根本性原则分歧,只是毛泽东对打歼灭战的建议持有比较谨慎的态度,主张收集各地意见,以便十月工作会议讨论一次。

但随着各地反映的情况,毛泽东对这一建议逐渐改变了看法。8 月 20 日上午 10:30 分,毛泽东在北戴河找李雪峰、乌兰夫、陶鲁笳、刘仁、刘子厚同志谈话。当李雪峰汇报说,少奇同志的信写得好,我们刚接到,只粗粗地

---

① 《建国以来毛泽东文稿》第 11 册,第 132、133 页。
② 《建国以来毛泽东文稿》第 11 册,第 135 页。
③ 龚育之、王志强著:《科学的力量》,河北教育出版社 2001 年版,第 159—169 页。

做了研究,大家认为那样做牵涉太大。刘子厚也说,如果今冬一个地委集中搞一个县,已经铺开的点,大部分都要把工作队从半路上撤回来。这样做,贫下中农很不满意。毛泽东了解这一情况后说,"南面而征北狄怨,东面而征西夷怨"、"如大旱之望云霓"、"汤有七年之旱,祷于桑林"。大旱之望云霓,就是这个故事。你们不同意,发下去怎么办哪?打电话让文件先缓发,或者请小平同志开个会,或者请少奇同志回来再议一次。先不发,何必那样急,在北京开个会再定。少奇同志的信,我也赞成,中央批发下去,问题大。缓发有什么?你们打一仗,无非你们胜利,或者失败。也可以你们搞你们的。人是由蠢慢慢变聪明的。无论什么人,都是由不知到知,由少知到多知,至于全知的人,没有那回事。马克思知的多一些,但也不是全知。我们就更不用说了。你们不赞成,我也没有办法,又讲了那样多道理。总要以理服人,不以理服人还得了。并当场吩咐秘书说,华北局反对,文件缓发,通知开会,到北京开会,你(指李雪峰)带几个人去好助威呀。到北京打一仗,也许你们打赢,也许打败,打败也不要紧。文件缓发,何必急,急什么。出门上车时,毛泽东又说,也可以写活点,何必一个样?你(指李雪峰)还是带几个人去,助助你的威么。时间不出一周。

此后,随着,运动的进一步发展,毛泽东与刘少奇对如何开展"四清"运动产生了严重的分歧,其主要表现之一就是如何看待运动的主要对象。在刘少奇看来,问题主要在基层干部,但同时也不否认地县省甚至中央的一些部门出问题,至于中央一线领导人,刘少奇没有想过,而刘少奇恰恰认为这些经过长期战争考验的高级领导干部在政治上是可靠的。毛泽东与刘少奇的差别也正在这里。在八届十中全会以前,毛泽东也曾把当时农村中出现的一些消极现象归之于基层干部未能正确执行中央的方针、政策。而在八届十中全会后,根据来自"上面"的"黑暗风、单干风、翻案风",从而确立社会主义时期阶级斗争理论框架后,毛泽东的认识逐渐发生变化。一方面,他强调基层干部的问题;另一方面,也更警觉地关注"上层"的问题,尤其是"中国的赫鲁晓夫",此后他又提出"官僚资本主义者阶级"、"走资本主义道路的当权派"等主要解决"上层"问题的概念。这样就产生了一个问题,既然问题主要在上层,集中大量工作队到基层搞运动,怎能收到效果?又怎能保证上面派来的工作组比基层干部更正确?因此,在运动后期,毛泽东对刘少奇"大兵团作战"的建议和做法提出尖锐批评,也就在所难免了。

三、"后十条"修正案

1964年6月17日,中央书记处决定对"后十条"草案进行修改,由分管农业工作的书记处书记谭震林主持。实际上,在此之前,谭震林已经开始为"后十条"的修改进行准备了。

6月4日下午,谭震林在人民大会堂北京厅主持"后十条"修改小组会议。与会者就如何修改"后十条"提出了许多建议,主要问题集中在:一是团结95%以上的干部和放手发动群众,如有的人提出,依靠基层组织、依靠基层干部、依靠贫下中农,究竟哪一个是主要的? 二是工作队的作用问题,有人提议要建立一个强有力的工作队,但是,工作队一下去扎根串联发动群众,工作队和原来的基层组织,怎么样提法,这是个普遍存在的问题。三是干部问题,普遍认为,这个问题是很复杂。有的同志说,干部问题看来一年来我们处理得偏了,出现了一些问题。真正要处理的还不能过多。有的说,下去的人把原来干部一脚踢开,自己搞一套,这样不能很好地开展工作。也有人提出,关键是走群众路线,依靠贫下中农是整个运动的核心。四是划阶级的问题。有人主张,要把"后十条"规定的一般不重划阶级改一下,把阶级界线搞清;有人主张不要普遍划,就是把贫下中农组织一下,看谁可以参加到贫下中农组织里头来,要把划阶级和登记分开。

实际上,"后十条"草案出来以后,就听到党内有些人,包括某些地方上相当负责的人的议论,说是右了。文件下发后,又受到党内新的更加尖锐的责难,例如说"'后十条'是反对'前十条'的。① 由于当时运动试点过程中,各地普遍发生打击面过宽、混淆政策界限等"左"的错误,各地也都有材料反映。因此,为防左和反左而制定的"后十条",得到了中央领导人的认可,认为这个文件大体上比较好。毛泽东也批准了"后十条"并要求向全国宣

① 董边、镡德山、曾自编:《毛泽东和他的秘书田家英》,第98—99页。

讲。但随着运动的进展,毛泽东对"后十条"也产生了不满,他曾发牢骚说:"1963 年 5 月杭州会议写出第一个十条,为什么刚过了 3 个月,9 月北京又搞出个十条,只有 3 个月,有那么多经验?!"①

由于受王光美桃园经验的影响,刘少奇对"后十条"中的某些规定也提出了许多意见。5 月 28 日,刘少奇在各中央局书记会议上提出:"'后十条'强调发动群众不够,比较多地强调依靠基层干部,强调团结两个 95%。于是,基层干部和那些'四不清'的干部,就拿团结两个 95% 来反对'四清'"②随后,在视察"四清"运动过程中,刘少奇又多次表达对"后十条"的不满,几乎是每到一地都谈此问题。

7 月 12 日,他在安徽省委常委座谈会上指出,社会主义也搞了一年多了,我看不深不透,问题不少,不能说已经很好贯彻了。杭州会议以后又搞了一个第二个十条,这个十条有一个缺点,主要是有些具体政策规定,没有强调要放手发动群众,在群众没有发动以前,有些规定成了清规戒律。团结 95% 的干部和团结 95% 的群众,有时候就有矛盾,在一定的时候,要团结 95% 的干部就不能团结 95% 的群众。一定要干部"四不清"弄清了,退赔了,不多吃多占了,参加劳动了,这样,团结 95% 的干部才会有可能,群众才会服气。在"四清"还没有搞清以前,干部还随便打人骂人,群众就不信任你,就不能团结 95% 的群众,只能团结群众的少数人。挖掉资本主义、修正主义根子,关键在于放手发动群众。群众一经发动起来,就要强调政策,按政策办事,有些地方搞社会主义教育运动,群众还没有发动起来就强调政策,团结两个 95%,依靠基层干部。工作队下去只依靠当地干部,这样群众就不来了。

7 月 21 日,刘少奇在华东局、上海市委负责干部会议上再次对"后十条"提出尖锐的意见,他认为,中央"双十条"的第二个十条,有许多具体政策规定,其中有些要修改,有些写的不够,或者有些话不那么妥当。比如团结两个 95%,到底以那一个为重点,那一个是基础,是前提?应当团结 95% 的群众是前提,是基础,如果团结 95% 基层干部是前提,这就不对了,群众

---

① 丛进:《曲折发展的岁月》,第 604 页。
② 金冲及、黄峥主编:《刘少奇传》(下卷),第 959 页。

没有充分发动起来,怎么能够团结95%基层干部呢? 如果四方面都四不清,又怎么样团结95%基层干部呢? 不可能。我们不要怕基层干部躺倒,基层干部躺倒是假的,不是真的,并不是真想不干,实际上他想干得很。这是他们向工作队做斗争的一种手段,是用来抵制我们的。

8月5日,中央书记处第382次会议决定,"后十条"的修改,由刘少奇同志主持。这样,至9月1日前,刘少奇把主要精力放在对"后十条"的修改上了。

据逄先知回忆,刘少奇曾邀请田家英一道去南方修改"后十条",田家英当时感到非常为难,因为他不太赞成刘少奇对农村形势和基层干部的过左估计以及对"四清"运动的一些"左"的做法。但是他又很尊重刘少奇,也不能不服从组织,最后勉为其难地参加了文件的修改工作。离北京南下的前一天,田家英报告了毛泽东,问他对修改文件有什么指示。毛泽东讲了两点:第一,不要把基层干部看得漆黑一团;第二,不要把大量工作队员集中在一个点上。在飞往武汉的飞机上,田家英将毛泽东的两点意见转告了刘少奇。①

从8月11日至8月20日,刘少奇在广州停留了十天,修改"后十条",由田家英主要执笔,刘少奇最后定稿。在修改过程中,刘少奇提出并加写了一些十分尖锐的内容和语言。如刘少奇提出要在运动中摧垮"反革命两面政权",搞比土地改革更深入的革命运动等。② 这使田家英感到很为难,因为要按照自己没有想通的意见去修改,自然十分吃力,很不顺手,难以落笔。③ 同时,刘少奇还主持召集中南局常委和广东省委书记处成员座谈会,听取对修改稿的意见。经过近十天的修改,"后十条"修改稿基本完成。

19日,刘少奇委托即将回京的田家英将修改稿送毛泽东和中共中央审阅。他在给毛泽东和中央的信中说:"第二个十条,已由田家英同志和中南局、广东省委的同志作了一些重要的修改,我已看过,我意可以发给各中央局、省、地、县委征求意见,在十月会议时定稿。现由田家英同志带回,请主

---

① 董边、镡德山、曾自编:《毛泽东和他的秘书田家英》,第99页。
② 董边、镡德山、曾自编:《毛泽东和他的秘书田家英》,第149页。
③ 董边、镡德山、曾自编:《毛泽东和他的秘书田家英》,第99页。

席和中央审核。我也将带到其他几个省和中央局征求意见。"①27日,毛泽东批示小平同志:此件请印发大区书记及少数参加会议的同志,加上中央参加会议的同志,越快越好。请他们研究,并提意见,再加修改。"②

20日至25日,刘少奇到南宁、昆明视察工作,26日返回北京,29日至9月1日,他连续四天主持各中央局第一书记会议,讨论"后十条"修改稿。根据会议中提出的意见,又对文件作了重要修改。修改稿经毛泽东批改同意后,定名为《农村社会主义教育运动中一些具体政策的规定(修正草案)》(后称第二个"后十条")于9月18日由中共中央正式发出。

在印发"后十条"的通知中,中央规定,"在今年秋后进行社会主义教育的地方,要把这个修正草案,同中央的决定草案(即第一个十条)一起,在农村干部和农民群众中深入地进行宣读和讲解。工作队都要按照这些文件的规定进行工作。"并指出:"领导好社会主义教育运动,关键在于三个问题,领导干部亲自蹲点,有坚强领导的工作队,以及在运动中放手发动群众。"同时要求"这个通知只发给县以上各级党委和工作队,不要在群众中宣读。"③

同第一个"后十条"相比,第二个"后十条"对阶级斗争形势的估计更加严重,认为这个运动"是一次比土地改革运动更为广泛、更为复杂、更为深刻的大规模的群众运动","当前的农村革命斗争,是一场新的革命,一场内容十分丰富、具有许多新的特点的革命。现在,敌人反对无产阶级专政和社会主义的方法,更加狡猾了。他们对干部拉拢腐蚀,实行和平演变,建立反革命的两面政权,还利用我们文件中的某些条文同我们进行合法斗争。"

有鉴于此,中央对"后十条"做出了重大修改,主要体现在以下几个方面:

一是必须以毛泽东同志提出的六个条件,作为衡量社会主义教育运动搞得好还是不好的主要标准。这六条标准是:(1)要看贫、下中农是真正发动起来了,还是没有发动起来。(2)干部中的"四不清"问题,是彻底解决

---

① 金冲及、黄峥主编:《刘少奇传》(下卷),第960页。
② 《建国以来毛泽东文稿》第11册,第139页。
③ 《建国以来重要文献选编》第19册,中央文献出版社1998年版,第226—227页。

了,还是没有彻底解决。(3)干部是参加了劳动,还是不参加劳动。(4)一个好的领导核心是建立起来了,还是没有建立起来。(5)发现有破坏活动的地、富、反、坏分子,是将矛盾上交,还是发动群众,认真监督、批评,以至于展开恰当的斗争,并留在那里就地改造。(6)要看是增产,还是减产。为此,文件要求,为贯彻毛主席必须把社会主义教育运动进行到底的指示。这次运动,必须达到中央决定草案所提出的要求:"要一批一批地、踏踏实实地搞深搞透,要严格防止敷敷衍衍'走过场'。从省、地、县各级领导,一直到工作队,到工作队的每一个成员,都必须努力工作,使社会主义教育运动的质量,达到高的或者比较高的要求。"

二是关于社会主义教育运动的基本内容(即两个"后十条"中规定的十二项工作)同第一个后十条相比,有所不同:(1)明确规定召开有贫下中农代表参加的公社、大队、生产队三级干部会议,而第一个"后十条"中规定,可以吸收贫下中农代表参加。(2)强调在群众中宣读和讲解中央决定草案和规定草案(指"后十条"修正案),直接把党的政策交给群众。(3)强调工作队员要和贫下中农同吃、同住、同劳动,而第一个后十条规定要尽可能地和贫下中农同吃、同住、同劳动。(4)规定这次社会主义教育运动的整个工作,一般说来,可以划分为两个大的阶段。第一个阶段,主要解决干部中的"四不清"问题和开展对敌斗争。第二个阶段是组织建设,主要是整顿好党的基层组织、社队组织和民兵组织。这两个阶段的工作是密切联系的。在第一阶段的工作中,就要给第二阶段的工作,做好准备,打下基础,特别重要的是,在工作队进村扎根串联以后,就应当注意逐步吸收好的和比较好的党员、干部和群众中的积极分子一起工作,在运动中培养一批新的骨干。

三是强调领导人必须亲自蹲点。文件规定,蹲点,必须真正蹲下去。要从头到尾地把一个点上的工作做完,从组织和训练工作队、进村扎根串联、发动群众、组织阶级队伍,直到搞好"四清"、搞好了对敌斗争、整顿好了组织、建立和健全了各种制度、贯彻了"六十条"、掀起生产高潮,一直做完,有始有终,这样,才能取得完整的经验。要蹲在一个生产大队,并且以一两个生产队作为自己的工作重点,亲自参加,亲自动手,这样,才能有亲身体会、真情实感,才能取得直接的经验。要求每一个领导人起码要这样地蹲点两次。并指出,这些同志的亲自蹲点,是领导好这次大革命运动的前提条件。

四是把放手发动群众放在第一位。是不是放手发动群众,是不是放手发动贫下中农,是彻底进行或者不彻底进行社会主义教育运动的根本分界线。发动群众是开展社会主义教育运动的基础工作。只有放手发动群众,才能使这次运动成为深刻的革命运动。对于发动群众表现动摇的人,应当加强教育,解除他们的顾虑,使他们坚定起来。对于抗拒运动、阻碍发动群众的人,应当进行严厉的批判,情节严重的,还应当给以必要的处分。对于文件中的具体规定,只有在把群众充分地发动起来以后,才能够正确地执行和贯彻。决不要把这些必要的、正确的规定,变成妨碍发动群众、束缚自己手脚的清规戒律。发动群众的中心环节是深入发动贫、下中农,建立贫下中农组织,强调"关键是扎正根子"。文件规定,参加贫下中农组织,必须是真正的贫下中农。过去划分阶级的时候,有的地方把某些上中农、小商人,甚至地主、富农错划成了贫农或者下中农,也有些雇农、贫农被错划成了中农,这次都必须认真改正过来。要严格防止假的贫下中农混入贫下中农组织;同时,也不要把真正的雇农、贫农排斥在这个组织之外。

五是教育群众,首先教育干部,解决群众中存在的问题,必须首先解决干部中的问题。文件规定,为了团结95%以上的农民群众,必须把干部中间的、特别是基层组织领导核心里面的问题,给以认真的彻底的解决。团结95%以上的群众,是团结95%以上的干部的基础。文件指出,事实证明,一些犯了错误的干部,如果经过教育和群众的帮助,检讨了错误,站稳了立场,划清了政治界限,进行了退赔,并且改进了作风,这样就给群众的自我教育树立了榜样,群众中的一些问题也就比较容易解决了。文件指出,对基层组织和基层干部要在扎根串联、调查研究以后,采取实事求是的态度,分别情况,区别对待,可以依靠的就依靠,不可以依靠的就不能依靠。在依靠贫下中农群众和依靠基层组织的关系问题上,依靠贫下中农是基本的,是决定的方面。文件虽然仍然肯定"绝大多数的农村基层干部是好的,或者基本上是好的",并把原来以县为单位处分干部的比例一般地控制在2%以内规定,改为"一般地控制在1%左右,最多不超过2%",规定得更为严格,但对干部中的问题,估计得严重得多了。文件指出:"在农村基层干部中,有许多人犯有大大小小的错误,不仅有经济上的'四不清',而且有敌我不分、丧失立场、排斥贫下中农、隐瞒成分、伪造历史等等政治上的'四不清',其中有一些人的错误比较严重,甚至已经蜕化变质,成为阶级敌人的代理人和保护人。此外,还有少数的地富反坏分子混入了干部队伍。应当看到,问题是严重的。"关于如何团结95%以上干部的问题,文件也指出:"唯一正确的方法是:放手发动群众,彻底揭露矛盾,认真进行教育,批评或者必要的斗争,提高干部的觉悟,使之能够认真洗手洗澡,改正错误。"因此,对那些好的或者基本好的可以依靠的基层组织,也"必须在经过扎根串联、充分发动群众以后,证明了他们确实是这样的基层组织"。这样,就完全改变了原来"依靠基层组织和基层干部"的规定。另外,文件还强调追上面的"根子"。文件规定,必须追根究底,把有关的人员追究出来。不管是哪一级的干部,不管他们的职位高低,只要是同基层组织中的坏干部勾结,干了坏事,都必须向当地群众检讨,情节严重的,还必须受到应得的处分。

六是整个运动都由工作队领导。要求每一个点上开展社会主义教育运动,都必须要有上面派去的工作队。工作队要力求精干,它的成员必须经过严格的挑选和审查。凡是政治上不可靠的、思想作风存在严重问题的、在"五反"中暴露出严重错误而没有认真检查的,都不能参加。每一个工作队,都应当配备一些妇女干部,以利于充分发动妇女群众。为了使社会主义教育运动顺利开展,各省、市、自治区都应当组织一批包括适当人数的专业工作队,长期固定下来,专搞运动。

七是明确规定,在社会主义教育运动中,必须划出一个专门阶段,发动群众,开展对敌斗争,民主革命不彻底或者很不彻底的地区,必须认真地进行民主革命的补课工作。在土地改革的时候,漏划了的地主、富农分子,必须清查出来。同时也规定,地主、富农的子女,一律不能担任本地的基层领导干部,一般地也不宜担任会计员、保管员、出纳员、社队企业和事业的管理人员等重要职务。但是,一些经过了较长时间的考察、表现好的地主、富农家庭出身的青年学生、还乡职工、复员军人,可以根据需要,分配他们做一些适当的工作(包括社会工作),并且在工作中教育和改造他们。

八是"后十条"修正案对整党工作必须达到的要求作了不同于"后十条"的规定。如使每一个党员划清敌我界限、资本主义和社会主义两条道路的界限,还要划清先锋队和群众的界限。从运动开始就要注意培养一些成分好、立场坚定、坚持社会主义道路的积极分子,以便在运动后期,经过党内和贫、下中农群众讨论同意,介绍他们入党等。

九是重划阶级。"后十条"修正案指出,由于现在农村相当普遍地存在着阶级成分比较混乱的情况,在社会主义教育运动中,很有必要认真地进行一次清理阶级成分的工作,就是说,经过群众的充分讨论,对每一个家庭的成分进行审查和评定,并且建立阶级档案。凡是过去划错了成分的,都要改正过来。在某些民主革命很不彻底的地区,或者根本没有划过阶级的地区,还应当重新划分阶级。

除上述明显的重大修改外,还有一些小的改动。如规定,在全国农村完成这个运动,大约需要五六年或者更长的时间。点上的工作需要半年左右,面上的工作只要一两个月左右。而"后十条"则规定,运动用两三年的时间完成,点上需三个月,面上只20天左右就够了。两者相比,修正案显然是把运动的时间估计得更长了。①

在上述修改中,最重要的是第六点即整个运动都由工作队领导。这样一来,所有进行运动的基层组织和干部,都靠边站了,由工作队取而代之,这是导致"四清"运动迅速向"左"转、严重扩大打击面的一个重要措施和步骤。实际上,"后十条"修正草案出来以后,各地都有不同意见,主要是在实际工作中对基层干部打击面过宽,方法也过于繁琐,束缚地方干部按照不同情况作不同处置的创造性等②。可以说是一个"有严重'左'倾错误的文件。"③

---

① 《建国以来重要文献选编》第19册,第228—265页。
② 董边、谭德山、曾自编:《毛泽东和他的秘书田家英》,第151页。
③ 董边、谭德山、曾自编:《毛泽东和他的秘书田家英》,第100页。

第五章 "四清"样板

王光美下乡参加农村"四清"运动,也得到了毛泽东的支持。1964年9月1日,中央批转了王光美《关于一个大队的社会主义教育运动的经验总结》,即对"四清"运动开展具有指导作用的"桃园经验"。

工作组认为,吴臣是钻进党内的坏分子,是"打着共产党的旗号,办国民党的事"、"吴臣把持的桃园支部,过去基本上不是共产党,是一个反革命的两面政权"。然而,直到工作组离开,也没有查出吴臣和国民党或特务组织有任何联系。

一、"白银厂经验"

1964年6月23日中共中央批转了中共甘肃省、冶金部党组《关于夺回白银有色金属公司的领导权的报告》,即有名的"白银厂经验"。

白银厂,又称白银有色金属公司,位于甘肃省白银市,因盛产有色金属而得名"白银",是我国"一五"计划期间156个重点建设项目之一,也是我国新建设中有色金属的最大的一个工厂。自1954年开始兴建,1962年部分建成投入生产,有11000多人的大型铜、硫生产联合基地。据薄一波回忆,关于白银公司的问题,在社会主义教育运动开始以前就反映出来了。应当说,当时白银厂的工作是有问题的,但有关单位向上反映时夸大了,以致造成那里的问题非常严重的假象。①

那么,白银公司在工作中有那些问题呢?据"四清"运动的材料分析,大致有以下四个方面:一是在企业职工生活困难时,利用企业闲置设备,如汽车、发电机、钢材、汽油、柴油等物资与当地农村搞"生产协作",以换取粮食及副食品,用以缓解职工生活困难。二是个别干部工作作风存在一定问题,形式主义、官僚主义、多吃多占、损公肥私的现象在个别干部身上有所表现,甚至较为严重。三是企业生产管理的制度不尽完善,生产经营中出现一些漏洞,贷款汇出后,订货不到位的情况未能及时查处,出现一些"无头案"。四是在精简企业职工过程中,由于政策掌握不当,引起内部一些矛盾,部分被精简的职工对领导有怨言。

但是甘肃省委向中央汇报时,却把问题描述得过于严重,影响了中央领导人对此问题性质的判断。2月20日,在接到甘肃省委的报告后,薄一波同吕东(冶金部副部长)、高扬文(冶金部副部长)、王林(西北局候补书记兼经委主任)、焦善民(甘肃省委书记处书记)、乔明甫(中央组织部副部长)同志对有关问题做了研究,确定由冶金工业部和甘肃省委负责,选调处级以上干部20人组成强有力的工作组,由高扬文同志率领,迅速前往整顿处理。2月25日,薄一波根据甘肃省委的汇报材料,向党中央和毛泽东写了《关于研究和处理白银有色金属公司问题的请示》,认为该公司主要党政负责人李子奇、常跃华、崔国权等少数人,长期把持了领导,无视党纪国法,胡作非为,公司名义上为党所领导,实质上已为资产阶级所篡夺,以致正气不得伸张,党的方针政策不能贯彻,其错误性质是属于敌我矛盾的,必须采取革命手段,改组领导班子,才能保证从根本上解决问题。

3月7日,周总理做出重要批示,同意派遣工作组,并指出,这一严重问题,冶金部要负很大的责任,两年来多次提出,均未彻底处理。这一次处理后,还要联系到"五反"运动去解决。

3月中旬,以高扬文为组长,李寿(甘肃省委工交部副部长)为副组长,50余人的联合工作组进驻白银公司,拉开了夺权的序幕。联合工作组到白银后,自上而下地发动职工群众,开展反对贪污盗窃、投机倒把、铺张浪费、

---

① 薄一波:《若干重大决策与事件的回顾》(下卷),第1152页。

分散主义、官僚主义的"五反"运动。联合工作组先在机关、运输部、火焰山矿、选矿药剂厂等四个单位,开始所谓的从人民内部矛盾到敌我矛盾的斗争。6月,联合工作组就向甘肃省委、冶金部党组写出了《关于白银有色金属公司反对领导贪污盗窃、投机倒把的情况报告》及5个单行材料。《报告》认为,社会主义企业里,确实钻进来一些资产阶级分子和阶级敌对分子,只有把阶级斗争放在重要位置上,才能保证社会主义企业的生产和建设顺利进行。

7月,甘肃省委向西北局写出了《关于白银有色金属公司内部阶级斗争问题的报告》。认为这个企业的领导核心,在资产阶级糖衣炮弹的攻击下,有的已经变质,有的正在变质,其他的人都程度不同地被资产阶级思想侵蚀。在这里所发生的问题,绝不是一个孤立的现象,而是当前社会上阶级斗争、两条道路斗争的缩影,是资产阶级势力对社会主义企业实行侵蚀、和平演变的一个典型事件。随后,甘肃省委向各地、州、市、县委及机关、企事业单位党组、党委批转了联合工作组的情况报告,并要求各地参考仿行。

1963年8月22日,薄一波在冶金部党组关于白银有色金属公司一个报告上批示,白银有色金属公司,曾经是搞得最坏的一个工厂,领导混乱,机器设备破坏严重,投入生产以来,达不到设计生产能力,还要每年大量亏损。这种情况,前已报告过。半年来,冶金部和甘肃省委联合派了工作组,在厂矿内初步开展了增产节约和"五反"运动,对企业进行了整顿,面貌开始改变,年初做计划时,公司只接受了生产粗铜5200吨和上缴利润100万元的任务。现在估计今年粗铜产量可达到1万吨,利润可达到1000万元。这还是留有余地的估计。事实证明,毛主席所讲的"向官僚主义借款",是现实的,是大有希望的。

1964年5月30日,甘肃省委和冶金工业部党组向中央写出了《关于夺回白银有色金属公司的领导权的报告》。《报告》指出了白银公司存在的主要问题,主要表现在以下几个方面:一是全民所有制的财产遭到严重的破坏。如全公司共有重约2万吨的7000多台设备,到1962年底为止,没使用几年,就损坏了70%以上;好几个居民点的住宅(面积3万平方米),差不多被拆光了;以协作为名,盗出设备、材料、运输工具和现金值160多万元,换回生活品价值50多万元,国家直接损失100多万元等。二是营私舞弊、贪污盗窃、投机倒把成风。在"五反"运动中，揭发和清查出来有贪污盗窃、投机倒把行为的人，共有379人，占职工总数的3.7%，其中集团和个人贪污万元、万斤粮以上的案件有8起，千元以上的案件有57起。三是领导集团生活极端腐化。这些地主、资产阶级分子形成了一个特殊阶层，他们在国家遇到灾荒，职工生活困难时，过着腐化堕落、花天酒地的生活。四是社会风尚败坏。在公司中，地主、资产阶级思想到处泛滥，请客送礼、行贿受贿之风盛极一时。一些人向供应部门送了礼，就可以拿到搞非法协作的物资；给医生送了礼，可以不经过检查就取得"肝炎"证明；给人事部门送了礼，可以连升三级；给财物部门送了礼，可以报销不该报销的费用。尤为严重的是，公司还刮起了乱搞男女关系的恶风，使人们提心吊胆，日夜不安。闹离婚，不愿上夜班，上夜班时把妻子反锁在房里，在门前窗下撒浮土，以辨坏人是否入屋等事例不断发生。五是反革命活动猖獗。在近两年中，先后发现的反革命组织，就有"民族党"、"中国农工民主党"、"农工党"、"自由民主党"和"反共救民党"5起。此外，还发现了张贴反动标语、阴谋叛国投敌、破坏生产、阴谋暗害等案件多起。六是抗拒中央指示，打击陷害好人。

《报告》总结了白银公司"五反"运动的做法，即"白银经验"，主要有以下几点：

第一，"五反"运动中，进行了两个革命的斗争。一个是打击地富反坏分子和资产阶级分子，夺回领导权。运动一开始，就把斗争的锋芒对准以李子奇为首的领导集团，把他们从领导岗位上撤下来，接着便大张旗鼓地开展了反对贪污盗窃、投机倒把的斗争，给新老资产阶级分子以坚决打击。一个是通过"洗澡"，进行自觉的思想革命，挽救绝大多数可以挽救的犯有各种错误的干部，一致对敌。

第二，组织阶级队伍，坚决依靠老工人。采用扎根串联的办法，个别访问和召开座谈会，解除顾虑，请回了过去下放的500名四级以上的老工人，组织了一支觉悟高、热爱党、对坏人坏事敢于斗争又有比较丰富的生产经验的老工人队伍。

第三，彻底纠正了过去地主、资产阶级分子统治时的那一套做法，把党的政策贯彻到群众中去。对过去被打击报复的好干部，坚决彻底地平反，对包庇重用的坏人和有严重问题的人，该精减的精减，该开除的开除，该调整的调整。坚决纠正了过去单纯强调物质刺激、妨碍生产力发展的资产阶级包工制,在加强思想政治工作的基础上,建立了合理的计件工资制和奖励制度。坚决纠正了领导干部生活特殊化和对广大职工死活漠不关心的严重错误,取消各单位克扣工人生活物资的小灶,禁止领导干部上下班乘坐小汽车(从住宅区到厂区只有三里路),停发了厂长、处长级以上干部的奖金,制止了走后门的现象,坚持干部参加集体劳动等。

第四,把阶级斗争与生产斗争紧密结合起来,广泛进行了社会主义教育,包括"双十条"教育,反对帝国主义、修正主义的教育以及前途的教育。在广大群众的积极性发动起来以后,又把群众的干劲引向突破生产关键、修复设备、管好生产、提高效率方面。在生产情况好转以后,又及时提出新的奋斗目标,把增产节约运动推向新的高潮。

《报告》还指出,白银有色金属公司的事件,给我们的教训是很深刻的。过去一个时期,我们只注意了建设的一面,忽视了革命的一面;只注意了经济和技术,忽视了政治。这一切都说明,我们对于过渡时期存在着阶级、阶级矛盾和阶级斗争的事实认识不足。今后一定永不忘记阶级斗争,一定要把"五反"运动搞深搞透,坚决挖掉资本主义、封建主义、修正主义的根子,一定要认真选择领导干部,扎正根子,经常关心、考察干部,把领导权紧紧掌握在德才兼备的干部手中,使地主、资产阶级的复辟阴谋无法得逞。①

6月23日,中共中央同意并批转了该报告。批示指出,一个刚建立起来的社会主义全民所有制的大型联合企业——白银有色金属公司,没有多久,很快就被地主、资产阶级集团篡夺了领导大权,变成为地主、资产阶级集团统治的独立王国。这样一个严重的事件,很值得大家深思。像白银有色金属公司这样变了质的企业,在全国来说,虽然是极少数,但是它给我们的教训是极其深刻的。白银有色金属公司事件,绝不是一种偶然的现象,它是社会阶级斗争的反映。被推翻了的地主、资产阶级是死不罢休的,他们总是千方百计地采取各种隐蔽的方式,打入社会主义企业,企图篡夺领导权,从而破坏社会主义所有制,把它演变成为地主、资产阶级所有制。这一事件的

---

① 中共中央党校党史教研二室编:《中国共产党社会主义时期文献资料选编》第5册,第318—335页。

最根本的教训就是,在我们一些领导机关、领导干部中,硬是忘记和忽视了社会上还存在阶级和阶级斗争这一客观事实。这里再一次提醒同志们注意,我们千万不要以为社会主义的江山是铁打的。如果我们对过渡时期的阶级、阶级矛盾和阶级斗争问题认识不足,那么,就会对资本主义、封建主义和修正主义的侵蚀和进攻失去警惕,不加防范,地主、资产阶级的复辟阴谋随时就有可能得逞。

中央认为,白银厂的夺权斗争说明,阶级斗争,一抓就灵。同时也说明,在全国城市中开展一次社会主义教育和"五反"运动是十分正确和必要的。这次运动是具有伟大历史意义的一次社会主义革命运动,一定要把它搞深搞透,坚决进行到底。为此,中央要求,在运动中,必须组织好革命的阶级队伍,建立阶级档案,彻底清除坏人,挖掉资本主义、封建主义、修正主义的根子,决不可以放任自流,半途而废。①

中央的指示进一步加剧了白银厂的夺权斗争。据联合工作组负责人高扬文、林泽生写给中央及薄一波的报告中记载,在白银公司的"四清"运动中,夺回了公司和所属 8 个厂矿(占厂矿总数的三分之二)、22 个车间(占车间总数的 40%)的领导权,重新建立了各级领导核心。在这一过程中,对公司 5 名主要领导人分别给予开除党籍、留党察看或逮捕等处分,对两名处级领导干部判处死刑或有期徒刑。与此同时,先后有 69 名干部职工被戴上"地富反坏"帽子,47 名干部职工戴上"贪污盗窃分子"帽子。6 名干部定为蜕化变质分子。占全公司 1.5 万职工总数的 0.8% 的干部职工被戴上各类帽子。

十一届三中全会后,中央组织部、甘肃省委和冶金工业部派出调查组对"白银厂事件"进行了复查,确认这是一起冤案。1979 年 1 月 17 日,中共中央给中央组织部、甘肃省委和冶金工业部党组的批复中指出,原定以黄罗斌同志为首的地主、资产阶级篡夺白银公司的领导权,并将他定为修正主义分子,开除党籍是错误的,应予平反,恢复名誉。② 2 月 3 日,中央为受到错误处理的几名原白银公司主要领导人平反,恢复名誉。3 月,中央批准为"白

---

① 《建国以来重要文献选编》第 18 册,第 572—574 页。
② 《建国以来重要文献选编》第 18 册,第 574 页。

银厂事件"冤案彻底平反。中央批准的调查结论中指出,给黄罗斌定性的主要根据都不是事实。其他所谓被地主资产阶级篡权的公司领导核心成员,虽有缺点错误,但都不是什么"反革命分子",也是错案。在白银厂事件中,当时共立案630余件,绝大多数属于冤案。

二、"桃园经验"

1964年9月1日,中央批转了王光美《关于一个大队的社会主义教育运动的经验总结》,即对"四清"运动开展具有指导作用的"桃园经验"。

1963年11月,王光美根据刘少奇要她下去锻炼的指示,化名董朴,以河北省公安厅秘书的名义参加河北省委工作队,下到唐山专区抚宁县卢王庄公社桃园大队,担任大队工作组副组长。离京前,王光美问刘少奇,应该注意什么? 刘少奇只简单地讲了一句,"不要先有框框,一切从实际出发,有什么问题解决什么问题"①。1964年春节,"四清"工作队放假,王光美回家过年,刘少奇向她详细询问了农村"四清"的进展情况,并谈了自己的看法,提出了要追上面根子的主张。王光美返回河北后,于1964年2月29日晚,向中共河北省委卢风同志传达了刘少奇谈话内容,卢风同志根据记录大意,整理成《少奇同志谈"四清"》。在五月中央工作会议期间,刘少奇将此记录送毛泽东审阅。

王光美下乡参加农村"四清"运动,也受到毛泽东的赞同和支持。她每一次回来,毛泽东都向她询问情况,并多次说过,"根子在上面"。1980年王光美回顾说:当时"我是真心真意接受'以阶级斗争为纲'指导思想的"②。毛泽东还对王光美提议说,你下次到南方去搞一期,不要总在北方,我那里派两个人跟你一起去。后来,毛泽东办公室的秘书林克、卫士小张果然随王光美一起去参加了下一期的"四清"工作队。不过没有去南方,而是去了河

---

① 王光美、刘源著,郭家宽编:《你所不知道的刘少奇》,第110页。
② 丛进:《曲折发展的岁月》,第537页。

北新城县高镇大队。因为王光美担心南方农村口音太重,听不懂话,没法开展工作。这回她换了个新的名字:鲁洁。①

在王光美下桃园大队搞"四清"期间,刘少奇不但了解运动进行的情况,而且也写信给王光美,做过具体指示。1964年春节期间,刘少奇在听了王光美的汇报后指出,凡是蜕化变质分子和有严重"四不清"的干部大都有一个或几个享福的窝子,如苏长吉在桃园和牛头崖都有享福的窝子。因此要强调群众监督。群众要监督大队、公社和区、县的干部,上面的干部也要接受监督。当王光美谈起桃园和一些地方干部有宗派斗争,也有些"四不清"干部借口有宗派斗争,来抵抗"四清"运动的情况时,刘少奇说,不能借"四清"运动搞宗派斗争,也不能借口有宗派斗争,就不能批评"四不清"。否则,也是宗派。3月27日,刘少奇复信王光美,谈对桃园大队"四清"运动形势的看法时指出,吴臣的一伙要复辟,以便彻底推翻"四清"的成果,这是绝对不能允许的。你们应该细心的认识,宗派活动如果达到了这种程度,是否已经是一种严重的反党活动,是一种实际上的反革命活动。他们在实际上进行着坚决反对党的路线的活动,破坏党在"四清"和对敌斗争中所取得的革命成果,要那些"四不清"的贪污盗窃和敌对阶级勾结,用暴力(表现形式是无顾虑地打骂社员群众)统治群众的分子重新复辟,掌握权力。应该了解,吴臣领导的桃园支部,基本上不是共产党,吴臣的支部领导核心,是按吴臣的面貌建立起来或改造过来的。他们在以前一段时期,是否曾经是共产党,你们应该在调查之后做出判断。但是后来,他们确是反党反人民的,是反革命的两面政权。同时,刘少奇也要求,"要团结95%的群众,也要团结95%的干部,这是运动和斗争要达到的最终目的。要达到这个目的,不能不经过批评和斗争。对于那些违反人民利益,违反党的方针政策,只顾取得少数人的非法利益,而且坚持不改,并企图进行破坏的人,是不能不继续进行坚决斗争的。否则,是不能团结95%的群众和干部的。"②4月11日,刘少奇又复信王光美指出,你们那里的实际情况和你们与社员群众的实践经验,是真理的唯一标准,此外,不可能有另外的标准。我的信,只能作为你

---

① 黄峥主编:《共和国主席刘少奇》(下),中共党史出版社1998年版,第1282—1283页。

② 中共中央文献研究室编:《刘少奇年谱》(下卷),第589页。

们的某种参考,引导你们向某一方面想一下。如果不是真理,不管是什么人的意见,必须有勇气加以否定。①

7月5日,王光美在中共河北省委工作会议上作了《关于一个大队的社会主义教育运动的经验总结》的报告。报告总结了桃园大队1963年11月至1964年4月开展社会主义教育运动的经验,即"桃园经验"主要内容包括以下几个方面:

第一,宣讲"双十条",采取背靠背的开会方法,并强调扎根串联,扎正根子。

工作组根据刘少奇"不要先有框框,一切从实际出发"的指示,要求一定把真实情况了解清楚,并指出,要做到这一步,就必须直接到群众中去,认真发动群众。工作组以"双十条"作为发动群众的有力武器,先党内,后党外,使党中央的政策直接跟广大群众见面。在工作组的努力下,群众开始动起来,不过还是:敢说话的不大了解情况,了解情况的不敢说话。于是工作组采取分组讨论的办法,把党员、团员、干部分开单独讨论,群众按队分组讨论。可是,党员、干部主要谈认识和体会,群众会上,大家还是不吭声。工作组问根子怎么回事?回答说:"一肚子话,像茶壶里煮饺子,有嘴吐不出来。"为什么呢?"有干部的亲信在场,给干部通风报信。你们解决不了问题,意见白搭了,空伤人。""了不得呀,人家都是上边的人,熊瞎子打立正,一手遮天,我们怎么敢提呢?""你们一走,我们是八寸的脚要穿七寸的鞋!"

为了打开局面,工作组先组织少数根子开会,然后逐渐扩大范围,从小到大。每次开会都声明,工作组是贯彻"双十条"来的,谁的"四不清"都要清,这是党中央的政策,省委派我们来的,工作不搞彻底,工作组就不出村,并鼓励他们提意见,不要怕报复。根子开会时,一会跑出去一个人,一会又出去一个人,说是解手,其实不是,是为防有人偷听自动出去放哨的。群众要求搞意见箱,工作组立即钉了意见箱,每个队一个,挂在工作组门口。群众说,为了便于投放,最好挂在公共厕所里。于是工作组在公共厕所里也安了意见箱。

这种背靠背开会的办法,基层干部不知道群众提了什么意见,开始感到

---

① 中共中央文献研究室编:《刘少奇年谱》(下卷),第590页。

第五章 「四清」样板

有压力。此时工作组就分头找干部谈话、开会,启发教育,推动他们自觉革命。

报告指出,根子能不能扎正?是这场革命能不能搞好的关键。要自己访,要多方了解。选什么人当根子,是有斗争的。并认为,在扎根上,支部不是帮一手,共同搞革命,而是同工作队唱对台戏。因此,工作队对支部采取的态度是:又依靠,又不完全依靠;又依靠,又要独立思考,全面分析。

第二,组织革命的阶级队伍,放手发动群众,开始"四清"。

在扎根串联的基础上,各生产队组织了贫协小组,大队建立了贫协筹委会,初步形成了革命的阶级队伍,于是,工作组宣布"四清"正式开始。

桃园大队"四清",曾先后掀起三次放包袱的高潮。第一次放包袱高潮,是在召开公社三级干部会期间形成的。公社干部带头放包袱,对桃园大队"四清"产生推动作用。干部开始"洗澡"交代问题,也互相"搓澡",互相揭发。一般性的错误,大家都有份的事交代了。大的问题,有攻守同盟的还没有交代。"四清"中期,在抚宁县城召开了工作队会议,传达了华北局太原会议精神和省委要坚决搞彻底的指示,工作组回村后组织了第二次放包袱高潮。这一阶段的特点是:大量的细致的思想工作同大规模的查证相结合,解脱了一些问题不严重的"四不清"干部,剩下一些被群众叫做"钉子"的死不交代的人。第三次高潮是在公社三级干部会以后掀起来的。会上一些有严重问题的干部放了一些大包袱。

在此基础上,工作组提出敢于实事求是,主动核实,一共搞了三次。第一次是三定,即定事实、定时间、定性质。第二次搞了三允许:允许翻案、允许补充交代、允许别人来给他申辩。第三次搞了三对口,把个人检查的材料,别人揭露的材料和工作组的调查报告,三部分东西对了一下。经过核实,"四不清"干部心服口服,退赔很快。最后,"四清"只留下两个专案,一个是支部书记吴臣,他到底是什么人,是什么性质,还没最后弄清。一个是副书记赵树春,开始躺倒不干,没"洗完澡",没下楼。

据此,报告总结前段运动经验时指出,一是不要先有框框,一切要从实际出发,要有马列主义的立场、观点和方法,要理解党中央的基本政策,除此以外,不要先有框框,一切从实际出发,有什么问题解决什么问题。这就是很重要的经验。有的时候没弄清情况,听到别人夺权我也夺,不管该夺不该夺,都是夺。现在的情况是明明该夺,有些单位和地方,阶级敌人已经掌握了领导权,又不敢夺了,如果该夺又不敢夺,就是没从实际出发。二是只有放手发动贫下中农,放手发动群众,大胆依靠贫下中农,才能弄清实际情况是什么,不要有清规戒律。三是要正确地掌握革命的群众运动的火候。在群众没有发动起来的时候,要强调敢不敢发动贫下中农,放手发动群众,是敢不敢革命的问题。在群众已经充分发动起来以后,又有过激情绪时,就要很好地掌握火候,要强调敢不敢实事求是,是敢不敢革命的问题。四是工作队应清醒。

第三,发动群众忆苦思甜,通过写家史、村史,登记阶级成分,然后转入对敌斗争。

经过普遍忆苦,群众和干部的阶级觉悟提高了,真正苦大仇深的人出来讲话了,阶级敌人活动的材料大量地揭发出来。

桃园大队一共查出漏划地主五户,富农两户,而且也揭露出地富反坏大量的破坏活动。比如反攻倒算,变天账,挑拨干部与干部、干部与群众之间的关系,破坏生产等。但主要的、最突出的是隐瞒了成分,自己钻到干部队伍,或者拉拢干部,使干部成为他们的代理人。有了敌人,就开展对敌斗争,主要采取开小型批判会和说理斗争会的办法。

第四,组织建设阶段,强调又是一次很严重的、很尖锐的阶级斗争,把吴臣看作是"钻进党内的坏分子",并提出追上面的根子。

《报告》反映,原以为做了这么多工作,经过群众性的"四清"斗争和对敌斗争,组织建设会很顺利,实际上依然不是风平浪静的。于是,在桃园大队,工作组又进行了一次很严重的尖锐的阶级斗争。

主要表现是,在酝酿大队干部名单和支委分工时,吴臣进行了反攻。工作组认为,吴臣想把持桃园的领导权,想要复辟,要推翻"四清"和对敌斗争的革命成果。同时,工作组就吴臣的反攻倒算进行了讨论,但不敢下结论,最后,交给群众讨论。

据此,工作组认为,吴臣是钻进党内的坏分子,是"打着共产党的旗号,办国民党的事"、"吴臣把持的桃园支部,过去基本上不是共产党,是一个反革命的两面政权"。但《报告》也指出,直到工作组走,还没有查出吴臣和国民党有组织联系,也没有查出他与反动组织或特务组织的联系,不过也不排除这种可能性。

第五,《报告》最后强调农村阶级斗争的焦点是和平演变,并提出"大四清"的概念。报告指出,农村阶级斗争矛盾的焦点在哪里? 根据我们接触的情况看,主要的是阶级敌人千方百计地搞和平演变,有些钻进革命队伍,用各种各样的形式,潜移默化,使我们的一些干部,舒舒服服地演变过去了,代表了敌人的利益。不是一下子收买,一下子给大鱼大肉吃,是逐渐逐渐的影响,这最不容易引起我们的警惕。在战争时期,阶级敌人是要搞武装反革命,配合帝国主义。在和平时期,和平演变是阶级敌人向我们进行斗争的主要形式,这是无产阶级专政下的阶级斗争的新形式。我们的身份是清楚的,而敌人都躲在后面,出面的是戴着"党员"和"干部"帽子的人,所以斗争是更复杂了。现在我们搞的"四清"内容,已经不是保定地委原来提的那样,清工、清账、清财、清物,现在是政治上的"四不清",经济上的"四不清",思想上的"四不清",组织上的"四不清",反正一切不利于社会主义的事情都要清。"四清"内容广泛了,意义深远了,确实是比土改的规模更大,范围更广,而且更尖锐、更复杂、更深刻的一场大革命。并提出,我们一定要下决心解决这个掌握领导权以后不贪污腐化的问题,不和平演变的问题。①

王光美在河北省委做了报告后,在随同刘少奇视察时,先后在山东、安徽、江苏、上海、河南、湖北、湖南、广东、广西、云南等省市区以及中央和国家机关的干部大会上作了同样的报告,还有不少地方听了录音。

刘少奇南下视察的一系列谈话,在很大程度上受了桃园经验的影响,并要求各地高度重视。他曾在一次报告中指出:"没有料到王光美的报告那样受欢迎,当然,她有实际经验,一报告就是六个半钟头,我现在没有资格发言,我就是听了她一点。主席赞成这一套。"7月14日至17日,在南京视察时,刘少奇问江渭清,对王光美向参加江苏省委四届四次扩大会议的同志所做的桃园经验报告有什么看法? 并进而问:究竟赞成不赞成王光美同志的报告? 江渭清回答:"从江苏的实际出发,学习精神实质,符合江苏情况的,

① 《关于一个大队的社会主义教育运动的经验总结》,见中共中央党校党史教研二室编:《中国共产党社会主义时期文献资料选编》第5册,第406—431页。

就学习运用,如果不符合江苏情况,就不照搬。"刘少奇说:"那你们江苏就不执行了?"江渭清回答:"不盲目执行。"据江渭清回忆,当时,刘少奇并未发脾气。第二天晚上,刘少奇离开南京前夕,江渭清偕爱人徐敏去看望刘少奇和王光美。刘少奇严肃地对江渭清说,你昨天讲的对王光美同志的报告不能盲目执行,是不对的。而江渭清则坚持原来的看法,这就引起了"顶撞",少奇同志发了脾气。①

由于各地工作队员对如何开展"四清",没有充分的经验。因此,王光美的报告很受欢迎。很多人请她去做报告。陈伯达还特意找到刘少奇,积极建议把王光美的报告印发给各地党委和"四清"工作队参考。

在这种情况下,刘少奇经慎重考虑,于8月19日,就批转王光美报告一事致信毛泽东并中共中央。刘少奇在信中指出:"王光美同志的这个报告,陈伯达同志极力主张发给各地党委和所有工作队的同志们。王光美在河北省委的记录稿上修改了两次,我也看了并修改一次,现代中央拟了一个批语,请中央审阅,如果中央同意,请中央发出。"②并说:"这个报告确实很长,但不难读,各地同志和工作队愿意要这种详细的材料,不愿意压缩过多。"③8月27日,毛泽东批示:"此件先印发此次到会各同志讨论一下,如果大家同意,再发到全国去,我是同意陈伯达和少奇同志意见的。"④

9月1日,中共中央正式批转了这一报告。在批语中,刘少奇认为这个报告"是在农村进行社会主义教育的一个比较完全、比较细致的典型经验总结。文字虽长,但是好读。各地党委,特别是农村和城市的社会主义教育工作队,急需了解这种材料和经验。现特发给你们,望你们印发县以上各级党委和所有社会主义教育工作队的队员阅读"。同时,刘少奇也指出,"这不仅仅是一个大队的经验","是有普遍意义的。""但是,各个地方、各个大队的情况,又是各不相同的,都有它的特殊性,所以主观上不要先有框框,一切要从实际出发,有什么问题解决什么问题。所以桃园大队的经验只能作

---

① 江渭清:《七十年征程——江渭清回忆录》,第487—488页。
② 中共中央文献研究室编:《刘少奇年谱》(下卷),第600—601页。
③ 《建国以来毛泽东文稿》第11册,第145页。
④ 《建国以来毛泽东文稿》第11册,第144页。

为参考,不要把它变为框框,到处套用。"①

实际上,王光美的报告,在各方面也有不同的反映。除江渭清有不同看法外,8 月 20 日,毛泽东在同华北局第一书记李雪峰谈话时,李雪峰讲到,据说有的人对王光美的报告有所保留。② 而据王光美回忆,毛泽东"看了'桃园经验'很欣赏,推荐给江青看,毛主席多次鼓励表扬我,还在中央会议上表扬了刘少奇,鼓励我到各地去讲"、"毛主席要少奇同志根据桃园经验修改'后十条'草案。"③但后来随着形势的发展,毛泽东对桃园经验产生了不满,并决定停发。造成这一局面,江青在其中起了很大的作用。据曾志回忆,在 1964 年年底中央工作会议期间,刘少奇让陶铸去跟李雪峰讲一下,由李雪峰出面召开一个会议,听王光美介绍"四清"运动中的桃园经验。参加会议的绝大多数同志都去听了,江青则在屏风后面走来走去地听着,看样子江青对此十分不满。④

可以肯定,至少在 9 月 1 日前,毛泽东还没有决定停发桃园经验,也没有公开批评刘少奇。但随着运动的进一步发展,两位领导人在一系列问题上产生了严重分歧,并进而导致公开的冲突。

三、"小站经验"

1964 年 10 月 24 日,中共中央发出了《关于社会主义教育运动夺权斗争问题的指示》,并转发了天津市委《关于小站地区夺权斗争的报告》,即"小站经验"。

小站地区位于天津市区的东南,过去曾是一片盐碱低洼、芦苇丛生之地,很长时间内荒无人烟。1871 年(清同治十年),时任直隶总督的李鸿章

---

① 《建国以来重要文献选编》第 19 册,第 185—186 页。
② 丛进:《曲折发展的岁月》,第 540 页。
③ 丛进:《曲折发展的岁月》,第 541 页。
④ 曾志:《一个革命的幸存者——曾志回忆实录》,广东人民出版社 1999 年版,第 431—432 页。

在马厂驻兵,由马厂至新城修筑驿路,并沿途设置驿站,小站即是其中所设一站,因此而得名,并以盛产驰名中外的小站稻和从小站练兵起家连出三任民国总统而闻名。

小站地区的"四清"运动是从1964年1月开始的。市委派驻小站的工作组进村后,首先组织辅导队向群众宣讲"双十条",使群众了解中央政策,领会中央精神,主动配合工作组开展工作。接着工作组又主持召开了小站公社三级干部会议,发动干部"洗手洗澡",进行"四清"。可以说,运动正有条不紊地开展着。但是自3月5日,时任中共中央政治局候补委员的陈伯达来到天津小站搞"四清"试点后,形势风云突变。一方面,小站集中了大批上面下来的工作队员。有《红旗》杂志编辑部的10多位同志,有中宣部的周扬同志。同时,天津市委为配合陈伯达的"四清"试点,陆续抽调了几千名干部加强小站地区"四清"分团的力量。

陈伯达对其蹲点的西右营、小站镇和坨子地的"四清"运动进行"调查研究"后,发现西右营村党支部书记张凤琴、小站镇党总支书记张玉仑、坨子地"水稻专家"姜德玉都存在严重问题,都是反动阶级有计划地打入我们的内部,长期窃取当地党政大权,建立反革命的两面政权,进行反革命复辟活动。并认为,在"四清"运动以前,这里的天下不是我们的,或者在很大程度上不是我们的。据此,陈伯达强调,必须放手发动群众,彻底揭露张凤琴、张玉仑、姜德玉三个反革命集团的问题,展开夺权斗争。

小站地区的夺权斗争,首先是从西右营村开始的。作为西右营村党支部书记的张凤琴,出身贫农家庭,在土改工作中表现积极,被吸收入党。先后担任村、乡妇联主任,初级社、高级社社长以及中共天津市南郊区区委委员,市妇联执委等职务。曾出席河北省党代会和全国妇女代表大会,多次被评为天津市农业劳动模范,并于1960年荣获全国"三八红旗手"称号。《天津日报》曾于1964年2月5日以《说老实话,做老实人》为题,报道了张凤琴的事迹。但运动开始后,张即被作为"阶级异己分子"揪了出来,这主要是陈伯达的杰作。3月5日,陈一到小站,便驱车前往西右营村。在张家,陈只呆了20分钟,跟张谈了一会话,又在屋里屋外转了转,看到张当时新盖了三间土坯房,屋子里存有一些稻谷。回到工作队后,陈便武断地下结论说:"张凤琴不像贫农,她家比好多社员都富。她当了支部书记发了财,成了全村的首富。双层玻璃暴露了张凤琴。我看她贫农不贫、劳模不劳,是个政治化了的人物。"又说:"一眼就可以断定她是敌人,你们搞吧,这不会错的!"①

"四清"工作队秉承陈伯达的旨意,为了把张凤琴的"富农成分"落实,想方设法拼凑"材料",凭空捏造张"全家每年雇短工120个",继而又把张和她的丈夫打成"混入党内的富农分子、地主阶级的代理人。"在政治上,硬说张"十几年来以反革命的两面手法,欺上压下,骗取领导信任,取得合法地位,一直保持了10年的劳模称号,窃取了省人民代表、公社党委委员等职,暗地里对抗党的政策,任用亲信,搞宗派活动,推行反革命的阶级路线,公开勾结地富分子,打击贫下中农、干部,并拉拢腐蚀党的干部。"同时,陈在谈西右营"四清"工作的性质时说:"张凤琴的问题不是孤立的,是一帮子坏人勾结起来搞反革命。他们自称贫农、劳模、党员、干部,是挂羊头卖狗肉,公开干坏事,因为他们掌握了权力,上边有人支持。"并提出"要把张凤琴的问题和与她有关的人联系起来,看看到底是什么关系"。又暗示工作队说:"任何问题不提到一定的高度都是不能解决的。"②实际上是把矛头对准了当时的区委书记刘晋峰同志。

在陈伯达的指挥下,"张凤琴反革命集团"终于炮制成功。仅仅一两个月的时间内,东右营、西右营和北义庄3个村子成了"阶级斗争第一线",被列入"张凤琴反革命集团"的共有88人,超过了三个村干部人数的总和。③

随后,小站镇也掀起了"革命风暴"。小站镇党支部书记张玉仑贫雇农出身,1955年在天津南郊区首届人民代表大会上当选为区人民委员会委员。"四清"工作队进驻小站镇后,陈见了张玉仑一面。此后,陈便说:"张玉仑是个混进党内的阶级异己分子。""1942年以前的20多年间,张玉仑家与土匪常来常往,是土匪们落脚联络的据点。日伪时期他又当过伪甲长,国民党统治时期,他还当过'反共锄奸组'的组长。张玉仑的叔叔是土匪,当过盐巡、贩卖私盐,给土匪'洗黑'。"然后,陈又给张玉仑罗织了五条罪状,即:隐瞒土匪家庭出身及反动历史;混入我党,篡夺了基层党组织的领导权;

---

① 刘晋峰:《峥嵘岁月——刘晋峰回忆录》,天津人民出版社2000年版,第205页。
② 刘晋峰:《峥嵘岁月——刘晋峰回忆录》,第213—214页。
③ 刘晋峰:《峥嵘岁月——刘晋峰回忆录》,第214—215页。

勾结四类分子发展反动势力；利用职权包庇坏人，破坏党的政策；大搞资本主义复辟活动。并说张玉仑"惯用反革命两手，伪装积极，假报成绩，骗取区、社某些领导的信任，窃取了各种荣誉，一步一步地篡夺了小站镇的领导权"。为了给张玉仑拼凑一个"反革命集团"，陈又说："十多年来，张玉仑网罗了一些亲朋故旧，培植了一些心腹，作为他进行反革命活动的班底。在政治上，他积极排除异己，包庇重用坏人，安插亲信，培植个人的反动势力，把反革命分子、阶级异己分子、蜕化变质分子和贪污盗窃分子20余人安插在党总支、大队、街道和各工厂的重要岗位上，组成了张玉仑为首的以原来的党总支委员会成员为核心的反党集团，控制了小站镇的党政军财的领导权。

在陈伯达的一手策划下，5月29日，工作队以突然袭击的方式，将以张玉仑为首的小站镇党总支委员全部揪上台，当场宣布撤销张玉仑党内外一切职务，令其反省交代。工作队宣布：小站镇党总支实际上成了张玉仑反革命集团统治人民的工具，总支委员会基本上已经烂掉。于是决定：开除张玉仑的党籍，撤销全体总支委员的党内外一切职务。同时还决定逮捕张玉仑的三姐夫吴凤山、外甥吴寿臣，继而将"张玉仑反革命集团"扩大为"张、吴反革命黑帮集团"。

被列入"张、吴反革命集团"的共有89人，其中10人被定为骨干分子。1964年12月，张玉仑同志被逮捕，于1966年1月以"反革命罪"被判有期徒刑10年，直到"文化大革命"结束后才获得彻底平反。

继西右营和小站镇之后，坨子地也掀起了夺权高潮。作为坨子地前任党支部书记的姜德玉，1954年被评选为天津市农业劳动模范，1956年荣获全国劳动模范称号，并出席了全国劳模大会，曾三次受到毛主席和周总理的亲切接见。1959年，当选为河北省人民代表大会代表，并被聘为科学院研究员、河北省农学院教授，是有名的水稻专家。

姜德玉的问题，"四清"时并非初次触及。早在1960年和1961年两年间，陈伯达到小站时就说他是"假劳模"，是"恶霸地主并有血债"，并责令天津市监察委员会对姜德玉进行专案调查，最后把姜定为富农成分，清除出党，解除其省、市人民代表资格及其一切职务。

"四清"运动开始后，陈伯达再次来到坨子地，发现姜的势力没有倒，还有一帮人在台上，认为姜的问题处理得很不彻底，要求放手发动群众起来揭发斗争,并定下调子,说:"姜德玉十多年来就是采取一套反革命的两面手法来维持他的统治。他披着共产党的外衣,戴着劳模的面具,表面上积极走社会主义的道路,实际上却与地富反坏分子勾结在一起,为反动阶级服务,对群众进行压迫剥削。""姜德玉解放前就效忠敌人,密告我地下工作人员""姜德玉是坨子地村的'姜半天',是'寸地王'、'顶破天',坨子地是'小台湾',姜德玉在这里有至高无上的权力和权威。以姜德玉为中心,形成了一个反革命黑帮集团。"

在陈伯达的授意下,公安机关以未经查证的"陷害我党地下工作人员"的新罪名公开逮捕了姜德玉同志,并连续召开群众大会和各种小型会议,给以被蒙冤逮捕的姜德玉继续捏造了许多莫须有的"罪行"。1965年3月,姜德玉被判处有期徒刑15年,剥夺政治权利3年,其"罪名"是"反革命"。被列入"姜德玉反革命集团"成员的共有77人。①

同时,陈伯达授意"四清"工作队,要在揪出三个"反革命集团"后乘胜追击,挖出他们上面的根子。工作队认为,三个反革命集团的罪恶活动,之所以长期得不到揭露和处理,甚至"官越做越大",主要原因在于他们的"根子硬",他们上面的根子就在区委,区、社一级领导干部,实际上就是他们的保护人。于是,按照陈的部署,工作队将区委、公社一级领导干部中与"三个反革命集团"头子有较多联系的人一一列出来,把正常的工作关系一律说成"黑帮"关系,然后,按图索骥,一层一层像剥笋一样"挖上边的根子"。南郊区区委宣传部部长陈喜荣,只因为有一次在领导小组会上讲到"张凤琴的问题仍是人民内部矛盾问题,不是敌我问题,有缺点错误可以对她批评教育",陈伯达当场气愤地说:"陈喜荣是在搞政变",后来把陈喜荣同志定为"张凤琴反革命集团"的根子,罪名是"反对领导,破坏运动,保护坏人"。区委农村工作部部长于荫田同志,因为1956年在西右营村蹲点搞经营管理的时候在张凤琴家住过,被定为"张凤琴反革命集团"的根子。原天津县三

---

① 1972年至1973年,对小站地区"四清"运动进行第一次复查和平反。经过复查,宣布张玉仑无罪释放,对"张玉仑反革命集团"中受错误处理的15名党员干部予以恢复党籍,恢复职务,补发工资。恢复张凤琴的党籍和职务,补偿人民币1800元、粮食650斤的经济损失。1978年至1983年天津市委又派出调查组进行第二次复查,为三个"反革命集团"和改组南郊区委的冤案彻底平反。

区区委组织委员吴海亮,也被定为"张凤琴反革命集团"的根子,理由是吴海亮解放初期是天津县委驻西右营党组织委员。区财贸办公室主任边华英,因为1958年"大跃进"期间曾与姜德玉一起搞过丰产田,便成了"姜德玉反革命集团"的支持者,定为该"集团"上面的根子。此外还有区、社两级领导干部共11人,均被定为三个"反革命集团"在上边的根子。"根子"挖出来了,还要挖出"总根子"。"总根子"就是区委书记刘晋峰同志。定根子过程极其简单。在定三个"反革命集团"上面的根子时,陈伯达说:"要把刘晋峰放上去"。工作队的人说:"已按您的意思把刘晋峰放上去了,但还没填事实,不知怎么写。"陈伯达怒气冲冲地说:"不要事实!刘晋峰是南郊区委书记,是三个反革命集团的头子,都是他培养的劳模、党员干部,这就是铁的事实,是罪证!"于是,刘晋峰被宣布为三个"反革命集团"的总根子,陈伯达强令天津市委:"必须撤刘晋峰的职,必须改组南郊区委!"①

在陈伯达的指挥下,小站地区的"四清"运动是按以下步骤开展的。

先夺权。陈伯达认为小站地区80%以上基层政权不掌握在我们手里,因此便亲自指挥策划了上述三个试点单位的夺权斗争。

夺权之后,即转入清经济阶段。清经济的基本要求和目标,一是经济联系政治,通过清经济划清政治思想界限。二是国家与集体、集体与集体、集体与社员的账目要三对口,做到账目、单据、表格、物品、款项五相符。三是"一净四透"即手洗净,澡洗透,账目、财务、仓库清理透。同时处理"四不清"干部的经济退赔等。清经济时,首先召开动员大会,发动群众揭发村干部的问题,同时要求干部"自我洗澡"(检查交待),干部之间还要"互相送礼"(互相揭发)。问题轻的、态度好的,在大会上检查后可以获得"解放"。检查不主动、不彻底的,请"四清"积极分子帮助"搓澡"即在小组会上强力挤压问题。然后是查账,由查账小组审核财物管理,纠正违反规章制度的错误做法,揭发贪污盗窃、投机倒把等非法行为。第三步是查证落实。第四步是定案处理,对重点人物进行批斗,做好退赔工作。

清经济之后,转入清政治。首先进行的是"阶级复议",陈伯达认为,小站地区阶级状况复杂,解放前藏污纳垢,解放后民主革命搞得也不彻底,阶

①　刘晋峰:《峥嵘岁月——刘晋峰回忆录》,第199—236页。

级阵营很不清楚,有许多漏划的地主富农,有的人私自改变出身、成分,有的人甚至冒充贫农。因此要重新进行阶级复议。根据陈伯达的旨意,"四清"工作队组织成立了以"贫下中农协会"成员为主、吸收已过关的一部分干部参加的阶级成分评议小组。要求各家各户自报阶级成分,填写登记表,写明解放前三年的生产资料占有情况、经营(生产)方式及生活状况。根据自报情况,公布第一榜。然后组织群众进行讨论、评议,重点抓两头,即漏划的地主、富农和错划的贫下中农,据此公布第二榜。之后,对因有争议而未定成分的个别户进行调查及再评议,最后将评议结果统一报"四清"分团,经"四清"分团审批后公布第三榜。这次大规模清理阶级队伍后,小站公社戴帽"四类分子"计有 902 人,仅小站镇就有戴帽"四类分子"55 人。对这些人,一般是进行大会批斗后,交群众就地监督改造。对这次被清查出来的所谓漏划地主和富农则一律实行扫地出门,其房屋、家具被没收,债权一律废除,对"有破坏活动"的地富分子,实行新账老账一块儿算,层层开会进行批斗,"批倒批臭"后,有的被公安机关逮捕,交法院审判后判处有期徒刑,有的交给群众监督改造。

清思想工作,贯穿于"四清"运动的全过程,通过宣讲"双十条",清算"资本主义道路",搞臭"资本主义思想",使群众提高认识,划清敌我界限,采取人人过关的方式检查资本主义思想和行为。

最后是"清组织"。即整顿党的基层组织,建立领导核心,以"巩固四清成果"。由于陈伯达亲自过问、插手,所谓的整顿变成了专整党员干部。据小站公社 76 个生产大队的统计,参加运动的干部有 1268 人,整出犯有各种错误和"罪行"的干部 960 人,改造的支部成员共 105 人,其中连任的只有37 人。被开除党籍的 28 人,留党察看 15 人,劝退的 1 人,暂缓登记的 21人,受其他处分的 44 人。①

在小站夺权斗争大功告成之后,陈伯达又督促"四清"各分团分别绘制了姜德玉、张凤琴、张玉仑三个"反革命集团"的社会关系分布图和历史大事记各一份。此外,又专门编造了一个"张凤琴反革命集团"展览,在天津水上公园和北京天安门城楼后面的午门公开展览。8 月 4 日,陈伯达致信

---

① 刘晋峰:《陈伯达与小站"四清"》,载《炎黄春秋》2000 年第 1 期。

中央指出：这三个反革命集团的成分问题和他们的罪恶活动，群众早已有所反映。1962 年，天津市委接受群众意见，已将姜德玉开除出党，并解除他的一切职务。但是，不论姜德玉的问题，还是张凤琴、张玉仑的问题，都只是在今年"四清"运动中，群众充分发动以后，才彻底暴露出来。现在运动还没有结束，他们的政治问题和经济问题，还在继续清查中。主席吩咐过，这些材料可以发到县级，供给大家参考。如何处理，请中央批示！

中央接到陈的信后随即于 8 月 12 日向"各中央局，各省、市自治区党委，中央各部委，国家机关各部门党组、党委"做了转发："现将陈伯达同志给中央的信和所附关于天津小站地区反革命集团问题的材料，印发给你们参阅。"这样，陈伯达炮制的小站地区三个所谓"反革命集团"和"社会关系分布图"及其"集团头子"的"历史大事记"便迅速传遍全国。

根据陈的要求，天津市委很快组织人员撰写了《关于小站地区夺权斗争的报告》，陈还带着戚本禹等人专程赴天津，修改这份总结报告，陈本人也曾亲笔修改数遍，并要求以天津市委的名义上报中央。1964 年 9 月 25日，天津市委向华北局和中央上报了这份《报告》。《报告》对小站地区夺权斗争的经验进行了总结，即有名的"小站经验"，主要内容有以下几个方面：

一是集中优势兵力，打好歼灭战。这是搞好社会主义教育运动的重要保证。毛主席关于集中优势兵力打歼灭战的原则，在社会主义教育运动中是完全适用的。这种战法的效果：一能全歼，二能速决。同时，在运动中，必须配备坚强的队伍，特别是要有一批有革命决心、懂得党的政策、有工作经验、作风好的领导骨干，切实加强工作组的力量。

二是工作组要旗帜鲜明，坚持三同，才能取得群众的信任。工作组的工作态度和生活作风，是关系到能否取得这场革命领导权的首要问题。一进村就要高举全心全意依靠贫下中农的旗帜，反复表明彻底革命的决心，在工作中放下架子，去掉"官气"，以普通劳动者的面目出现，处处虚心向群众求教；要保持勤劳、朴素的生活作风，坚持与群众同住、同吃、同劳动。这是能不能取得群众信任的大问题，也是工作组自身能不能革命化的一种重要标志。

三是在斗争中组织一支坚强的阶级队伍。社会主义教育运动是一场极为深刻的群众自我解放、自我改造和自我教育的运动，只有以彻底革命的精神,有领导有组织地放手发动群众,并在斗争中组织一支坚强的阶级队伍,才能取得这一场斗争的胜利。

四是判断问题性质,当机立断。能不能对了解到的大量材料,及时地加以分析,判明性质,区别两类不同矛盾,下定决心,不失时机地采取有力措施,是关系到运动能否顺利开展,甚至在一定意义上是关系着运动成败的关键性问题。一切阶级斗争,都是政治斗争,政治问题和经济问题相比,不能不占首要地位。因此,我们决定首先集中力量揭露他们的政治问题,进行夺权斗争,然后清查经济问题。只有坚决把"石头"搬掉,才能进一步把群众发动起来,才能团结、改造绝大多数犯错误的干部,才能扫除运动中的障碍。事实上,一旦把盖子揭开,运动的局面就急转直下,出现轰轰烈烈的革命高潮。

五是最大限度地分化、孤立敌人。这些坏人虽受到了打击,但他们是"百足之虫,死而不僵",因此,决不能疏忽大意,陶醉于已经取得的胜利,必须进一步发动群众,争取一切可以争取的人,最大限度地把敌人孤立起来。在斗争中,工作组注意进行具体分析,区别是集团的首要分子还是一般成员,是现实问题还是历史问题,是严重的贪污盗窃分子还是具有一般性的贪污错误的人,以便集中力量打击反革命集团的首要分子,争取其他成员坦白交代,促使他们迷途知返,至于介乎两类矛盾之间的边缘性问题,一时难以断定性质的,一律先按人民内部矛盾对待,查清后再处理。同时,为深入发动群众,孤立敌人,各个工作组还对群众中的落后层,进一步加强了工作。

六是学会掌握运动的火候。学会掌握群众运动的火候,并不容易。既不要煮夹生饭,又不要温度过高把饭烧焦。根本的一条是看积极分子的态度。因为,运动中涌现出来的成分好、觉悟高、密切联系群众的积极分子,最能反映群众的意见和要求。积极分子的态度,是测量运动火候的温度计。为及时掌握火候,每逢运动进入一个新的高潮,工作组天天分析新形势,研究群众的思想动向,发现问题及时解决。运动应该是有起有伏,波浪式地前进,不能一直保持紧张状态。当斗争相持不下,积极分子发生急躁情绪的时候,就要下决心把运动停下来,休整队伍。一面总结经验,研究战术;一面搜集证据,准备再战,这样就可以使运动有节奏地健康地发展下去。

七是公安工作和群众运动相结合,开展斗争。在民主革命不彻底、斗争十分尖锐的地方,派一定数量的得力的公安干部,参加社会主义教育运动是非常必要的。以群众性的革命运动来推动公安工作,丰富了依靠群众管制和监督四类分子的经验;同时,做好公安工作来支持群众运动,充分发挥人民民主专政的威力。这样,不但可以保证运动的顺利发展,而且通过运动可以发现敌人,捞出大鲨鱼来。

八是在社会主义教育运动中,不断地训练队伍,学好基本功,取得领导社会主义革命的经验。重要的问题,在于学习。要深入学习中央"双十条"和毛主席的有关著作,把党的方针、政策的基本精神吃透;要向贫下中农学习,虚心向他们请教,把当地的实际情况吃透。同时,要练好基本功。如宣讲"双十条",访贫问苦,扎根串联,分别两类矛盾以及学习斗争策略、学习算账等。工作组还应认真学习解放军的三八作风,真正把自己锻炼成一支战无不胜的革命工作队。

九是一面抓运动,一面抓建设,以阶级斗争为纲,促进生产和其他工作。在集中力量抓运动的同时,我们始终注意安排好生产。在插秧季节,为了给生产让路,运动暂停,工作组进行整训,进行调查研究,保证了运动和生产两不误。①

10 月 24 日,中共中央向各中央局,各省、市、区党委,中央各部委,国务院各部委党委党组,各人民团体党组,军委总政治部发出了《关于社会主义教育运动夺权斗争问题的报告》,转发了《关于小站地区夺权斗争的报告》,并要求单位转发此报告给"县以上各级党委和社会主义教育工作队队员阅读",认为"这个报告总结出来的经验是好的"。

《指示》肯定了小站地区这种首先解决领导权问题,即开展夺权的政治斗争,然后再解决经济上的"四不清"问题的做法。认为"他们的经验,值得各地参考",但同时也指出,"应当根据各地不同的实际情况来解决,一切要从实际出发,看有什么问题就解决什么问题,当地贫下中农和多数群众要求先解决什么问题,就先解决什么问题,而不要被预先规定的一些框框所束缚。"

---

① 《天津市委关于小站地区夺权斗争的报告》(1964 年 9 月 25 日),见中共中央党校党史教研二室编:《中国共产党社会主义时期文献资料选编》第 5 册,第 505—518 页。

《指示》明确指出了小站地区矛盾的性质及其表现形式和解决方法,强调:"小站地区的敌我矛盾,主要的在形式上是以人民内部矛盾、甚至是以党内矛盾出现的,这就迷惑了一些人,并且长期得不到解决,对党对人民造成的损失也很大。但是当地的多数群众是清楚的。只有我们党脱离了当地多数群众的情况下,这些敌人的阴谋才能得逞。当着我们党同当地多数群众结合起来了,这些敌人就立即被揭露,并且受到了失败。由此可以看到,当前我们国内的敌我矛盾有一部分在形式上是以人民内部矛盾出现的,甚至是以党内矛盾出现的,敌我矛盾同人民内部矛盾,同党内矛盾交织在一起。在大量的人民内部矛盾和党内矛盾中,包含着一部分很危险的敌我矛盾。必须把这一部分敌我矛盾清查出来。当前阶级斗争的复杂性就在这里。

为此,《指示》要求,"凡是被敌人操纵或篡夺了领导权的地方,被蜕化变质分子把持了领导权的地方,都必须进行夺权的斗争,否则,要犯严重的错误"。《指示》还列举了各种类型夺权斗争的经验:在一个地委和县委,有信阳的经验;在一个农村或镇子,有小站地区的经验以及其他农村的不少经验;在一个大企业,有白银厂的经验;在一个城市,将会有贵阳市、白银市的经验。"所有这些类型的经验,都有一个共同的特点,那就是"不论在信阳、小站、白银厂和贵阳,在夺权以前,都由上级派人进行了长期的工作,才确定地认识这些地方的领导权不在我们手里,才下决心进行夺权斗争,局面就迅速打开,群众立即发动,表现了我们料想不到的革命热情。"最后,《指示》强调:"这里也有一个教训,就是在下决心进行夺权斗争以前,必须进行深入细致的调查研究工作,才能确定领导权是否在敌人手里,才能确定这个地方的领导核心是否已经变质,才能决定是否应当进行夺权斗争。"①

从《指示》的基本内容看,既肯定了小站夺权的经验,又要求各地一切从实际出发,不要被框框所束缚;既肯定了国内敌我矛盾的存在,又指出了敌我矛盾同人民内部矛盾和党内矛盾交织在一起;既要求被敌人操纵或篡夺了领导权的地方必须进行夺权,又规定必须进行深入细致的调查研究。

---

① 《建国以来重要文献选编》第 19 册,第 305—308 页。

这反映了中央一线决策层部署运动时复杂而又矛盾的心态,即既要大规模地开展运动,搞深搞透,又怕运动走火而谨小慎微。实际上,运动中,各地大多机械地套用上述各种经验,没有按《指示》规定的要求,盲目进行夺权斗争。

第六章　"大兵团作战"

　　刘少奇对"四清"运动中领导干部的右倾思想进行了尖锐的批评，强烈要求各级领导干部下去蹲点，获取第一手材料。

　　不少人把阶级斗争的形势看得过于严重，甚至认为许多单位已经烂掉了，领导权并没有掌握在共产党手里。各重点县集中了上万人的工作队完全撇开基层组织和基层干部，在许多地方错误地进行"夺权"，使不少基层干部受到过火斗争，有的地方甚至发生自杀等极端现象。

一、集中力量打歼灭战

　　1964 年下半年，随着五月中央工作会议的召开、刘少奇视察"四清"、第二个"后十条"的颁布以及运动样板的全国推广，"四清"运动进入了一个新的阶段，即大兵团作战搞"四清"。全国各地开展"四清"的单位，根据中央的指示精神，改变了过去以县委领导为主，实行在省委、地委领导下集中搞一县，县以下都由工作队领导的办法，集中大量工作队员，开到点上搞"四清"。

　　江苏省委为贯彻执行"集中力量打歼灭战"的方针，决定对全省城乡"四清"运动的部署，加以重新调整，要求从当年秋冬起，农村每个专区集中搞好一个县，全省搞好七个县，即新沂、涟水、大丰、邗江、海安、句容、太仓，在一个县范围内，分批开展运动。在省辖市，首先集中力量把主要行业与产业的运动分批搞好,其余企事业和街道居民,以区为单位开展运动。为此,全省组织了一支 6 万人左右的农村社会主义教育工作队和一支 2 万人左右的城市社会主义教育工作队,要求机关干部除老弱病残和其他不适宜参加工作队的人员外,区以上机关按三分之一、公社按五分之一、企事业单位按 10%—15% 的比例抽调。另外,选拔一批优秀的农村知识青年、复员军人、回乡职工以及城市企事业工人和不脱产干部参加工作队。工作队要以开展运动的县、市为单位,建立团部,由所在地区的地委书记担任团长。[①]

福建省"四清"重点县——连江县,从 1964 年 12 月开始,以省委书记为团长,从省直机关、闽侯地委和福安地委抽调 7500 人,组成庞大的社教工作团,进驻连江县,搞人海战术。第一批先在熬江、琯头、浦口、马鼻、丹阳、潘渡、城关、筱埕和县直单位等 8 个公社 146 个大队开展工作。[②] 山东省1964 年冬,社教运动先是在曲阜、海阳、齐河、长岛、临沂、泰安、历城七县重点进行,随后扩展到全省各地。参加运动的工作人员共 54000 人。至 1965年 9 月,全省共有 12 万名社教工作队员在 33 个县、两个郊区和 9 个城市从事社教运动,覆盖面约占县社队和人口的 1/3,被纳入社教范围的城市人口共 145 万人。[③] 浙江全省共抽调 31378 人,其中脱产干部 20735 人,大专学生 10643 人,农村青年 4739 人,参加点上的社教运动。

江西省委为传达和贯彻中央五月工作会议精神,于 6 月 24 日至 7 月 2日召开常委扩大会议,又于 8 月 6 日至 9 月 1 日召开有各地、市、县委书记、省直各单位和省属企业负责同志共 298 人参加的省委全体扩大会议,决定江西省的四清运动必须根据集中力量打歼灭战、先少后多、逐步扩大、统一部署、密切结合的原则,重新组织力量,重新训练干部,重新调整部署。决定农村四清先搞临川、安福、清江、永修、上饶、瑞金 6 个县和井冈山垦殖场。当时准备永修、安福、瑞金、井冈山先后全面铺开,上饶、临川、清江先搞一部或大部,共计 152 个公社。后感力量不足,经收缩后实际开展 104 个公社。参加工作队的干部 29138 人,组成七个工作团。城市四清原定在南昌市的红都机械厂、南昌柴油机厂、江西拖拉机厂等中央和省属大中型企业和工业

①　江渭清:《七十年征程——江渭清回忆录》,第 493 页。
②　成波平:《连江县的"四清"运动》,载《党史研究与教学》1989 年第 6 期。
③　吕景琳、申春生:《山东五十年发展史》,齐鲁书社 1999 年版,第 136—137 页。

比较集中的青云谱区进行,后加上省委原定进行划阶级试点的下垅钨矿和军委总后勤部干部搞的九江 112 厂以及景德镇市委搞的新平瓷厂,共计 120 个单位。组成了两个工作团,南昌市工作团 3923 人,下垅钨矿工作团 214 人。①

安徽省委于 1964 年 8 月 23 日对各地发出《关于今冬明春农村社会主义教育运动的意见(草案)》,确定寿县、全椒、歙县、界首、砀山等县为第一批重点县,抽调工作队 37000 人,进驻 140 多个公社开展运动,这批重点县"四清"于 1965 年 8 月结束。从 1964 年 8 月以后,城市"五反"纳入社会主义教育运动的轨道。9 月,安徽省委在合肥市和省直机关开始试点。11 月间,从省直机关和省辖 7 个市抽调 3100 人,组成 36 个工作队,集中在合肥开展了第一批运动,共有 49 个单位,其中包括 27 个工交企业,10 个商业单位,3 个文教单位,7 个公安单位,2 个街道单位,总计有职工 4 万多人(不包括街道居民),于 1965 年 8 月底基本结束。②

上海市于 1964 年 8 月开始,根据分期分批进行"四清"运动的要求,确定第一批开展运动的单位,农村是金山、奉贤两个县,城市为 133 个点,其中,工业系统 88 个点,交通系统 12 个点,财贸系统 25 个点,其他系统 8 个点。当时从各级机关、企事业单位和大专院校抽调 35000 人,组成工作队,领导"四清"运动,其中 2 万名工作队员分赴两个县,15000 名工作队员分别进入城市各点。③

中共广东省第二届代表大会第二次会议召开之后,广东省委根据中共中央"四清"试点工作组在河北总结的"桃园经验",提出了反对"和平演变"和"反革命两面政权"的问题。认为原来搞的社会主义教育运动试点不合标准,决定重新进行试点。1964 年 10 月至 1965 年上半年,第一批农村"四清"试点在中山、高要、阳江、曲江、惠阳、揭阳、澄迈、花县 8 个县铺开,共有 108 个公社(场),1545 个大队,32600 个生产队,其中农村人民公社

---

① 曹力铁:《江西省城乡社会主义教育运动始末》,载《当代中国史研究》1998 年第 5 期。

② 《当代中国》丛书编辑部编:《当代中国的安徽》(上),当代中国出版社 1992 年版,第 104—106 页。

③ 陈沂主编:《当代中国的上海》(上),当代中国出版社 1993 年版,第 243—244 页。

100 个,占全省公社总数 6.1%;大队 1497 个,占大队总数的 7.2%;生产队 32300 个,占生产队总数 7.3%;渔业公社 5 个,大队 35 个,生产队 214 个;林场 3 个,大队 13 个,生产队 98 个。同时,城市"四清"运动也在佛山市和 15 个中央直属大中型企业进行了试点,参加运动的职工共 59000 人。据 1964 年 10 月"四清"运动工作团统计:全省各级机关组成工作队 78000 人,分为 8 个总团,111 个分团,搞城镇"五反"的 4960 人,参加农村人民公社 "四清"运动的 73000 人。① 其中阳江是广东铺开"四清"运动的 8 个重点县 之一。为了集中力量搞好阳江的运动,中共湛江地委成立了"四清"运动工 作总团,由地委书记孟宪德任团长,从省地县抽调来的干部、大专学生、知识 青年以及军队干部共 14000 多人,组成庞大的"四清"工作队,进驻阳江铺 开运动的 18 个公社,凡是进行"四清"运动的公社均成立了"四清"工作 分团。②

河南省委于 1964 年 9 月召开三级干部会议,部署全省"四清"运动。会后,从各方面抽调干部 7 万人组成工作队。其中,派到农村的 63000 人,派到城市的 7000 人。河南农村"四清"重点搞 8 个县,即信阳、南阳、许昌、偃师、开封、封丘、新乡、浚县,共 7526 个大队,32000 个小队。城市试点是 郑州和焦作两市。③

广西壮族自治区从各级党政机关及农村贫下中农青年、复员军人中,抽 调 3 万多人,组成庞大的工作队,在约占全自治区 10%—15% 的公社铺开 "四清"运动。④ 其中武鸣县县直机关各单位干部总数 697 人,抽调搞社教 的 184 人,占干部总数的 26.3%;区干部总数 188 人,抽 96 人,占区干部总 数的 50.7%,其中灵马区干部 14 人,抽 11 人,占 78.5%;区直各机关单位干 部总数 783 人,抽调 159 人,占干部总数的 20.3%;另外,还从各公社抽调脱 产干部 140 人,非脱产干部 387 人,组成浩浩荡荡的工作队,到农村搞"四

---

① 匡吉主编:《当代中国的广东》(上),当代中国出版社 1991 年版,第 110—111 页。
② 舒光才:《一个红军战士走过的路——舒光才回忆录》,广东人民出版社 1999 年版,第 283—285 页。
③ 张树德、侯志英主编:《当代中国的河南》(上),中国社会科学出版社 1990 年版,第 148—149 页。
④ 韦纯束主编:《当代中国的广西》(上),当代中国出版社 1992 年版,第 123 页。

清",堪称"人海战术"了。①

宁夏回族自治区于 1964 年 11 月由杨静仁等自治区主要领导人亲自蹲点的第一期社会主义教育运动在永宁县全面展开,同时,开展的还有贺兰县金贵公社、盐池县大水坑公社。当时,自治区在永宁县采取了"大兵团作战"的方法,从全自治区集中了 5000 多名骨干到永宁县的城乡各个单位直至农村生产队蹲点,每个公社蹲点的干部多达三四百人。从十一月中旬开始的前七十三天里,采取神秘主义的"扎根串联"的方法开展调查工作,特别是采取了"对干部冷,对中农闷"的错误办法,使依靠对象的面变得很窄,严重脱离了群众。②

甘肃省于 1964 年 11 月中下旬至 1965 年 5 月底,集中了 17000 余名干部、11000 余名农村积极分子和大学生,共计 28000 余人,在张掖地区的张掖、高台、临泽、民乐、山丹等五个县,开展了"四清"运动。五个县人口共 65 万,其中农村人口 58 万,城镇职工 1 万,居民 6 万。城镇方面共计机关、学校、企事业单位 616 个。农村方面公社 73 个,生产大队 798 个,生产队 4867 个,占全省总队数的 5%。③

陕西省委于 1964 年 9 月 22 日决定:全省社教,集中力量在长安、延安、西乡三县打歼灭战。根据 9 月 23 日西北局书记处办公会议的决定,社教工作团团部于 9 月 30 日正式成立。在组建社教工作团团部时,从中央机关、西北局、陕西省级机关以及西安市、渭南、咸阳等地区共抽调了 17393 名干部。在这些干部中,党员占 65%,团员占 16.4%。十三级以上干部 132 人,十七级至十四级干部共 420 人。10 月 9 日,社教工作团决定,在总团下设 8 个分团(每一区工委一个分团),51 个公社工作队,2 个集镇工作队,862 个工作组(每个大队一个工作组),每个生产小队平均 2 至 3 名工作队员,每 15 户一个脱产干部。并明确规定,社教工作团领导县委,分团领导区工委,工作队、工作组分别领导公社党委和大队党支部。④

---

① 黄如海:《广西农村社会主义教育运动初探》,载《广西党史研究通讯》1988 年第 3 期。
② 李悍和主编:《当代中国的宁夏》(上),中国社会科学出版社 1990 年版,第 148—149 页。
③ 《甘肃省委关于张掖地区"四清"运动基本总结》。
④ 张馨、高光厚:《陕西省长安县社会主义教育运动调查》,载《党史通讯》1987 年第 6 期。

据《杨尚昆日记》反映,青海省在湟中县 27 万人口中,集中了 8040 名干部进行"四清"。新疆伊犁县共 2 万多户,11 万人,有工作队员 3000 多人,骨干 1800 人,其余是大学生和积极分子。①

华北局根据中央工作会议精神和刘少奇的一系列指示,对运动做了重新部署,决定华北局机关和省、市、自治区政府机关中一般行政部门要抽调 50%—60%的干部,管理经济业务的部门要抽调 30%—40%的干部,参加"四清"和"五反"运动。地(盟)、县(旗)各单位,由省、市、自治区党委参照上述要求的精神,确定抽调干部的数量和质量,进行抽调。务必做到,每一个进行"四清"大队的工作组至少有两个领导骨干,每一个生产队要有两三名工作队的干部,其中至少有一个骨干。

河北省为贯彻执行集中优势兵力打歼灭战的方针和华北局的指示,在 9 个地区和天津市抽调了 97037 人的"四清"工作队。有脱产干部 63516 人,借调干部 24105 人,大专学生 9416 人,借调干部和大专学生占工作队总数的 34.15%,党员占 45.7%,团员占 32.3%,群众占 22%。邢台地委为加强对"四清"运动的领导,决定进一步充实四清工作队的干部力量。工作队干部由原来的 75 名增加为 350 名,每个大队平均 15 名,并成立"四清"政治部,下设整党监察处理、巡逻检查、资料报道、政治思想、综合汇报等 5 个小组。政治部设政委、副政委、主任、副主任各 1 人。各公社建立工作大队,并建立党委,吸收公社书记、社长参加。②

内蒙古于 1964 年冬搞第一批"四清"的时候,华北局和自治区党委两级领导在临河搞点。自治区与乌盟、呼盟在察右中旗、布特哈旗共同搞两个点。临河的点,工作队阵容庞大,华北局由解学恭带队,部长、处长来了一大批。五原县当时集中 1800 多人搞"四清",其中有地方干部、军队干部、大学生等,厅局级以上干部 11 人,处级干部 43 人,力量很强。光明大队这个点,有自治区直属机关的,有巴盟和五原县的,还培训了一些农村骨干。直

---

① 《杨尚昆日记》(下),中央文献出版社 2001 年,第 532、555 页。

② 中共邢台市委党史研究室编:《中共邢台市党史大事概述》,中共党史出版社 1994 年版,第 364—365 页。

属机关去的有门德、白值品、忠乃、赵忠华、赵裕国等。①

北京市也对点上和面上的工作重新做了部署。决定把正在郊区 13 个县（区）进行"五反"和"四清"的绝大部分力量，集中到通县打歼灭战。通县的试点包括通县的城镇、33 个公社和邻近通县的朝阳区 6 个公社、顺义县 6 个公社，共 45 个公社，57 万人，工作队员 2 万人（包括 1300 名大学生和 1500 名农村知识青年）。城市"四清"在 22 个单位试点，包括工业交通 13 个，建筑 2 个，财贸 4 个，大学、医院、城市公社各 1 个，共有职工 53000 人（包括师范大学学生，不包括城市公社居民），工作队员 4400 人。另外，中央各部门和华北局在北京还有 9 个试点单位。②

根据中央工作会议精神，东北地区的"四清"运动从 7 月开始全面展开。全区农村第一批进行系统"四清"的有 12 个县，另 5 个公社、4 个大队。城市开展 232 个单位。各县成立工作团，公社成立工作队。工作团有省委领导同志任团长，东北局、省、市、县都抽调了大批干部组成万人工作团。其中，工交企业第一批开展运动的单位共有 104 个，职工 314000 人，有工作队 21000 人。

全国工交系统的"四清"运动，共组织了 13 万人的工作队，在 1800 个全民所有制企业，187 万职工中进行了试点，分别占全民所有制企业、职工的 1.8％和 12.6％。其中企业 286 个，职工 924000 人，分别占中央企业、职工的 9.1％和 14％。

全国财贸系统在 30 多万人的范围中，开展了"四清"运动，占财贸系统职工总数 578 万人（包括国营商业和供销合作社、商业部门的加工厂，财政、银行、税务、工商管理部门，不包括合作商店、合作小组和个体商贩）的百分之五强。中央财贸各部门抽出了 3400 多人（其中财贸各学院学生和教员 865 人）参加了"四清"工作队，占能够下去参加"四清"运动总人数的 34％。其中，副部长以上 29 人，占同级干部的 46％；司局长 114 人，占同级

---

① 王铎：《五十春秋——我做民族工作的经历》，内蒙古人民出版社 1992 年版，第 486—487 页。

② 《北京市委关于学习刘少奇同志答江渭清同志的信和检查右倾思想向中央、华北局的报告》（1964 年 11 月 19 日），见中共北京市委办公厅编：《中国共产党北京市委员会重要文件汇编》1964 年，第 68 页。

干部的 40%，第二期抽出参加"四清"运动的机关干部人数，大体上同第一期接近。

二、检查和反对右倾思想

刘少奇在 1964 年夏视察各地时，对各级领导干部的右倾思想进行了严厉的批评。10 月 20 日，中央发出了《关于认真讨论刘少奇同志答江渭清同志的一封信的指示》，要求"各地委、县委同志都联系实际认真地进行讨论"。中央认为江渭清同志对自己的缺点和刘少奇同志的信所采取的态度是好的。正如江苏省委来电所说，这封信上批评的江渭清同志的缺点，不只是他一个人有，其他许多同志在不同程度上都有，还有一些同志则比江渭清同志更严重，其中，也包括中央的和中央各个部门的许多同志在内，中央认为所有这些同志都应当进行检查。根据少奇同志和中央的指示，各地领导干部纷纷检查了自己的右倾思想，并提出大力反右倾。

北京市委在接到少奇同志答江渭清同志的复信以后，立即召开了市委常委扩大会议，进行学习讨论和检查。一致认为，少奇同志答江渭清同志的信，抓住了社会主义教育运动的一个根本问题，抓住了全党的活思想，信中所指出的缺点、错误，北京市委也同样存在着，而且有些问题还更严重。28日至 30 日，北京市委召开全体会议，进一步检查了右倾思想，认为自己过去对新形势下的阶级斗争，的确是不知道、不懂得、不会搞，过去对中央和主席的指示，是似懂非懂，实际不懂，右倾思想的确是当前的主要危险。客观世界变了，阶级斗争形势变了，我们的思想还没有变，总觉得北京市的工作做得还不错，总觉得北京市的干部没有那么多严重问题。事实证明，我们是严重的脱离群众、脱离实际。

江西省委在传达中央五月工作会议精神时，总结了前一阶段运动，认为一年多来，多数地方的运动搞得不深不透，有的地方阶级斗争的盖子还没有完全揭开，有些"四不清"干部的问题还没有彻底揭露，有的干部思想作风并无显著的改变。省委认为，运动不深不透的根本原因是指导思想上存有右倾情绪,没有深刻领会中央指示的彻底革命的精神,没有紧紧抓住阶级斗争这个纲,不敢大胆地放手发动群众。在组织领导上,力量分得比较散,战线拉得比较长,没有真正集中力量打歼灭战。在分析为什么存在右倾情绪时,总结了三点:一是对阶级斗争的长期性、复杂性及其特点和干部队伍中存在问题的严重性缺乏足够的认识,对前一阶段运动的估计偏高。二是总结历次群众运动的经验教训有片面性,强调"稳"的方面多,怕这怕那,怕过火,怕有后遗症,怕妨碍生产。三是各级领导干部没有亲自蹲点。

甘肃省委在中央五月工作会议以后,于6月24日至7月7日召开了省委常委扩大会议。会议根据中央工作会议精神和少奇同志的指示,对一年来城乡"四清"运动做了深刻检查。甘肃省委认为,由于对中央、主席的思想跟得不紧,有时就跟不上,因此在工作中发生了一些缺点和错误,主要是:对社会主义革命的伟大意义认识不足,对阶级斗争的长期性、艰巨性、复杂性认识不足。我们在一个时期,对敌情估计得低了一些,对工作成绩估计得高了一些,有盲目乐观情绪。在执行中央的方针政策方面,在一个时期,在某些问题上有摇摆,没有坚决按杭州会议精神去做。在处理犯错误的干部问题上过于谨慎了一些,有些问题处理得不及时、不彻底。我们对于已经明显超出人民内部矛盾范围的问题,态度比较坚决,处理比较果断,但是对于内部性质的问题,则由于甘肃过去在党内过火斗争中伤害了大批干部,总怕处理不当,引起干部思想波动,因而过于谨慎了一些,怕处理多了,处理过了。甘肃省委认为,发生上述问题的原因主要是没有吃透两头,即对上没有吃透中央、主席和西北局的指示,对下没有吃透实际情况。归根到底,是阶级观点不够明确,没有把毛泽东思想真正学到手。

中南局的同志在农村面上工作座谈会上也认为,当前的主要危险是上层干部的右倾思想。并提出,干部必须过社会主义这一关,领导干部也不例外,这也是一种阶级斗争,必须在这场斗争中,重新了解干部,认识干部,重新组织革命的阶级队伍。过去民主革命时期,三整对干部是脱胎换骨,现在是社会主义革命,拔拔"三个根子",搞好"四个基本建设",对干部来说是个大关,社会主义的大关,每个人都要过。过好过坏,过得去过不去,对干部是个大检阅,是革命还是不革命,甚至反革命,看你抱什么态度,自由选择。

在各地纷纷检查右倾思想、反对右倾的同时,11月25日,中央批转了唐山地委"四清"工作团关于"两个文件"(即毛泽东关于《人的正确思想是从哪里来的?》和《刘少奇同志答江渭清同志的一封信》)的学习讨论情况简报。

1964年11月16日,唐山地委"四清"工作团各分团召开了公社社长和十七级以上党员干部大会,传达了两个文件,并进行了认真的讨论。大家一致认为,刘少奇同志答江渭清同志的一封信,正击中了我们的思想要害,对我们帮助极大,教育很深。这几年中我们工作中的脱离群众,脱离实际,经验主义,教条主义倾向,发展得确实很严重,骄傲自满,自以为是,框框很多,固步自封,这些非马克思主义的思想和作风,也正像其他形形色色的资产阶级思想一样,严重地侵蚀着我们的队伍,涣散着革命组织,松懈着革命斗志,同右倾思想一样,严重阻碍着社会主义革命和社会主义建设的进行。

同时,在讨论中,许多人比较集中地揭发和批判了教条主义和经验主义的种种表现和危害。主要有以下几个方面:(1)讲演报告,当传声筒。思想懒汉,既不动手,也不动脑,自己去做报告,别人代写讲稿,写前不授意,写后不过目,上台照本宣读,甘当"传声筒"、"大喇叭"。因此,有些讲演报告长而且空,不关痛痒,甚至闹出笑话来。唐山市教育局一次小学教育工作会议,和中学教育工作会议同时进行,分别报告,秘书替局长起草了两个报告。由于报告人不了解报告材料的具体内容,竟使错讲稿,给小学教师念成中学教育的稿子,念了半截他还不知道,后来写稿人听着不对,才给他换了稿子。有的人甚至连欢送新军(七八个人),慰问敬老院(几个人)也要秘书代写讲稿。更有甚者,不仅要人代写讲稿,而且要代做报告。(2)秘书写稿,东摘西抄。领导人做讲演报告,要秘书代写讲稿,有些秘书也是高高在上,脱离群众,脱离实际,那就只好来个"搬运法"、"大拼盘","天下文章一大抄,保险省劲又牢靠"。拼出来的东西往往是长篇大论,空洞无物,离题万里,不解决问题。(3)总结经验,背鞋找脚。去总结经验,不是实践第一,一分为二,有什么总结什么,反映客观实际,而是题目第一,背鞋找脚,强拉硬扯。(4)推广经验,生搬硬套。不从实际出发,不因地制宜,盲目推行,其结果是浪费了人力物力,给生产造成严重的损失。(5)上堆下推,转运货栈。不调查,不蹲点,高高在上,养尊处优,日常工作状态就是"瘫子打围——坐着喊",上边指示来了,大会小会电话会往下推,下边汇报来了,不加分析往上堆,一是上边的,二是下边的,就是没有自己的,实际上只起"转运货栈"的作用。(6)计划安排,主观臆断。做计划、搞安排,以主观想象代替调查研究,闭门造车,一挥而就。做出的计划不是"高而空",就是"低而右",也有的是"老皇历,年年使,年年用"。(7)领导犯错,别人检讨。有的领导同志犯了错误,检讨书也让别人代写,有的实际上就是让别人替他做检讨。如某领导同志,平常饱食终日,无所用心,革命意志衰退,在"五反"中的三次检查,都是秘书代写,而且不向秘书交代自己犯了什么错误,只是让别人硬写,写出后,其中有一句"革命意志不够旺盛"的话,还被他抹去了。(8)干部路线,上当受骗。听的不是群众的话,而是干部的话,反映的不是群众的意见,而是干部的意见,走的不是群众路线,而是干部路线。从干部中来,到干部中去,受了基层干部的领导,上了坏干部的当。(9)批评表扬,不符实际。(10)经验框框,自以为是。凭老经验、老印象办事,许多干部走马观花,不深入工作,群众说:"社干社干,骑车子乱转,家里睡觉,好队吃饭。"

中央对唐山地委这一报告十分重视,并做出重要批示:从这个材料中可以看到,我们的很多县级、区级和公社的领导干部是怎样工作的。在唐山地区的领导干部中这种主观主义的、形而上学的、死气沉沉的工作方法,已经形成一种风气。在其他各省、各地区、各部门的领导干部中是不是也有这种情形,很值得注意。对于这种反马克思列宁主义的、反群众路线的工作作风,不论在任何地方、任何时候出现,都必须予以揭露,进行不调和的斗争,坚决加以克服和纠正,我们的工作才能做好,我们的事业才能兴旺起来。在我们党内和国内的工作中,是不需要办外交的。外交礼节中的一套形式,完全不应该用在我们党内和国内的工作中来。

中央批转这一文件之后,北京市委也将此文件推荐给下级党委,并要求党组成员首先把中央的批示和这个简报,认真地读几遍,逐条逐项地和自己对照一下,然后在党组会议上,认真展开批评和自我批评。同时,北京市委也指出,唐山地委领导干部中的工作方法和工作作风,在我们这里不是个别存在的,而且许多比他们严重得多,许多送到市委来的报告,言之无物,只要变动几个指标数字,今年可以用,明年、后年依然可以用;不少报告是秘书代"官老爷"起草的,有的连"官老爷"也没看就上报了,连"官老爷"的图章盖倒了,也未发现;有些负责人的讲演、报告,甚至连"五反"下楼时的检讨也是秘书代笔;有的负责干部由秘书起草了讲话稿,自己看都不看一遍,就上台讲,结果讲得不三不四,闹得哭笑不得;有的连中央文件也不自己看,躺在床上逗孩子玩,让秘书向他宣读。这些怪现象,不胜枚举。像这些领导干部,既然不愿动手动脑,好逸恶劳,斗争松懈,就应该让贤选能,自己或"甘居人下",或"弃官为民"。

各级领导干部对照中央和刘少奇同志的一系列指示,纷纷检查右倾思想,并强调大力反右倾,其结果就是大批领导干部下基层蹲点搞"四清",形成了这一阶段运动的独特景观。

三、领导干部蹲点,指导"四清"

前文所述,刘少奇对"四清"运动中领导干部的右倾思想进行了尖锐的批评,强烈要求各级领导干部下去蹲点,获取第一手材料。而这一时期毛泽东对领导干部蹲点也非常重视。

1964年5月中央工作会议期间,华北局第一书记李雪峰在5月30日下午华北组的发言指出,干部蹲点,参加"四清"运动,各行各业都应当认真执行,失掉参加这场革命斗争的机会是很可惜的,如果我们的年轻一代不下乡,不了解农村,不会搞农村社会主义教育运动,共产主义是搞不成的。6月3日,毛泽东看了这一发言后,批送时任新华通讯社社长、《人民日报》总编辑的吴冷西阅看,并批示:你应当下决心在今冬明春这段期间,在北京农村地区,或天津郊区蹲点,至少5个月。家里工作可以间或抽时间回来处理。从新华社和人民日报抽出一批人和当地干部合组一个工作队,包一个最坏的人民公社,一直把工作做完,以后并成为你们经常联系的一个点。还要在一个冬春,参加城市"五反",千万不要放弃参加这次伟大革命的机会。

他对刘少奇给江渭清复信的批语中,赞同刘少奇的意见,并对领导干部右倾思想提出批评,要他们下决心长期下去蹲点。11月4日,中央军委就关于贯彻军委办公会议第七次扩大会议精神的情况给毛泽东和中央的报告说:"军委目前主要的工作之一是抓领导干部蹲点,要求师以上领导干部,都要分期分批下基层蹲点,每人每年一至二次,每次一个月左右。"毛泽东于 12 日批示:这是一件大事。13 日,广东省委向中央、中南局汇报了省委常委下去蹲点一个月的情况和体会,认为这次蹲点使常委们对当前农村阶级斗争的严重性、复杂性、尖锐性,有了进一步认识,受到了一次深刻的教育,对于工作中的官僚主义和右倾思想,则是一次充分的揭露和有力的鞭策。他们深感内疚地说,自己的"官"做大了,官僚主义大大发展了,高官厚禄,养尊处优已经形成一堵高墙,隔断了自己同广大贫下中农的联系,对农村真实情况完全不了解了,今后一定要坚决革掉官风,打掉官气,下最大决心,把这场社会主义教育运动搞深搞透搞彻底。毛泽东对此报告批示:很值一读或两读。

12 月 1 日,中南局第一书记、广东省委第一书记陶铸向毛泽东和中央报告说,近几年存在着"宁右勿左"、"怕左不怕右"的右倾思想,障碍了我们的眼睛,闭塞了我们的耳朵,使我们对阶级斗争中出现的这样严重的情况,竟然视而不见,听而不闻。10 日,毛泽东批示道:此两句有语病。不是视而不见,听而不闻,而是各级干部除少数人以外,在这次下去蹲点以前,根本没有下去认真蹲过点,没有做出过马克思主义的阶级分析。他们有些人不出办公室,谈不到视听见闻。有些人下去了,甚至蹲点了,都是蹲在基层干部、富裕中农、富农地主那里。这些人是有视听见闻的,可是只视听见闻了剥削阶级一方面,而对被剥削阶级一方面,即广大的贫下中农,则根本没有什么视听见闻。

12 月 13 日,毛泽东在周恩来为送审向三届人大一次会议做的政府工作报告第四稿的批语写道:也有不少同志不蹲点,不调查,不研究,有事不同群众商量,高高在上,独断专行,一人说了算数,满足于发号施令,严重地脱离实际,脱离群众。像这样的"同志",一点共产党人的气味也没有,就不可能做到领导同群众相结合,就不可能实行民主集中制。这些"同志"应当立即改变作风,鼓起革命精神,"下楼出院",深入现场,调查研究,认识问题,承认自己的错误,从广大群众那里听取意见,然后才有可能同群众一道解决那里的问题,总结那里的经验,只有这样,才能进行正确的个别指导,从而也才有可能做出正确的一般号召,使生产建设的群众运动能够开展得更好。

不这样做,最后总是被群众抛掉的。① 在随后举行的三届人大一次会议上,周恩来再次强调:要把社会主义教育运动搞深搞透,关键在于领导人员亲自"蹲点"。"蹲点"的干部,都要实行同吃、同住、同劳动。各级领导人要搞好社会主义教育运动这样一场革命,必须亲自带领工作队,亲自深入实践,取得直接的经验。②

在中央领导人一再强调蹲点的指示下,各地纷纷表示拥护中央指示,检查了前一阶段工作中的缺点,并派出了大量的领导干部去工厂农村蹲点搞"四清"。

如华北局于 8 月 20 日,就领导干部蹲点问题向中央写出了报告。报告首先对照中央领导人关于蹲点的指示,对前一阶段运动做了检查。认为前段运动也强调领导干部蹲点,但是,根据少奇同志提出的蹲点标准检查起来,是很不够的。全区县以上党委的主要领导同志包括华北局的同志,只有很少人基本合乎标准,其余的都没有认真地蹲下去。以山西为例,全省 90多个县委书记、5 个地委书记,除了 5 个同志在一个大队蹲了 4 个月左右以外,有 73 人蹲了两个月左右,还有 17 人只蹲了 1 个月左右。其他省、市、自治区的情况,也大体如此。华北局认为,领导干部下不去、蹲不住的原因很多,如运动的部署,是由上而下逐步开展,就是先搞好县(旗)一级的"五反"。开好县的三干会和搞完公社一级的"四清",然后再开展大队和生产队的"四清"。前一阶段不少县的负责同志集中搞县级"五反"和公社"四清",所以到基层蹲点少一些。但是更为重要的还是思想问题和认识问题,如许多同志安于靠看报告、听汇报指导工作;有的养尊处优,怕艰苦,贪恋城市和小家庭的安逸生活;有的对高标准搞"四清"认识不够等。为此,华北局指出,这种状况不能再继续下去了,是清除这种恶劣作风的时候了,并做出重要决定:(1)华北局书记处同志今冬全部下去蹲点。(2)各省、市、自治区党委第一书记,地(盟)、县(旗)委书记,今冬都要下去蹲点。党委和政府各部门的负责人,要有一半以上的人下去蹲点,并形成一种固定的制度。(3)每次蹲点都要自始至终地搞完一个生产大队的"四清"或一个企业的

① 《建国以来毛泽东文稿》第 11 册,第 272—273 页。
② 《建国以来重要文献选编》第 19 册,第 508 页。

"五反",要亲自动手做,亲自扎根串联,亲自动手总结经验,不经上级批准,不得离开岗位。(4)各级领导机关必须实现革命化,彻底克服"五多"现象和只凭看表报、听汇报、发指示来指导工作的官僚主义作风。所有工作人员,都要按照计划,分期分批地至少参加一期到两期"四清"或"五反"。(5)各级、各部门主要领导干部下去蹲点,都要指定代理人,全权负责处理机关的日常工作。(6)主要领导干部下去蹲点,要解决好蹲点与指导一般的问题。

华北局的决定做出后,河北省迅速作出部署,制订出了《今冬明春"四清"工作队伍计算表》。据表中反映,河北各地计划抽调领导骨干数字为:唐山650人,承德350人,张家口900人,保定792人,石家庄800人,邢台822人,衡水26人,沧州513人,天津586人,邯郸669人,全省总计6342人。

北京市委书记处除留下万里同志照顾面上工作以外,刘仁、郑天翔、邓拓、陈克寒四同志都已经下去蹲点。其余11个常委中,除了北京军区、北京卫戍区的两位同志以外,有六人下去蹲点。郊区县(区)委、市委各部委和市人委各局的第一把手,绝大部分也下去蹲点。

江苏省委针对少奇同志的批评,抽调了7个常委(其中4个书记)和65个部委的厅局长以上干部下去蹲点。① 其中,省级机关,部、厅、局长有247人,下去蹲点的占30.7%;地委正副书记有39人,下去蹲点的占49%;全省县委正副书记有264人,下去蹲点的占45%。

广东省委一班人也分头下乡。陶铸去花县,区梦觉去高要,张云去澄迈,张根生去揭阳,寇庆延去惠阳,陈德去阳江。广州市"五反"单独搞,由曾志主持,刘田夫到佛山搞"五反"试点。海南岛的"四清",由副省长兼"五反"运动领导小组副组长罗范群领导。② 据当时广东省水产厅厅长舒光才的回忆,阳江县"四清"工作团集中了大量领导干部。从阳江"四清"工作团领导成员名单中就能反映出来。团长:孟宪德(湛江地委书记),副团长:谢永宽(湛江地委副书记),杜埃(省委宣传部副部长);委员:陈德(省委常委、

① 江渭清:《七十年征程——江渭清回忆录》,第493页。
② 叶曙明:《百年激荡——20世纪广东实录》第二卷,第1476、1503页。

省军区政委)，陈越平(省委常委、宣传部长)，舒光才(广东省水产厅厅长)，罗道让(湛江地委副书记)，张丕林(湛江地委副书记)，冯志仁(湛江地委副书记)等。①

安徽省省委书记 9 人，蹲点的有 5 人；省委常委 15 人，蹲点的 8 人；省厅局长级符合参加社教条件的 248 人，蹲点的占 52%；地委书记蹲点的 16 人，县委书记蹲点的 91 人，地县委第一书记除特殊情况外全部下去蹲点。江西省地委书记蹲点的 23 人，县委书记蹲点的 230 人，占 50%。浙江省抽调厅局长级干部 72 人，处长级 279 人，18 级以上干部 225 人，共计 500 多，占同级干部总数的 26.9%，下乡蹲点。地委常委 74 人中，蹲点的 34 人，县委常委共 539 人，蹲点的 229 人。

东北局宋任穷同志带领农委、财委的部分同志到辽宁省金县三十里堡公社蹲点。马明方同志到沈阳五三厂，顾卓新同志到沈阳七二四厂蹲点，黄火青、吴德、强晓初同志也都到农村蹲点。中央机关派出 34 位负责同志和 2800 多名工作人员到东北地区参加"四清"蹲点，其中 95% 在城市蹲点。公安部谢富治、严佑民在沈阳冶炼厂，交通部孙大光和刘亚雄在大连港务局，中央监委马国瑞在辽宁金县大连湾，一机部段君毅和周子键在长春第一汽车厂，石油部康世恩和徐今强在大庆油田。②

甘肃省委根据刘少奇关于领导干部蹲点的指示，安排汪锋、王世泰、胡继宗、葛士英、徐国珍、丁乃光、韦明等七同志去农村蹲点。③ 上海市委的陈丕显、曹荻秋分别到上海综合仪器厂、协昌缝纫机厂蹲点。时任华东局第二书记的曾希圣化名余勉教授到上海宝山县扬行人民公社城西二大队和奉贤县胡桥人民公社孙桥大队蹲点。新疆维吾尔自治区党委书记吕剑人负责喀什专区的社教工作，并在疏勒县洋大曼一区一公社蹲点。④

据《杨尚昆日记》反映，在陕西长安县搞"四清"的中央办公厅干部就有 30 多名，其中领导干部蹲点的情况是：杨尚昆在斗门公社牛角大队，陕西省

---

① 舒光才：《一个红军战士走过的路——舒光才回忆录》，广东人民出版社 1999 年版，第 285—286 页。

② 《宋任穷回忆录》，第 395—398 页。

③ 《王世泰回忆录》，中央文献出版社 2002 年版，第 453 页。

④ 吕剑人：《我的回忆》，陕西人民出版社 1997 年版，第 174 页。

省长李启明在引镇大队,中共中央西北局候补书记刘刚在民主公社,中共中央书记处候补书记、西北局第一书记刘澜涛在细柳公社姜仁大队,中共中央政治研究室副主任、《红旗》杂志社副主编胡绳也在长安县。此外,陕西省委书记处书记舒同在西乡县蹲点。①

据中国人民解放军总政治部《关于军队抽调干部参加城乡社会主义教育运动的报告》反映,到 12 月,全军已抽调干部 30747 人,其中省军区系统 15720 人。师职以上各级领导干部 773 人,其中将军 67 人。济南军区司令员杨得志,总参动员部部长傅秋涛,福州军区副政委卢胜,兰州军区副司令员徐国珍,成都军区副司令员李文清,和各省军区的一些负责同志,都带头下去蹲点。南京军区司令员许世友也于 1965 年 9 月带领军区机关和歌剧团,到浙江嵊泗参加"四清"运动,并在马关公社蹲点。

从上述材料看,中央机关、各省委、地委、部队派出大量领导干部下工厂、农村亲自蹲点,指挥"四清",可见,中央对搞深搞透"四清"运动决心之大!领导干部蹲点,对改善领导作风,了解基层实际,密切干群关系起了一定的积极作用。但同时,在"以阶级斗争为纲"的指导思想下,部分领导干部对基层阶级斗争形势看得过于严重,而这种严重的情况经高级干部反馈给中央领导层后,使中央领导人进一步验证了阶级斗争大量存在的事实,以更大的决心和更激烈的方法指导四清运动,从而使运动产生了较大的偏差,出现了过火斗争,甚至夺权的现象。

四、练兵练将,整训工作队

在"后十条"修正案中,将"四清"运动看作是一场比土地改革更为广泛、更为复杂、更为深刻的大规模群众运动,并强调整个运动由工作队领导。因此,各地开展运动的单位普遍认为,要使这场运动搞深搞透,从而取得彻底胜利,没有一支坚强的工作队是不行的。在点上派驻大量工作队,强调数

---

① 《杨尚昆日记》(下),第 403—661 页。

量的同时,各地也特别注意强化工作队战前整训,进行阵地练兵,从而建立起一支有领导、有组织、有纪律、革命化的战斗队伍,以便及时投入运动中去。下面以河北省为例,来说明工作队是如何进行战前整训的。

为落实中央有关指示,华北局发出了《关于加强"四清"工作队的指示》。华北局指出,过去一年,我们的重要经验之一,就是点铺得多了一些,工作队力量的使用有些分散,没有真正达到集中优势兵力打歼灭战和首先练兵练将的要求。

为此,华北局做出如下指示:(1)根据已有经验,要把"四清"运动搞好,每一个生产大队的工作队至少要有两个以上有革命决心、懂得党的政策、有一定群众工作经验、作风好的领导骨干。(2)各级党委应对抽调的人员严格审查,必须保质保量。贪污盗窃、投机倒把分子、右派分子,和政治上有重大问题的人,不能参加"四清"工作队;政治觉悟太低,没有革命决心和热情的人,也没有资格参加工作队。(3)由中央、中央局和省、市、自治区下派的工作队人员和由地(盟)、县(旗)抽调的工作人员,由地委统一领导,统一安排。在编组时要注意强弱搭配,新老干部搭配,外来干部与本地干部搭配,男女搭配,骨干和一般骨干搭配。(4)工作队的主要任务:严格按照中央指示和"双十条"的规定,按照高标准的要求,正确执行党的政策,贯彻执行党的阶级路线,依靠贫下中农,放手发动群众,从实际出发,深入调查研究,认真解决政治"四不清"和经济"四不清"的问题,切实实现教(重新教育人)、改(改造人)、组(重新组织革命的阶级队伍)、挖(挖资本主义、封建主义、修正主义的根子)、栽(栽马列主义、毛泽东思想的根子)、培(培养基层领导核心,培养和训练一代人才)的战略任务。(5)正确处理工作团、队与当地党组织的关系。"四清"工作团在地(盟)委统一领导下进行工作。派到某一个县(旗)的工作团可以吸收县(旗)委的若干同志参加组成工作团党委,统一领导全县(旗)的"四清"运动。公社一级的工作分团成立党委,统一领导全公社的"四清"运动。(6)为了加强工作团、队内部的思想政治工作,使工作队不断革命化,在工作团和分团中设政委,工作队设指导员,负责做好内部的思想政治工作。(7)每个工作队员要严格执行党政干部三大纪律、八项注意,充分发扬党的优良传统,树立一个好作风。

在中央和华北局的指示下,河北省从9个地区和天津市抽调近10万人的"四清"工作队,于10月中旬集中到各重点县,每县约有万余人的工作团,进行战前整训。训练时间一般是40天左右,少数30几天。由于这次训练的工作队伍庞大而不整齐,人员来自四面八方,水平参差不齐,思想、作风也有很大差异。据此,河北省委认为,要把这样的队伍在比较短的时间内训练成像中央所要求的那样,即具有彻底革命精神、优良工作作风、严格工作纪律的坚强的工作队,确是一个艰巨的任务和缺乏经验的新工作。因此省、地、县委要集中力量领导好训练工作,工作队的训练,要从全体队员出发,从实际出发。整个训练的中心,是学习"双十条",并以"双十条"为武器,反右倾,放包袱,进行自我革命。力争训练出一支能够过得硬的作战队伍。

训练一开始,由工作团的负责同志作动员报告,而后用两三天时间进行"收心"工作,端正学习态度,组织队伍,建立临时党团组织,加强生活管理,严明纪律。由于省、地、县的各级领导干部,发扬"老八路"作风,和学员一起同吃大锅饭,同睡土炕地铺,共同学习,因而,一开始就出现了"情绪高、纪律好、劲头足的革命气氛"。

学习"双十条",解决作战思想问题,是整个集训的第一步,也是整个训练的中心。各地都用了三分之二以上的时间来解决这个问题。一般是先学"十条决定",着重解决对阶级斗争的认识问题。在初步掌握阶级斗争武器的基础上,再学"十项规定",着重解决放手发动群众的问题。在学习"十条决定"的过程中,穿插阅读"白银厂"、"小站"和本地阶级斗争等典型材料,给大家一些感性知识,帮助领会"十条决定"精神。为了学好"十项规定",把修改前后的新旧本都印发工作队员,对照学习。同时穿插阅读了"王光美同志的报告"和"迎丰公社"等材料。学习方法,一般是先看文件,边读、边议、边查、边放相结合。学习文件,联系实际,印证文件,揉来揉去,逐步深入,防止两者脱节。但在学习过程中,碰到了学不进去的问题。有些搞过"四清"的干部产生了厌倦情绪;有些大专学生爬文件,抠名词术语,在概念上转来转去;有些接触实际较多的干部,光摆具体事,与文件挂不起钩;有些组长,只会催人发言,不会启发诱导。为此,河北省委认为,解决如何钻进去的问题,解决上纲问题,始终是领导的首要任务,并建议:一是要善于抓带有普遍意义的活思想和活典型,诱导大家展开议论和争辩。二是加强班(组)领导,首先对班长进行辅导,使他们学在前面,然后领导大家学习。三是强调领导干部蹲点，深入班（组），启发诱导，总结学习经验，及时推广介绍。四是组织学习好检查好的同志，在中、小型会议上作典型发言，推动大家深入学习。五是组织负责同志根据学习中提出的问题，宣讲"双十条"，或者集中几个问题作辅导报告，提高认识，解决上纲问题。

在学习"双十条"中间，各地划出一段时间，大约是 7 至 10 天，反右倾，放包袱，进行自我革命。这是整训工作的第二步。

经过学习"双十条"，联系实际，联系思想，暴露了大量的右倾思想。不少同志认识到右倾是当前的主要危险，认识到不反掉右倾，就不能取得这场革命的彻底胜利。这时，领导上因势利导，适时地提出反右问题，引导工作队员集中精力，层层带头，检查批判右倾思想，振作革命精神。从揭发的材料看，突出的表现在几个方面：在对阶级斗争的认识上，有些大专学生和借干，不承认我国当前还存在着阶级和阶级斗争，认为社会上有阶级斗争，党内和干部队伍中没有阶级斗争，对阶级斗争的严重性认识不足，对阶级斗争新的形势和新的特点认识不足。在放手发动群众问题上，顾虑重重，怕"左"不怕右，在干部中有所谓八怕，即：怕群众发动起来，人多嘴杂，事不好办；怕干部躺倒不干；怕死人，出乱子；怕影响生产；有问题的干部怕牵连上自己；怕搞错了再平反，赔礼道歉；怕"上根"攻不动，碰一鼻子灰；怕和当地党委意见不一致。在党的生活和党内斗争上，不少人一切以"我"字当头，患得患失，不坚持原则，对坏人坏事不斗争，市侩习气，混事主义，革命精神不振，有的甚至一切为了"保命、保职、保级别"。

针对上述情况，河北省委认为，所有这些形形色色的右倾思想，反映了很多干部存有严重的资产阶级思想，对社会主义革命思想准备不足，缺乏无产阶级的彻底革命精神，这种精神状态，已成为当前社会主义革命的主要障碍。因此，必须结合当前的实际斗争，不断地反对右倾思想，以保证社会主义革命的彻底胜利。

放包袱一般和反右倾一起进行，其方法是一面强调自觉革命，号召大家向一切错误决裂，坚决当无产阶级革命家，当彻底的革命派。一面采取领导带头，先上后下，发动群众，进行批评帮助，形成群众性的自我革命放包袱的热潮。反右倾放包袱的重点是解决各级领导骨干的问题。为此，公社书记以上干部单独编组，检查揭发问题，开展批评与自我批评。对大专学生和借干,组织学习毛泽东在"延安文艺座谈会上的讲话"和在"全国宣传工作会议上的讲话",解决知识分子为谁服务的立场问题。

在这一过程中,工作团也揭发出一些严重问题。如保定地区的博野、唐县、涿县等县委核心有严重问题;石家庄工作团在脱产干部中,揭出有贪污盗窃、投机倒把、违法乱纪、腐化堕落、革命意志衰退、丧失立场、隐瞒政治历史、从事资本主义剥削等严重问题的,占 18.3%。不少大专学生检查了资产阶级的名利观点,批判了"功课过得硬、政治过得去、生活过得好"的只专不红的错误思想。

通过反右倾放包袱,对干部的政治思想面貌有了比较系统深入的了解,然后根据工作需要,挑选领导骨干,组织作战队伍,这是整训工作的第三步。

以革命精神,打破论资历、排辈数的封建观点,大胆提拔新生力量,挑兵选将,组织领导班子。河北省各地都本着这一精神,对领导骨干作了严格的审查和调查。如邢台工作团公社书记以上干部,共有 891 人,经审查不能当骨干,需下连当兵或锻炼的 232 人,占 26%。同时,在审查过程中也发现一些干部不够队员条件。如唐山、承德、天津、沧州、邢台和天津市统计,在30253 名干部中,不够队员条件的有 666 名,占 2.18%

"选将"结束后,开始进行编组。关于工作队编组问题,1964 年 10 月 23日,中央专门向各中央局、各省市区党委、中央各部委、国家机关各党组和军委总政发出了《关于社教工作队编组和交流社教工作经验问题的指示》。中央指出,目前各省工作队的编组,有两种方式,第一是省委干部包一片,地委干部包一片,各县的干部也各包一片。第二是省委、地委干部和各县的干部混合编组,就是说,每一个工作团、工作队或工作组都有省委或地委的人。第二种编组方法,会有很多麻烦,各方面的人编在一起共同作战,立场、观点、作风都有些不同,在工作队内部对于每一项工作都会有许多不同的意见,做法也会不同。但是,为了工作的利益,又首先必须统一工作队内部意见,并且统一做法,这样,就有很多好处,使省委、地委的干部更好地了解县的各级干部,也使县的干部更好地了解省委、地委的干部,可以听到各种不同的意见,看到各种不同的做法,互相监督,互相学习,互相考验。第一种编组方法,可以省去许多麻烦,但是却有许多缺点。特别是原来的上下级在一起工作,就有些下级干部有意见也不说了,领导同志也难于了解情况和干部。第二种编组法,在去年,河北抚宁工作队就是这样做的,证明是好的。第一种编组法,去年有些地方也作过,证明不大好,但是各地也还可以再试验一个时期。如果继续证明这种编组法不好,就应下决心逐步改为第二种编法。

河北省按照中央指示,实行了混编。一般是县与县交叉 30%—40%,加上中央、省、专分别编入各县分团的,一般分团外插干部占 40%—50%。

在整编作战队伍之后,各地一般用了三至五天的时间,进行纪律教育,这是整训工作队第四步。首先由负责同志作加强纪律的报告,然后联系实际,联系思想,进行小组讨论。并印发违犯纪律的典型材料,组织讨论,最后制定"四清"工作队员纪律守则。下面是河北省制定的"四清"工作队员纪律守则:

"四清"工作队员纪律守则(修改草案)

毛主席曾教导我们:"大军向前进,生产长一寸,加强纪律性,革命无不胜。"说明严格的纪律是革命胜利的保证。为此特制订"'四清'工作队员纪律守则",每个工作队队员均应自觉遵守,并向贫下中农宣读,由群众监督。

一、认真学习毛泽东思想和"双十条",提高无产阶级的阶级觉悟,提高政治水平。

二、深入群众工作,加强调查研究,一切从实际出发,不要带框框。如实反映情况,不弄虚作假。

三、站稳无产阶级立场,坚决与地富反坏分子和贪污盗窃、投机倒把、蜕化变质分子划清界限。不包庇阶级敌人和"四不清"干部。

四、依靠贫下中农,放手发动群众。有事和群众商量,反对强迫命令;按照政策办事,反对违法乱纪。

五、坚持说服教育,坚持说理斗争。不打人,不骂人。

六、坚持"三同",发扬"老八路"作风,要以平等的态度待人,要同群众打成一片。

七、关心群众生活。爱护群众一草一木,不拿群众一针一线,借物要归还,丢失、损坏要赔偿。

八、艰苦朴素、廉洁奉公。不吃请受礼，不占群众便宜，不买退赔物资。

九、加强革命责任心，坚守工作岗位，遵守工作制度。不擅离职守，不造假请假，不逾假不归。

十、作风要雷厉风行，反对拖拖拉拉；工作要深入细致，反对粗枝大叶；办事要讲实效；反对形式主义。

十一、服从领导，听从指挥，重大问题要请示报告。工作要大胆负责，发挥主动性、创造性。

十二、树立新风尚，反对庸俗习气。不拜把子，不认干亲。作风要正派，不乱搞男女关系。在工作队期间不和当地群众搞恋爱。

十三、提高革命警惕，严防敌人破坏，做好保密工作。文件要妥善保管，说话要注意场合，不当"透气筒"，严防泄漏党和国家的机密。

十四、坚持原则，加强团结，实行民主集中制。严格组织生活，认真开展批评与自我批评。有意见向组织上反映，也可以越级反映。

十五、发扬彻底革命精神和优良作风，防止和反对和各种不良倾向。按照革命接班人的五个条件严格要求自己。按照六条标准完成社会主义教育运动的任务。

在整训期间，河北省的一些工作队也十分重视加强政治思想工作，要求大学解放军、学大庆，提出了"高举毛泽东思想红旗，实现工作队革命化"的口号，并深入开展了一系列评比竞赛活动。如有的地区掀起了"五好工作组、五好工作队员、五比、五勤、五不怕的竞赛运动。"（简称"五五"竞赛运动）。五好工作组是：贯彻阶级路线好、依靠党支部好、坚持集体领导好、方法正确效果好、思想工作抓得好。五好工作队员是：政治思想好、"三八"作风好、群众路线调查研究好、团结互助好、学习好。五比是：比革命化、思想、干劲足，比扎扎实实工作、实效大，比深入工作、深入实际、联系群众、坚持"四同"、劳动好，比坚持岗位、出满勤，比贯彻政策认真、领导方法好、经验丰富、总结及时。五勤是：手勤、腿勤、眼勤、嘴勤、脑子勤。五不怕是：不怕艰苦、劳累，不怕困难、问题，不怕吃亏，不怕碰钉子，不怕负责任。有的工作队还向留在机关的同志发出了倡议书：

倡 议 书

在机关的全体同志们:

我们能够参加这次伟大的农村革命运动,感到非常荣幸。我们认为这次伟大的运动,是重新教育人的革命运动,对我们来说是一个很好的锻炼机会,我们决不辜负领导和同志们的期望,坚决按照地委指示,既要作好农村四清工作,又要使自己受到一次极为深刻的阶级教育和锻炼。我们保证做到:

一、坚守岗位,努力工作,不完成任务不回机关。

二、服从领导,搞好团结,严格遵守党政干部三大纪律、八项注意,和地委提出的下乡干部六项原则。

三、站稳无产阶级立场,坚持党在农村的阶级路线,认真贯彻执行党的方针政策,加强调查研究,学会用阶级分析的方法观察和处理问题。

四、坚持"三同",与贫下中农交知心朋友,在下乡期间,保证参加集体劳动二十天,争取达到一个月。

五、学好主席的"三论"和中央两个十条及有关农村工作的各项方针政策,并且做到活学活用,联系实际,提高思想。

六、认真坚持生活制度,开展批评和自我批评,开展比、学、赶、帮竞赛运动。

同志们:我们下来后,你们毅然决然地担起了我们的工作,使我们非常钦佩;机关人少了,工作更加繁重,你们肩负的担子是重的,这是我们完全能够理解的,我们相信你们在思想革命化、机关革命化,以及各个运动中一定能够名列前茅,更加出色的完成各项工作任务。

让我们在革命的时代里,携起手来,共同前进吧!

地委驻安国"四清"工作队全体人员

同时,河北省还组织了一批农村文化工作队参加农村"四清"运动。他们认为,农村文化工作队是组织文化艺术工作者为"四清"运动服务的最好的组织形式,可以成为一支"四清"战线上的文化宣传轻骑兵,它用戏剧、电影、曲艺、皮影戏等艺术形式进行演出,用黑板报、广播、展览会等多种形式进行"四清"宣传鼓动工作和阶级教育工作,并且通过对农村基层文化组织的整顿工作和农村文化活动的辅导工作,充分发挥群众业余文化活动的作用,使专业的农村文化工作队和业余的农村基层文化组织在农村广泛开展文化宣传活动,来配合"四清"运动和活跃农村的社会主义文化生活,满足农村群众和"四清"干部对文化生活的要求,用社会主义文化去占领农村阵地,推动农村社会主义文化革命的发展。农村文化工作队的基本任务:一是用农村群众喜闻乐见的多种艺术形式,演出配合"四清"运动的剧目和节目,进行文化宣传活动,为"四清"运动服务。二是对于基层文化活动情况,进行调查研究,指导和扶植农村群众文化活动,改变农村文化工作的面貌,使农村社会主义文化活动大大开展起来,并结合"四清"参与整顿农村文化基层组织工作。三是"四清"文化工作队的人员,在农村要深入生活,参加劳动,访贫问苦,从政治、思想、生活等方面受到一次锻炼。

据统计,河北省共组织了 10 个文化工作队。其中唐山地区 159 人,承德专区 159 人,张家口专区 140 人,天津地区 166 人,沧州地区 150 人,保定地区 172 人,石家庄地区 144 人,邢台专区 144 人,邯郸地区 194 人,衡水地区 166 人。

可以说,经过练兵练将,四清工作队的作战能力明显增强,可谓"烧红了思想,炼硬了骨头,坚定了立场,明确了观点",练就了一支思想革命化、工作战斗化、生活群众化、行动纪律化、作风民主化的革命队伍,许多工作队员也由"革命战线的一名新兵"转变成"冲锋陷阵的战士",并很快开入"战场",展开一场"四清"大革命。

五、夺权斗争

"四清"运动本来就是"左"倾思潮的产物,而这一时期又不断强调反右倾,强调大兵团作战,这样,就使搞运动的许多单位把阶级斗争的形势看得比前一阶段更严重、更尖锐,甚至认为许多单位烂掉了,领导权不掌握在共产党手里,展开了夺权斗争,从而使运动出现打击面过宽、斗争过火等严重局面。

北京市委在检查右倾思想时认为,没有一个单位过去的"五反"运动是搞深搞透了的。20个单位中,有11个单位的领导班子已经烂了,或者十分严重。轴承厂7名党委常委中,5个人问题非常严重,党委书记完全烂了。第五建筑公司6名党委常委中,5个人问题非常严重。

青海省在"四清"运动中过分地强调了阶级斗争的严重性,认为敌人千方百计地拉拢腐蚀社队主要领导干部,进行和平演变,通过他们在党政机关中的代理人,从幕后操纵和继续控制着不少地方的基层领导权。如湟中县"四清"工作团在"四清"运动总结中说,公社领导权被篡夺的占28.7%,生产大队一级领导权不在党和人民手中的占48.2%,干部中有各种"四不清"错误的占48%,公社书记中问题性质严重的占25.9%,支部书记问题严重的占33.7%。①

陕西省"四清"重点县长安县,在经过工作团的调查后,对阶级斗争形势做出了一个基本判断:一是民主革命和历次政治运动都很不彻底。山区基本没有土改,平原地区大多是和平土改。二是从县委到生产小队的各级领导问题都十分严重。六个区工委中,被阶级敌人篡夺了领导权的有两个,43个公社中有严重问题的就有25个,668个生产大队中有332个领导权不在我们手里。三是资本主义黑风像瘟疫一样流行,贪污盗窃,投机倒把猖狂。据此工作团认为,大批反革命分子根本没被触动,党政组织严重不纯,封建和资本主义势力猖獗,领导权不在我们手里的不只三分之一,广大贫下中农处于水深火热之中。因此,参加这一次大革命,同过去参加1925年到1927年的大革命,参加苏维埃战斗、抗日战争、解放战争的政治意义一样重大,或者更重大一些。②

华北局在一篇报告中指出:邯郸专区14个县,完全烂掉的有两个,大部分烂掉的有5个,另外7个县委书记问题严重,常委一半要调整,占55%;张家口地委烂掉,市委烂了,下边区委都烂了;中央、省委派的工作队,摸27个大队,属于夺权的26个。③

---

① 赵海峰主编:《当代中国的青海》(上),当代中国出版社1991年版,第102页。
② 张馨、高光厚:《陕西省长安县社会主义教育运动调查》,《党史通讯》1987年第6期。
③ 栗守廉、仲乙禄:《"四清"运动述评》,载《黑龙江教育学院学报》1990年第4期。

广西壮族自治区党委认为,不少干部已走完"懒、馋、占、贪、变"的全过程,已经和平演变为新生的资产阶级分子,甚至说有三分之一单位的领导权不在坚持走社会主义道路者的手里。据南宁地区"四清"总团的排队,"四不清"干部已占干部总数的 73%;全地区县委常委中有"四不清"问题的达94%;全地区 16 个县的县委领导班子,已基本烂掉和部分烂掉的各 2 个;有个公社的 37 个生产队,有 12 个队的领导班子变质。①

在 1964 年年底的中央工作会议上,陶铸谈了对阶级斗争形势的认识,认为,领导权不在我们手中的 1/3 打不住! 清理了一下之后,可能又看多了一些。广东的 40%,可能比较接近实际。② 西北的报告说,烂掉的,基本烂掉的,有严重问题的县市,如果把以前夺权的数字也算上,占 50%。浙江的报告说,从浙江梁湖公社的情况来说,已经不只是 1/3 的单位领导权不在我们手里,而且很难找到有多少单位的领导权还在我们手里。山西的报告说,工作队进村后,在相当长的一段时间内,面临着敌强我弱的客观形势。③ 湖南反映,据省地委负责同志蹲点的 69 个大队的材料说明,在湖南被敌人窃据领导权的基层要多于 1/3。④

从上述材料反映的情况看,社会上的阶级斗争形势和党内新生的资产阶级分子的破坏已经到了十分严重的地步! 这就使中央一线领导人不得不采取一系列措施加以解决。在这一段时间内,中央连续发出了许多文件,以利运动的开展。

1964 年 6 月 23 日,中央批转了《甘肃省委、冶金工业部党组关于夺回白银有色金属公司的领导权的报告》。9 月 1 日,正式转发了《关于一个大队的社会主义教育运动的经验总结》。10 月 24 日,又转发了《天津市委关于小站地区夺权斗争的报告》。这样,就把三个运动样板推向全国。

10 月 12 日,中共中央批转了李雪峰给刘少奇同志的信,并批示:对于已经烂掉了的地委、县委、区委、公社、大队和厂矿企业及其他机构,应当在调查研究以后,采用信阳经验、小站经验、白银厂经验,进行夺权斗争,发动

---

① 韦纯束主编:《当代中国的广西》(上),第 122 页。
② 《杨尚昆日记》(下),第 463 页。
③ 张素华:《60 年代的社会主义教育运动》,《当代中国史研究》2001 年第 1 期。
④ 《建国以来毛泽东文稿》第 11 册,第 275 页。

群众迅速加以解决。其他有严重问题的县委及其他机构,能够说服的就说服,不能说服的,也要加以改组。①

11 月 12 日,中共中央发出了《关于在问题严重的地区由贫协行使权力的批示》。批示指出:在当前进行社会主义教育运动的重点地区,如果发现有的地方基层干部躺倒不干,以抵抗运动;有的地方领导权被蜕化变质分子所掌握;有的地方领导权被地富反坏分子或新生资产阶级分子所掌握。上述三种情况,在查明确实后,经工作队批准,都可以由贫协组织取而代之,一切权力归贫协。没有贫协组织的地方,也可以由工作队组织贫协,取而代之。②

11 月 13 日,中央还印发了经毛泽东、刘少奇同志同意、书记处会议通过的《中央关于农村社会主义教育运动中工作团的领导权限的规定(草案)》,规定凡是有地委以上党委负责同志领导的工作团集中进行社会主义教育运动的地方,当地县委和县人委即由工作团党委领导,该县各区区委和区公所、公社党委和公社管理委员会也接受工作团分团党委和工作队党委的领导。并说明本规定原则上适用于城市和企事业单位的社会主义教育运动工作团或工作队。③

上述文件的下发,使这一阶段铺开的"四清"运动,急转直下,"左"的倾向更为明显和突出。各重点县集中了上万人的工作队完全撇开基层组织和基层干部,在许多地方错误地进行"夺权",使不少基层干部受到过火斗争,有的地方甚至发生自杀等极端现象。

如陕西省长安县进行"四清"时,斗争手段以揭发批判为主,造成兵临城下,不交待问题不行的局面。对其中的"坏中之坏"、"霸中之霸",大张旗鼓地进行公判,打击其反动气焰,对大部分则采用"小战斗"的办法解决。在组织处理上,最后确定性质严重的四类干部共有 2616 名。据长发(1979)88 号文件《关于落实党的政策,平反"三案"工作的总结报告》反映,截止到 1979 年 5 月底,复查纠正了"四清"中错划的 2707 户地富成分,占原

---

① 中共中央党校党史教研二室编:《中国共产党社会主义时期文献资料选编》第 5 册,第 466 页。

② 《建国以来重要文献选编》第 19 册,第 326—328 页。

③ 《建国以来重要文献选编》第 19 册,第 332—333 页。

补定地富成分 2724 户的 99%。将贫农、中农上升为中农、上中农和小土地出租者的 5547 户,全部恢复为原土改时的成分。给"四清"中戴上各类分子帽子的 2242 人平了反,占原戴帽子 2366 人的 94.7%。为"四清"中受各种党纪、政纪处分的 1576 名农村基层干部落实了政策,恢复了名誉,占原受处分 2018 名干部的 80%。对受错批错斗而未立案的 7758 名干部和群众,一律从政治上给予平反。①

福建省连江县搞"四清"时,县委和公社党委一律"靠边站",接受审查。并把土改时对付地主、富农的那一套办法,全部用来对付社会主义时期的基层干部。中央发出了"关于在问题严重的地区由贫协行使权力"的批示后,各地纷纷建立贫协组织,依靠贫农协会来领导夺权斗争。在县、区委机关则"靠员不靠长",依靠通信员、炊事员、传达员、驾驶员等"基本群众",来决定哪个是走资本主义道路的当权派,哪个领导干部可以解放,哪个干部有"四不清"问题等。审查时,县委 6 个常委一次又一次的检讨,"下楼",整个运动搞得十分紧张。②

江西省在这一阶段运动中,出现了过火行为和非法斗争。如瑞金县四个大队的 185 名干部中,被非法斗争 94 名,占了一半多,30 名大队干部中18 名被非法斗争,占 60%。非法斗争最普遍的是罚跪、体罚、游街、软禁,个别甚至使用酷刑,有的发还发生了逼死人的现象。③

青海省"四清"重点县——湟中县,先后对 11 个公社、297 个大队和 36个县社企业中的 880 人进行了夺权斗争。在该县县级机关 958 名职工中,被定为有贪污盗窃、投机倒把行为的达 427 人,占 45%;县属各单位领导干部 79 人中,定为问题多和性质严重的 63 人,占 79.7%;科、部长以上干部65 人,定为问题多和性质严重的 32 人,占 49%。类似问题在其他地区也不同程度存在着。在运动过程中,违反政策的现象极为普遍,打骂逼供屡见不鲜,自杀现象也有发生。由于结合"四清"运动进行了民主补课,结果又错误的补划了一些地富分子。在评审"四类分子"时,也出现许多过火行为,造成不良影响。在一些少数民族聚居地区,结合"四清"运动,对宗教封建

---

① 张馨、高光厚:《陕西省长安县社会主义教育运动调查》。
② 成波平:《连江县的"四清"运动》,载《党史研究与教学》1989 年第 6 期。
③ 曹力铁:《江西省城乡社会主义教育运动始末》,《当代中国史研究》1998 年第 5 期。

特权进行揭发和批判过程中,发生了不少违反民族宗教政策的情况,伤害了民族感情,影响了民族团结。①

湖北省的"四清"运动贯彻执行了"左"的指导方针,出现了比较严重的机械过火的斗争,伤害了一大批县级干部、社队干部和社员群众,还错误地处理了一些县的问题。沔阳县潮愿大队的大队长李华子因为发展家庭副业,被作为走资本主义道路的典型,在全省通报批判。类似的批判斗争,全省各地都有。②

北京郊区通县,去了2万多人的工作队,有110多个工作队打了人,自杀的有70多起,死了50多人,山西洪洞县,也死了四五十人。③

不仅基层干部受到了不应有的打击,而且在一些地区的"民主补课"中,不少群众因重划阶级而被拔高了阶级成分,受到了错误的处理。由于中央对划分阶级的标准始终未做出统一的规定。因此,各地划阶级时普遍过严。例如,贵州省委认为,全省有一半以上的地区民主革命不彻底,需要重新划分阶级,并且审查社员成分,清洗一切混入人民公社内部的阶级敌人,甚至提出重新成立人民公社。对地主、富农,在政治上应彻底斗倒。对于清查出来的漏划地主、富农的房屋家具,依法没收。土地改革时划出来的地主、富农,应当没收而没有没收的房屋和家具,应重新没收。漏划地主、富农放的债一律废除。对有投机倒把、盗窃集体财产等破坏活动的,应当老账、新账一齐算。对待富农,在政治上,与地主应稍有区别,但在经济上应当地主一同看待。同时,也指出,对不可救药的蜕化变质分子和混入干部队伍中的地富反坏分子,在查明情况的基础上,有多少清洗多少,不在处分干部控制比例数以内。对于贪污盗窃、投机倒把集团的首要分子和惯犯,不受时间的限制,政治上要彻底打垮,经济上要彻底清算。可以说,这些规定,比土地改革时还要严厉,而且对富农与地主基本上不加区分,这就使那些错划了成分的人受到了更严重的打击。

农村"四清"的严重"左"倾,不可避免地影响了城市"四清"的开展。如上海市开展"四清"时,有些工作队由于对运动的性质、重点认识不明确,

---

① 赵海峰主编:《当代中国的青海》(上),第102—103页。
② 钱运录主编:《当代中国的湖北》,当代中国出版社1991年版,第102页。
③ 薄一波:《若干重大决策与事件的回顾》(下卷),第1161页。

在斗争中面宽了一些。有的把干部一般性的缺点、错误,不加分析地提高到两条道路的问题上斗争,有些干部的政治历史问题,过去已经交代并做了结论,也没有发现新的问题,这次又重新拿出来批判斗争。有的有怕漏不怕错的情绪,对一些犯错误的干部,已经做了检查和交代的,仍扭住不放。有的不适当地追查一般男女关系问题。有的在反贪污盗窃、投机倒把的斗争中,曾对一部分有小拿小摸行为的工人,当做重点来进行斗争。有少数单位工作方法简单、粗暴,违反政策,有的单位忽视说理斗争,甚至发生打人、罚站、挂牌游行等现象。个别的还有擅自进行搜查吊赃,甚至用录音机录音诱供、监视、侦察等方法。有些单位为了追求数字,经济退赔不注意核实材料,而是靠毛估推算,追算的时间过远。①

大兵团作战,整训工作队,百万干部下乡蹲点,以及不断反右倾,一场"四清"革命高潮于1964年下半年在全国部分地区掀起。运动的开展似乎异常顺利,应该说,刘少奇很好地贯彻了毛泽东关于搞"四清"的指示。但是,令人不可思议的是,随着运动的开展,作为一线指挥的刘少奇与"退居二线"的毛泽东在一系列问题上产生了严重分歧。毛泽东对刘少奇挂帅"四清"以来的许多做法非常不满,进行了严厉的批评,并逐渐把"挖修根"的视线转移到中央上层。而刘少奇面对"四清"中暴露出来的大量严重问题,一再强调有什么问题解决什么问题,不要把矛盾都上升为敌我矛盾,并且把"挖修根"的重点放在了地富反坏的破坏和基层干部的贪污腐化、蜕化变质等问题。对工作中问题的不同看法,再加上其他复杂的个人因素,两位领导人也逐步由分歧走向了公开的冲突,"四清"运动也因此发生了转折,进入一个新的阶段。

---

① 《建国以来重要文献选编》第20册,中央文献出版社1998年版,第97—98页。

第七章 "四清"的转折

在毛泽东的生日宴会上，毛泽东一边喝酒，一边谈话，很多话是"话中有话"。据曾志回忆，那晚丝毫没有寿宴的气氛，个个都紧张而困惑，只听主席一个人在那里嬉笑斥责。

随着运动的开展，作为一线指挥的刘少奇与"退居二线"的毛泽东在一系列问题上产生了严重分歧。毛泽东对刘少奇的许多做法非常不满，进行了严厉的批评，并逐渐把"挖修根"的视线转移到中央上层。对工作中问题的不同看法，再加上其他复杂的个人因素，两位领导人也逐步由分歧走向了公开的冲突。

一、毛泽东和刘少奇的严重分歧

鉴于前段运动中出现了打击面过宽、过火斗争等严重的"左"的错误，1964 年年底，中共中央政治局决定利用各地负责人在京参加全国人大三届一次会议的时机，召集各中央局的领导干部召开一次中央工作会议，以总结前一段"四清"运动的经验教训，部署下一阶段的工作。会议本来计划并不很长，但是，在会议进行过程中，毛泽东和刘少奇在主要矛盾、运动的性质以及做法等问题上发生严重分歧，毛泽东对刘少奇进行了公开的严厉的批评，会议也由此延长至一个月之久。这样，毛泽东与刘少奇由运动之始的配合默契转而走向分歧。

1964 年 12 月 15 日下午,中央工作会议开始,刘少奇作主要发言。他在讲话中传达了会议的预定开法,并且提出了一些前一阶段运动中出现的问题。刘少奇指出,到底讨论一些什么问题,我现在也没有准备好,提点问题。陶铸同志有一封信给我,还有一个报告,现在印给大家了。那封信值得讨论一下。他提出了一个农村新兴的富裕阶层、特贫阶层的问题。还有些地方提新资产阶级分子。农村里面用不用资产阶级分子这个名字?还是就是用贪污盗窃分子、投机倒把分子?此外,王任重同志有一个讲话,还有封信给我,说县、区、社、队一齐搞,不一齐搞不行。看来,工作队的骨干力量不够分配,领导不很强。因此,是不是战线过长了?农村里面跟城市里面都一样,是不是需要缩短一些战线?那么,如何缩短?毛泽东插话说:"缩短容易嘛,你一缩就行了。"刘少奇说:"有些地方提出,机关家属里面很多恶霸、地主、富农、四类分子。这是一个普遍性的问题。"毛泽东说:"也没有那么多。全国人口几亿,那些人总之是什么几百万、千把万嘛,又是散在各地。清是要清,多是不多,有是有。"随后,刘少奇要求与会人员充分讨论,交换一下意见和经验,并说:"就是这些问题,我也提不出什么。其余的都是你们提,或者今天也就可以提一点。"毛泽东说:"今天不要提了,回去讨论。有话就在这里讲嘛。就在这里冲口而出,畅所欲言。"可见,毛泽东是话中有话。在当天的会上,周恩来也作了反修报告。

刘少奇讲话之后,会议从 1964 年 12 月 16 日至 19 日接连召开全体会议和分组会议,对前段运动中的问题进行了讨论,各中央局负责人在会上作了发言。从发言的基本内容看,主要有两点:一是各中央局领导人对阶级斗争形势的估计普遍看得过于严重,对大兵团作战搞"四清"不但支持,而且有所发挥。二是各地负责人讨论了当前社会的主要矛盾和"四清"运动的性质问题。讨论中,有的同志认为,从现在暴露出的问题看,实际上是阶级斗争的反映,所以当前的主要矛盾是无产阶级和资产阶级两个阶级、社会主义和资本主义两条道路的矛盾。也有的同志认为,当前农村的主要矛盾,是以基层干部为代表的富裕阶层与贫下中农的矛盾,这样提对干部震动很大,有好处。

12 月 20 日下午,中共中央召开政治局常委扩大会议。在这次会议上,毛泽东与刘少奇在运动的性质和当前社会的主要矛盾问题上,产生了明显的分歧,毛泽东也做了长篇讲话,对刘少奇的观点表示了不同意见,而刘少奇则坚持自己的观点,这就引起了毛泽东强烈的不满和批评。

当会议开始时,刘少奇说要议一下主要矛盾的提法,毛泽东立刻说:不管怎么提,主要是整当权派。刘少奇在发言中讲到:农村方面有一个问题,是陶铸同志提出的,说农村当前的主要矛盾是富裕农民阶层跟广大群众、贫下中农的矛盾,几个同志也这样讲,农村里面已经形成富裕阶层了,已经形成特权阶层了,是这样讲,还是这样讲,就是原来的地富反坏跟蜕化变质的有严重错误的坏干部结合起来跟群众的矛盾?毛泽东回答:地富反坏是后台老板,"四不清"干部是当权派。你只搞地、富,贫下中农还是通不过的,迫切的是干部,地富反坏还没有当权,过去又斗争过他们,群众对他们不怎么样。刘少奇问:主要矛盾就是"四清"与"四不清"的矛盾,行不行?毛泽东回答:不以人的意志为转移。

应该说,20日的常委扩大会议,气氛还较为缓和,毛泽东只是对刘少奇坚持主要矛盾的提法表示不满。而刘少奇对毛泽东提出的整走资本主义道路的当权派是不赞成的,认为走资本主义道路的人有,但称作一个派,人数就太多了。但刘少奇并没有直接反对毛泽东的提法。1970年12月18日,毛泽东在回答美国友人埃德加·斯诺的提问时说:"'二十三条'中间的第一条是说"四清"的目标是整党内走资本主义道路的当权派,当场刘少奇就反对。"实际上这种说法是不准确的。从会议发言的内容看,刘少奇并没有公开反对毛泽东的提法,只是表达了自己的不同看法。胡乔木于1980年7月8日在谈《关于建国以来党的若干历史问题的决议》的起草问题时说:"毛主席1970年对斯诺的谈话,是在世界上发表的。毛主席说,1965年1月,刘少奇反对'走资派'的提法。其实,刘少奇没有直接反对,只是说,有两类矛盾的交叉。像这样的问题,不讲不清楚,但都讲又太繁了。"①但是,在随后的几天里,毛泽东逐渐加重了对刘少奇批评的分量,发言的气氛也与20日的常委会大不相同。

这次会议不久,恰逢毛泽东生日。应该说,新中国成立后,毛泽东从不公开为自己过生日,但这次提出要请大家吃饭,在人民大会堂小宴会厅举

---

① 丛进:《曲折发展的岁月》,第605页。

行，并亲自审定了请客名单。汪东兴和江青操办了寿宴，出席宴会的有部分中央领导人、各大区主要负责人、参加三届人大的一些劳动模范和科学家以及身边的工作人员共 40 多人。宴席共分三桌，毛泽东坐在按"品"字形摆的三张桌子上方那张的首席，左右两边是陈永贵和董家耕，陈、董旁边是钱学森、邢燕子，这桌还坐了陶铸、罗瑞卿、谢富治、汪东兴和曾志。而刘少奇、胡耀邦和各大区书记以及江青则分坐另外两桌。毛泽东说：今天是我的生日，过了年就 71 岁啰，我老了，也许不久就要去见马克思，所以今天请大家来吃顿饭。李敏要同我来，我说你不下乡，脱离人民群众，脱离基层生活。官做大了，骄娇二气，拒绝到农村，城市里生活舒适，不出修正主义才见鬼！李讷呢，下去搞'四清'吗，她没有资格来。"并说："我要坐在群众这一边。"他递烟后接着说："现在用几盒香烟就可以把一个党支部书记给贿赂了。如果把女儿嫁给一个干部，那就要什么有什么。他们与工人阶级和贫下中农是两个尖锐对立的阶级。5 月、6 月召开的中央工作会议认为，全国基层有三分之一的领导权不在我们手里，我还担心党中央出修正主义！修正主义的出现标志着资产阶级在政治舞台上的兴起。这些走资本主义道路的领导人，已经变成或者正在变成吸工人血的资产阶级分子。这些人是斗争对象，革命对象，社会主义教育运动绝不能依靠他们。"毛泽东大声地赞扬钱学森，说钱学森不要稿费，私事不坐公车，这很好！随后，他还陆续批评了社教运动中的一些错误认识和提法，说什么四清四不清、党内外矛盾交叉？这是非马克思主义的。

据参加宴会的曾志回忆，毛泽东在入席前，对李富春说，你们什么事情都不向我讲，你们搞独立王国！曾志认为，主席不像是在开玩笑，室内空气顿时紧张起来，并相信这绝不是批评李富春。吃饭过程中，主席一边喝酒，一边谈话，这晚话说得格外多，很多话是"话中有话"。曾志说，时间久远了，已记不全主席谈话的内容，但有句很厉害的话我却至今记忆犹新，那就是"有人搞独立王国，尾巴翘得很高"。那晚丝毫没有寿宴的气氛，个个都紧张而困惑，主席这是怎么了？室内一点声音都没有，安静的怕人，只听主席一个人在那嬉笑斥责，根本不敢去做任何的猜想。陶铸后来说：我们那时哪敢往少奇身上想啊！不幸的是，主席矛头所指，恰恰就是刘少奇。而一年多后，1966 年，终于爆发了"文化大革命"。散席后，毛泽东向钱学森和陈永贵介绍曾志说:"曾志同志,井冈山的,现在井冈山没有几个人了。"①据薄一波回忆:"席间鸦雀无声。"②

当晚,刘少奇在与东北出席中央工作会议的同志谈话时指出:有什么反什么,有右就反右,"左"还没有出来就慢一点反,出来"左"就准备反"左"。什么地方出来就在什么地方反,有什么反什么,有多少反多少。反右要在具体的问题上反,否则是抽象的。而在前一天晚上,刘少奇与华东组同志谈话时说:越革越多不好。标准是本人剥削收入占家庭收入50%以上,并且连续三年以上。也不一定都戴,只戴其中最坏的。只要坦白得好,改得好,彻底退赔,也可以不戴。做法问题,擒贼先擒王。要搞县、区、公社,先从头上整起来,大队就好办了。不搞上面,大队就难办。不从这里搞起,只搞大队是不能解决问题的。总之,无论如何农村不能整社员,下厂不能整工人,学校不能整学生。主要是整当权派。很显然,在毛泽东的严厉批评下,刘少奇已逐渐改变了自己的一些认识和看法,与毛泽东的想法靠拢。但是,毛泽东并没有停止对刘少奇的批评。

12月27日下午,中央工作会议召开大会,毛泽东主持,由朱德、董必武、陆定一、赛福鼎、陈伯达等同志发言。朱德在发言中认为,所有的事情,都要按主席的一分为二的精神去办。对基层政权也要一分为二,有好的有坏的。当权派,点上摸的情况是好的不多,应该还是好的多。有计划地搞,时间长一些是能够搞好的。陆定一在发言中,主要谈了文化革命问题。他认为,苏联集体化后,斯大林就提出阶级消灭了,和谐了,上下也没有矛盾了,把对知识分子、技术人员的赎买,变为高工资制度,按劳付酬,对技术干部的培养,是"技术决定一切",就是培养了一批高薪阶层、特殊阶层!三大差别不是逐渐接近,而是继续扩大!毛泽东插话说:"列宁说的阶级斗争是长期的,小生产者大量存在会发展资本主义。打倒了的阶级长期存在!这些斯大林都去掉了!达于极点就出了赫鲁晓夫!出差补助问题,是否可以取消?要研究一下。文学稿费可以繁荣文学?我们的稿费高了,走向反面了!"陆定一讲:各种稿费应当取消一些!糖衣炮弹!花了钱,培养一批资

① 曾志:《一个革命的幸存者——曾志回忆实录》,第433页。
② 薄一波:《若干重大决策与事件的回顾》(下卷),第1167页。

产阶级分子！学校中阶级斗争也很严重！毛泽东插话说："一抓就得了！有什么要紧嘛！小学教师也严重不纯啊！"①

而在这次会上，陈伯达的发言与众不同，由于他看出毛泽东对刘少奇不满意，便以毛泽东对刘少奇的批评为基调，并从理论上加以发挥。他说："四清"与"四不清"不能说明问题的性质，封建社会就有清官和贪官的问题。内部矛盾那个时代没有？党内外矛盾交叉，党外有党，国民党也有这个问题。说人民内部矛盾与敌我矛盾交叉，这也不能说明矛盾的性质。要把矛盾的性质说清楚，不然就要迷失方向。要概括成社会主义和资本主义的矛盾，才能说明矛盾的性质，就有了纲啦。毛泽东说：我们党内至少有两派，一个是社会主义派，一个是资本主义派。

据薄一波回忆，陈伯达这个发言，受到毛主席的欣赏。后来，毛主席修改"二十三条"时，特别把这个意思写了进去。原来制定的"十七条"的停发，也是由陈伯达建议的。很显然，陈伯达的发言和建议在毛主席和刘少奇同志已发生的分歧中，起了不良的加剧作用。② 在"文化大革命"期间，即1967 年 2 月 6 日的中央政治局常委扩大会议上，毛泽东也批评陈伯达说：你是一个常委打倒一个常委。过去你在我和刘少奇之间进行投机，不是你个人有事，你从来不找我。③

12 月 28 日下午，在罗瑞卿、陈毅、谢富治发言后，毛泽东作了长篇讲话，并且是拿着《党章》和《宪法》到会的。毛泽东说：

> 文件行不行，第一条性质的规定行不行？三种提法好不好？商量过还是以第三种提法为好。因为运动就叫社会主义教育运动，而不是前两种的运动！北戴河到十中全会就是搞社会主义，当时单干风很大。
>
> 有的人听进去了，有的人听了不表态，没有主张，不能回答问题。当时我得到电话，说有重要问题要报告，没有一个地方同志说形势好，只有几个军队同志说形势好，如杨得志、许世友、罗瑞卿、韩先楚等，问过是否可以在上海讲话。为什么发生这个问题，不敢说话咧！5 月在

---

① 《杨尚昆日记》（下），第 477 页。
② 薄一波：《若干重大决策与事件的回顾》（下卷），第 1169 页。
③ 王年一：《大动乱的年代》，河南人民出版社 1996 年版，第 155 页。

上海说形势不好,6月到了山东,小谭(指谭启龙)他们说形势好,为什么是1月就变了呢?原因是6月麦子已割了。北戴河我为什么说形势呢?当时有人说恢复要七八年!我讲了阶级、阶级斗争。常委同志和各大区同志都认为可以这样写。陈毅同志就是当权派。只要你搞社会主义,当权派还可以当下去。

此外就是16条,工作态度,要讲点民主咧!天天是讲民主,天天不讲民主。有些同志要别人讲民主,自己就不讲民主了!比如军队就是三大民主,遇到堡垒打不开,就找士兵开会嘛!政治民主,经济民主就是要管伙食嘛!现在是不是还叫事务长咧?

好话是爱听的,不成问题,问题是坏话。七千人大会时我讲过几句话,叫做老虎屁股摸不得吗?偏要摸,老子就偏要摸。后来改了,认为不大文明!我们这些人就不好摸,疮疤不易揭!正确、对的,批评错了不要紧,有什么问题呢?错了责任在他。批评错了,他错嘛,为什么不能听咧!听反对的话不容易,要把话讲完也不容易,是水多米少,稀饭,不大容易,我就受过这个灾难,因此我就深有感觉。有人同我说了两个钟头,不着边际。也有人专门训人的,不是对话式,而是长篇大论地讲,滴水都泼不进去。宣传、鼓动不是有区别吗?做学术报告是宣传,动员起来只讲一件事是鼓动!我主张不鼓掌,不爱听允许打瞌睡,保养精神,免此一灾!这就整了教员。我还主张看小说。也许是先生的毛病,也许是我的毛病。看小说、打瞌睡(我就是一点发明),这就整到教员。训话式而不是对话式。总理报告,我认为讲几句就行,后来因很多人不识字,只好全读。

在同志间不要使人怕,对敌人则要使他怕!同志间使人怕,就有鬼!人家怕大概是你有另外的办法,如军队中有打骂、坐禁闭,就使人家怕!逃兵捉回来要枪毙,我就主张不捉,更不能枪毙!如果捉回来就请吃饭、吃肉,认自己错,你留则留,不留则再走,逃到外国去的少,不要紧,中国人多嘛!逃兵无非是骂,骂也不要紧。赫(指赫鲁晓夫)不是中国人,他也骂!外交系统逃了人,斗争是要的,但逃了也不要紧!吃你些面包,我可以减少粮食。

我只讲这两个问题,一个是头一条性质问题,一个是第十六条工作态度问题。如果还有几句就是请你们回去找党章看一下,宪法第三章也看一下,那是讲民主自由的。有一本书,《中国共产党第八次全国代表大会文件》,第一百页到一百零四页,你们去看一看。不要犯法呀,自己通过的,又不遵守。又有一本书,叫《中华人民共和国宪法》,第三章的第一条,这个文件叫第八十五条,中间讲到,"在法律面前一律平等"。然后第八十七条讲到,"中华人民共和国公民有言论、出版、集会、结社、游行、示威的自由。"譬如我们这些人算不算中华人民共和国的公民? 如果算的话,那么有没有言论自由? 准不准我们和你们讲几句话? 有没有出版自由? 现在文化部它就只许那些人有出版自由。这个出版机关,我看得整顿一下,许多抓在坏人手里。集会自由,譬如我们现在这个河北厅不是在这里集会吗? 这叫集会吧? 不算呀? 还有结社。现在我们要结社,就是要把那些"四不清"太严重的人弄下去,要结一个共产党。要把支部整顿好,把各级党委也整顿好。谭震林说的那么多集团,太分细了可能出毛病! 我是主张游行示威的,我是历来赞成对于我们官僚主义者举行游行示威的。真正的官僚主义者压迫之下,群众忍不住,要游行示威,我看只有好处,没有坏处。可以整我们的官僚主义。1957年成都等地要到北京来,中途被搁,我就不赞成! 反动分子要游行示威,只能暴露自己。反对官僚主义嘛! 有好处! 胆子那么小,怕人游行示威! 怕写标语! 结果都证明,凡游行示威了的地方,那个学校就搞得比较好一些。总而言之,坏人要闹事,越闹得大越好,闹小了不好,闹小了我们不警惕,不能暴露他。现在反革命他不闹了,他可聪明了。①

毛泽东还对刘少奇说:你有什么了不起,我动一个指头就可以把你打倒。②

当毛泽东讲这些话的时候,表情十分严肃。在座的许多人都摸不着头脑,不知道毛泽东是对谁讲的。实际上,毛泽东是有所指的。这次中央工作

---

① 《杨尚昆日记》(下),第480—482页。
② 王光美、刘源著,郭家宽编:《你所不知道的刘少奇》,第118页。

会议召开前,负责会议组织工作的邓小平考虑到这次会议是一般性质的工作会议,曾向毛泽东提出,如果事情忙,可以不参加会议。在这一次会议上,毛泽东在刘少奇讲话时插话,由于刘少奇没有意识到毛泽东准备讲的话比较长,毛泽东只讲了个开头就被刘少奇打断了。这两件事使毛泽东非常不满,所以特意拿了两本书到会,并且在讲话中发了脾气。①

1965年1月3日,刘少奇在第三届全国人民代表大会第一次会议上继续当选为中华人民共和国主席。就在同一天举行的中央政治局常委扩大会议上,毛泽东再次指责前一阶段运动在领导上的问题,不点名地批评了刘少奇。

在这次会上,一些负责人汇报了运动开展的情况。当河北省委负责人汇报到保定地区新城县的试点情况时,毛泽东打断说:集中了15000人,搞一个小县,28万人口,搞了几个月还搞不开。学习文件40天,不进村。我看是搞了繁琐哲学。你一个新城县,28万人口,下去15000人,还说人少了。哪里来这么多的人?哪里要这么多的人?我看是人多了。你只依靠工作队,为什么不去依靠那个县的二十几万人?你15000人,扎根串联,什么扎根串联!冷冷清清。我们从前革命不是这样革的。

毛泽东问陶铸,你们不是开过万人大会吗?湘乡就开过万人大会。你冷冷清清依靠工作队,几个月搞不开。工作队有些人是做官的,没有经验,不会做群众工作的是大多数。通县塞了两万多人。搞了一年多,搞不开。这样搞法,我看要一百年。在通县的,据说教授不如助教,助教不如学生,书读的越多就越蠢。扎根串联,冷冷清清,这个空气太浓厚了。这样集中力量打歼灭战,我看歼灭不了敌人。现在这个搞法同我们过去搞的不一样。一个县,一两万干部。不依靠群众,几个月群众起不来,搞不开,我看方法要改。贫下中农开会,通通去,包括漏划的地富在内。宣布几条。不要照"双十条"一条一条那么去念。

毛泽东说:七届二中全会指出,国内主要矛盾是资产阶级同无产阶级、资本主义同社会主义的矛盾,那个时候还没有修正主义。八大一次会议、二次会议都是这样说的,杭州会议制定十条,一直都是搞社会主义,整个运动

---

① 金冲及、黄峥主编:《刘少奇传》(下卷),中央文献出版社1998年版,第970页。

是搞社会主义教育。怎么来了个"四清"与"四不清"的矛盾,敌我矛盾与人民内部矛盾的交叉?哪有那么多交叉?什么内外交叉?这是一种形式,性质是反社会主义嘛!重点是整党内走资本主义道路的当权派。

1月13日下午三时半,刘少奇召集了一个党内生活会。参加会议的有:周恩来、邓小平、彭真、贺龙、陈毅、罗瑞卿、陈伯达、李井泉、李雪峰、刘澜涛、宋任穷、谢富治、王任重、魏文伯、李葆华、谭启龙,共17人。刘少奇是中共党内享有很高威望的领导人之一。开这样的生活会,使会议参加者深受感动。王任重当天日记的标题就是"难忘的一天"。他写道:"党的领袖和他们领导下的干部在一起开党的生活会,进行批评和自我批评,这在全世界党的历史上也是少见的。"①

毛泽东对刘少奇的严厉批评,也使党内不少人感到忧心忡忡。会议期间,朱德、贺龙等找刘少奇,希望他顾全大局,要谨慎,要尊重毛泽东。② 刘少奇接受了大家的意见,会议结束后,刘少奇主动找毛泽东谈话,作了自我批评,以后,又在自己家里连续举行部分中央领导人参加的党内生活会,听取对自己的批评和帮助,刘少奇对大家的发言作了记录,并委托陈伯达把每天生活会的情况向毛泽东汇报。尽管刘少奇作了这些努力,但并未奏效。

不论对当代中国的历史走向,还是对毛泽东晚年生涯以及刘少奇的个人命运而言,这次中央工作会议都具有重大的影响。它实际上成为毛泽东对刘少奇失去信任的转折点,成为毛泽东发动"文化大革命"的直接导火线。在1966年8月召开的中共八届十一中全会上,毛泽东所写的《炮打司令部——我的第一张大字报》,就把"1964年形'左'实右的错误倾向作为刘少奇的一条罪状。1966年10月25日毛泽东在中央工作会议上说:"常委分一、二线,搞书记处,是我建议的;再嘛,又过于信任别人,引起我警惕,还是"二十三条"那时候。"1970年12月18日,毛泽东在回答美国友人埃德加·斯诺提问的"你什么时候明显地感觉到必须把刘少奇这个人从政治上搞掉?"时,说道:"那就早啰,1965年1月,"二十三条"的发表。"二十三条"中间第一条是说"四清"的目标是整党内走资本主义道路的当权派,当

---

① 中共中央文献研究室编:《毛泽东传(1949—1976)》(下),第1379页。
② 金冲及、黄峥主编:《刘少奇传》(下卷),第973页。

场刘少奇就反对。"①

在此后一年多的时间里,党中央一线工作虽然还是由刘少奇主持,但是,毛泽东的一些重要想法和部署,已不再同刘少奇及其他常委商量,而是背地里支持江青等极少数人的阴谋活动。党中央领导核心虽然在形式上仍维持在一个统一体内,但实际上分裂已经开始,一年半后,"文化大革命"爆发了。

同时,也必须指出的是,毛泽东对刘少奇挂帅"四清"的一系列做法的严厉批评,也产生了另一个结果,就是"二十三条"的制定,这对后来的"四清"运动产生了重大影响。

二、"二十三条"

在这次中央工作会议上,由于毛泽东与刘少奇在主要矛盾和运动性质等问题上存在严重分歧,从而使会议变得复杂起来,在各组讨论基础上形成的会议纪要也几经反复,做了重要修改,最终,会议根据毛泽东的一系列讲话精神,形成了《农村社会主义教育运动中目前提出的一些问题》,即"二十三条"。

"二十三条"的制定经历了一个较为复杂曲折的过程。1964 年 12 月 23 日,会议形成了《农村社会主义教育运动中目前提出的一些问题》(未定稿),共 16 条,即运动性质、统一提法、工作方法、抓全面、时间、宣布对隐瞒土地的政策、财贸部门的工作要同"四清"运动结合、工作队成员、集团问题、给出路、四清要落在建设上面、生产队规模、干部任期、监督问题、四大民主、工作态度。24 日,各组就 16 条进行分组讨论,形成了"十六条"第二稿。文件的题目定为《社会主义教育运动中目前提出的一些问题》,题下括号内写有"中共中央政治局常委会讨论纪要,未定稿,请同志们提意见,以备修

---

① 丛进:《曲折发展的岁月》,第 605 页。

改。"当晚 10 时,陈伯达向毛泽东报送了这个文件,并附言:请主席审阅!是否照这个改稿印发,请批示!毛泽东于 11 时批示:照办。27 日,这个文件做了小的修改,最后加上了一个第十七条:上述各条,原则上也适用于城市的"四清"运动。题目改为《农村社会主义教育运动中目前提出的一些问题》,括号内的文字改为:中共中央政治局常委会讨论纪要。同时送毛泽东审阅,当日毛泽东将括号内的文字改为:中共中央政治局召集的全国工作会议讨论纪要。将所署时间"十二月二十四日"改为"十二月二十七日",删掉"二稿"两个字,并在题目上方批示:照发。28 日,中共中央以中发〔64〕811 号文件印发了这个纪要,由彭真批示:印发。但是,31 日,中共中央办公厅又发出关于停发〔64〕811 号文件的通知,说纪要"中央尚在修改中,请停止下发,并自行销毁"。同日,毛泽东批示:照改的(第二页倒数三行)文字,重印。请少奇同志阅后交机要室办。这是伯达同志建议的,我同意。如你也同意,则请交办。中共中央以中发〔64〕815 号文件于当日印发了这个经过修改的纪要。①

1965 年 1 月,中央继续开会讨论并修改这个纪要。1 月 6 日,发排稿改动相当大,成为 24 条,加上了形势、搞好运动的标准、集中力量打歼灭战、蹲点、干部问题、建立贫农下中农协会、思想方法等七条。7 日又大改一次,印出修改草稿。8 日改一次,晚 19 时,邓小平送毛泽东说:这是集体改过的,送上请看看。彭、伯达和我三人拟今晚到你处谈谈,如何,请通知我们。毛泽东对 1 月 8 日稿作了重要修改。在运动性质一条中,加上了一段话:"这两种提法,不说是什么社会里'四清''四不清'矛盾,也不说是什么党的内外矛盾交叉。从字面上看来,所谓'四清''四不清'过去历史上什么社会里也能用;所谓党内外矛盾交叉,什么党派也能用,都没有说明今天矛盾的性质,因此不是马克思列宁主义的。""忘记十几年来我党的这一条基本理论和基本实践,就会要走到斜路上去。"在"统一提法"一条中,加上了"城市中社会主义教育运动过去称为'五反'运动,以后通称'四清'运动,取消'五反'的名称"②。11 日下午 3 时,陈伯达写信给毛泽东说:"根据各组讨论的

---

① 《建国以来毛泽东文稿》第 11 册,第 280—284 页。
② 《建国以来毛泽东文稿》第 11 册,第 281—282 页。

意见,十日作了一次修改,划在八日的稿上面。小平同志嘱送审阅,并请考虑,晚上是否要我们三个人谈话。"这次修改,删去了"集团问题"一条,定为23条。12日又改一次,毛泽东在"使生产、建设、科学、文化、教育、卫生、民兵工作,各方面都有所前进"一句中,于"卫生"后加上了"公安"二字。①1月14日,彭真送毛泽东审阅后,正式发出。

"二十三条"纠正了"后十条"修正案以及前一阶段四清运动中一些过"左"的做法,规定了一些有利于运动向好的方向发展的方法和政策,主要表现在:

第一,关于运动的方式方法问题。虽然文件仍提出"集中力量打歼灭战",但也做出明确规定,不是靠人海战术,不要在一个县、社、队,集中人数过多的工作队。提出要逐步做到依靠群众大多数,依靠干部大多数,实行群众、干部、工作队"三结合"。这就改变了由工作队包办运动的做法,也改变了首先团结95%的群众,然后团结95%的干部的提法。文件规定,运动一开始,就必须向干部和群众说明来意,把政策交给他们。工作队必须在运动和斗争过程中,发动贫下中农,组织阶级队伍,发现和培养积极分子,逐步形成领导核心,同他们一道工作。不要冷冷清清,不要神秘化,不要只在少数人当中活动。在运动中,要大胆放手发动群众,不要像小脚女人,不要束手束脚。同时,也要深入细致,不要大轰大嗡,要摆事实,讲道理,防止简单、粗暴的做法,严禁打人和其他形式的体罚,防止逼、供、信等,这些规定,纠正了前段运动中大兵团作战、扎根串联、搞神秘主义等做法。

第二,关于干部问题。规定要用一分为二的方法看待干部,对他们要采取严肃、积极、热情的态度,肯定干部的大多数是好的或比较好的。对于犯错误的干部,要坚持"惩前毖后,治病救人"的方针,采取的政策是"说服教育、洗手洗澡、轻装上阵、团结对敌"。对那些犯轻微"四不清"错误的,或者问题虽多但交代好的,要尽可能早一点解放出来。对于那些错误性质一时分辨不清楚、又不适宜留在原工作岗位上的干部,可以调换工作,或者集训,进行审查。对于经济退赔问题,文件也规定,不能马马虎虎,同时要合情合理。问题不严重,检讨又较好,经过群众同意,退赔可以减、缓、免。这就在

----

① 《建国以来毛泽东文稿》第11册,第283页。

一定程度上纠正了对基层干部打击过宽的错误。同时,文件也对工作队成员做了规定,提出不一定要十分干净,犯过错误的,也可以参加。一方面便于教育改造他们;另一方面,他们有些人可能熟悉内情,对工作有好处,从而纠正了前段运动中强调的工作队员一定要严格挑选和审查,凡是有毛病的都不能参加的规定。

第三,关于搞好运动的标准。明确规定了搞好运动的六条标准,即要看贫、下中农是真正发动起来了,还是没有发动起来;干部中的"四不清"问题,是解决了,还是没有解决;干部是参加了劳动,还是不参加劳动;一个好的领导核心是建立起来了,还是没有建立起来;发现有破坏活动的地富反坏分子,是将矛盾上交,还是发动群众,认真监督,就地改造;要看是增产还是减产。

第四,关于工作态度和思想方法。文件规定,好话,坏话,正确的话,错误的话,都要听,特别是对那些反对的话,要耐心听,要让别人把自己的话说完。在思想方法上,要努力避免片面性和局限性。无论什么事情,都必须加以分析。把什么事情都看成是绝对的,静止的,孤立的,不变的,是形而上学。罗列一大堆表面现象,拼凑一大堆枯燥无味的条文,使人得不到要领,是烦琐哲学。要提倡唯物辩证法,反对形而上学和烦琐哲学。

第五,关于"四清"和生产建设的关系问题,文件指出,"四清"要落在建设上面。拿一个县来说,在"四清"中,"四清"后,要逐步把党的领导核心搞好,逐步把无产阶级专政的一切工具掌握在可靠的人手中,逐步建设好一个社会主义的县,使生产、建设、科学、文化、教育、卫生、公安、民兵工作,各方面都有所前进。文件还强调,现在进行"四清"运动重点以外的面,占全国的绝大部分。这些地区的主要任务,是生产建设,必须认真做好。在运动中,要自始至终抓生产,同时,要注意抓当年分配。

第六,其他方面。如对地富反坏分子和蜕化变质分子要给出路,要在群众监督下,劳动改造,帮助他们重新做人;基层干部要按六十条的规定,定期进行民主选举;干部要有上下监督,主要是群众监督;所有社队,都要学习人民解放军,实行政治民主、生产民主、财务民主、军事民主,领导干部必须有选择、有计划地继续蹲点,深入基层,深入群众等。

同时,"二十三条"在阶级斗争问题上又发展了以前的"左"的观点,使阶级斗争更加系统化、理论化了，因而，这一文件也存在严重的错误。主要有以下几个方面：

第一，对城乡阶级斗争形势仍然做出十分过"左"的估计，认为我国城市和农村都存在着严重的尖锐的阶级斗争。文件指出，在所有制的社会主义改造基本完成以后，反对社会主义的阶级敌人，企图用"和平演变"的方式，恢复资本主义。这种阶级斗争势必反映到党内。有些社、队、企业、单位的领导，受到腐蚀，或者被篡夺。

第二，把运动的性质定为社会主义和资本主义的矛盾，认为这样的提法概括了问题的性质，是马克思列宁主义的。而前两种提法，没有说明社会主义教育运动的根本性质。因此不是马克思列宁主义的。强调在工作中，要抓住阶级斗争这个纲，抓住社会主义和资本主义两条道路斗争这个纲。应该说，文件对运动性质的界定是错误的。否定前两种提法，只强调"四清"运动所要解决的矛盾性质是社会主义和资本主义的矛盾，这样就很容易混淆两类不同性质的矛盾，把人民内部矛盾当作敌我矛盾处理，犯阶级斗争扩大化的错误。

第三，提出运动的重点是"整党内那些走资本主义道路的当权派"，认为那些"走资派"有在幕前的，有在幕后的。支持这些当权派的人，有的在下面，有的在上面。在下面的，有已经划了的地主、富农、反革命分子和其他坏分子，也有漏划的地主、富农、反革命分子和其他坏分子。在上面的，有社、区、县、地甚至有省和中央部门工作的一些反对搞社会主义的人。这样就使运动的对象由抽象到具体，由党外到党内，由基层到中央。这就为后来"文革"中把斗争矛头指向党的各级领导，从基层支部书记直至国家主席，提供了理论根据，是继八届十中全会以来阶级斗争扩大化理论的进一步升级，是一种更左的错误观点。

第四，第一次正式提出了"大四清"的概念，即由清账目、清仓库、清财物、清工分的"小四清"发展到清政治、清经济、清思想、清组织的"大四清"。"小四清"最初是河北省保定地委在整风整社过程中提出来的，主要是指经济方面的"四不清"问题，并把"四清"作为社会主义教育的一个重要阶段。后来随着运动的进一步发展，揭露出来大量的"四不清"问题，"四清"的内容也发生变化。王光美在桃园经验中指出，现在我们的"四清"内容，已经不是保定地委原来提的那样,清工、清账、清财、清物,现在是政治上的"四不清"、经济上的"四不清"、思想上的"四不清"、组织上的"四不清",反正一切不利于社会主义的事情都要清。① 1964 年 9 月 2 日刘子厚在致刘少奇的信中,提出了政治"四不清"和组织"四不清"。政治"四不清"(包括了思想问题,也可称为政治思想"四不清")即敌我界限不清,两条道路不清,阶级路线不清,专政对象不清。组织"四不清",即出身成分不清,政治历史不清,入党问题不清,组织处理不清。1964 年 11 月 15 日,王任重同志在农村社教工作会议上的讲话中指出,这一次运动的中心内容就是"四清",包括经济、政治、思想、组织四个方面,都要彻底搞清。② 对此,中央发出指示,认为王任重的讲话提出了一些重要的问题,发表一些很好的意见,例如,对"四清"的提法是清政治、清经济、清思想、清组织,机关的社会主义教育也叫"四清",不再叫"五反"等。③ 12 月 20 日下午,毛泽东在中央政治局常委扩大会议上指出,我赞成眉毛胡子一把抓,把过去那个"四不清"的概念改变,现在就是包含一个思想、一个组织、一个政治、一个经济。因此,"二十三条"正式作出规定:城市和乡村的社会主义教育运动,今后一律简称四清,清政治、清经济、清思想、清组织。"大四清"概念的提出,标志着"四清"的范围比以前更加广泛了,它实际上也是阶级斗争不断人为激化的产物,从而使运动中左的倾向并没因"二十三条"的颁布而扭转,反而造成了更为严重的后果。

1965 年 1 月 14 日,中央向各中央局,各省、市、自治区党委,中央各部委党组,军委总政治部发出了这一文件,并规定:中央过去发出的关于社会主义教育运动的文件,如有同这个文件抵触的,一律以这个文件为准。要求上述各单位把"这个文件发至县、团以上党委和工作团、队党委"④。

20 日,中央发出了《关于宣传"二十三条"的通知》,《通知》要求,在点上和面上都进行一次广泛的宣传。在点上传达到全体工作队员,并要他们

---

① 中共中央党校党史教研室编:《中国共产党社会主义时期文献资料选编》第 5 册,第430 页。

② 《农业集体化重要文件汇编》(下),第 794 页。

③ 《农业集体化重要文件汇编》(下),第 783 页。

④ 《建国以来重要文献选编》第 20 册,第 18 页。

遵照执行,然后向所有干部和群众进行宣传。在面上由公社党委和支部向全体党员和党内外干部传达,同时,向贫下中农及其他群众传达。通过这次宣传,使得占人口绝大多数的贫下中农和其他群众得到支持和鼓舞,使得干部和工作队员得到教育和提高,并且会起安定人心的作用,和使极少数的社会主义事业的敌人更加孤立。这样,也就能使社会主义教育运动更加健康地向前发展,使今年的生产建设搞得更好。并要求把这个文件印成布告,分送各省、市、区党委,发给农村的每一个支部和大队在室内张贴起来,让一切人都来看。在城市的一切工厂、机关、学校、街道的支部和军队的连队也都在室内张贴起来。①

随后,中央又发出了《关于张贴和印发"二十三条"有关事项的通知》,《通知》规定,张贴的"二十三条"不要让外国人观看,也不要让人照相,如有人抄录不必阻止;城市工厂、商店、学校、街道没有党的支部的,可由基层党委或总支选适当地点张贴;少数民族文字是否印大张张贴,由各地根据汉文式样自行印发;为了便于教育干部和向群众宣传,各省、市、区党委和中央各部门可根据实际需要,印成小册子,发给基层干部和机关干部,但是不能公开发售。②

中央通知下发后,各地党组织做好了充分的准备工作,以保证"二十三条"大布告能和广大干部和群众及时见面。一些地区还出现了群众迫不及待等着阅读的场面。如河北青龙县采取三等的办法,即区里派人到县里等,公社派人到区里等,大队派人到公社等,接到"二十三条"后,连夜分发。山西浑源县事先组织了250多名干部,抽调了6辆汽车,一接到大布告,即分兵6路,到各生产队张贴宣传。宁晋县柏房大队13名贫下中农代表和10名干部在大队办公室等了一夜没睡觉,布告一来,天还没亮,很多社员就挤满了办公室。许多基层党组织为迎接大布告,把屋子收拾得干干净净,有的确定专人负责张贴管理。山西的群众说,党中央政治局的文件能贴在咱村的墙上,这是开天辟地以来没有见过的大事,一定要念会记牢。并要求把大字布告镶上镜框,挂在保险的地方,保存一辈子。

---

① 中央党校办公厅机要处编:《中共中央文件》1965年第1册,中共中央党校档案馆藏。
② 中央党校办公厅机要处编:《中共中央文件》1965年第2册,中共中央党校档案馆藏。

为更好地宣传和贯彻"二十三条",从而指导全国城乡正在开展的"四清"运动,时任北京市委书记的彭真同志从1月21日到5月4日,先后在中央各部门在京"四清"蹲点的领导干部会议、中共北京市委扩大会议、通县"四清"地区广播大会、通县"四清"地区四级干部会议、市委农村"四清"工作座谈会议和两次农村"四清"分团书记会议上,做了六次讲话,对"二十三条"的有关精神做了具体的解释和宣传,对全国其他地区学习和贯彻"二十三条"起了重要的作用。彭真宣讲的主要内容包括以下几个方面:

第一,目前阶级斗争的形势究竟严重不严重? 彭真指出,根据各个工作队、贫下中农和一些干部所揭发的材料看,阶级斗争的情况是尖锐的、严重的。这么一些干部搞"四不清",还有地主、富农、反革命分子和其他坏分子,混进我们的队伍里来了,有些还当了干部,有些坏的干部和他们勾结起来,搞"四不清",这还能说不严重? 应该说阶级斗争形势是严重的,社会主义道路和资本主义道路的斗争是严重的。当然,这一些人在我们的干部中,只占极少数,我们绝大多数干部还是要走社会主义道路的,是好的,或者经过教育、帮助是可以改好的。坏的干部混进来的,变坏了的,只是极少数。就北京郊区而言,绝大多数干部没有闹单干,搞长途贩运、投机倒把的人也极少。从1961年到去年,每年增产两亿斤粮食,增产百分之十几。此外,蔬菜、水果、猪、各种山货等,这几年都大增产。这些成绩,也证明我们县、社、队的多数干部是好的,也证明他们多数是为人民服务的,工作是有成绩的。当然有毛病,特别是有些人毛病还很严重,但这是少数,是极少数,没有这个估计,运动中就会迷失方向,把自己搞糊涂了。

第二,运动的性质是什么? 性质是社会主义和资本主义两条道路的斗争,这是一个纲,一切问题都要以这个为纲,不要让别的东西冲淡、干扰甚至转移运动的目标,要紧紧抓住两条道路斗争这个纲,不要让那些小是小非,或者其他的问题干扰我们。小是小非要不要解决,让他们个别谈话解决。我们派这么多人下去,是要解决两条道路斗争这个问题的。这个问题解决了,别的出点小问题不要紧。因此,不管是谁,不管老干部、新干部,不管老党员、新党员,不管你过去有多大的功劳,谁走资本主义道路就反对谁,两条道路的斗争,是你死我活的斗争。走资本主义道路,社会主义就要失败。凡是走资本主义道路的人,有错误的就赶快改,赶快回头,回头是岸,改了,是有出路的。你不改,我们就团结95%以上的群众,团结95%以上的干部,和你斗。我们几亿人口,在党的领导下,以工人阶级、贫下中农为骨干,反复进行社会主义教育,把不明白的人教育明白。我们就不信,斗不倒你。

第三,怎样依靠干部的大多数,群众的大多数,实行群众、干部、工作队三结合?不是以前所有工作队都是这样做的,有这样做的,有不少不是这样做的。不分好坏,把原来的党委,不管干部如何,没有调查研究就放在一边,是不对的。在整个运动中,省、地、县级党委和工作队,必须逐步做到依靠群众大多数,依靠干部大多数,实行群众、干部、工作队三结合。怎样三结合?就是实行群众路线,也就是主席讲的,利用矛盾,争取多数,反对少数,各个击破。依靠群众,首先依靠贫下中农。中农是真正热心集体经济、热心集体劳动的革命分子,也可以依靠。然后把整个农村的群众教育过来,觉悟提高,慢慢地就可以依靠95%了。依靠干部大多数,首先依靠那些没有"四不清"问题,或者有也比较轻微的干部。就是说首先依靠好的或者比较好的干部。有的干部问题比较多,要帮助他检讨、交代,改正错误,该退赔的退赔。这样,一步一步地做到依靠干部大多数,依靠95%以上的干部。有了群众大多数,有了干部大多数,我们的一切事情就容易办了。有几个人搞资本主义,有那么几个反面教员,我们经常跟他斗争,就没有什么了不起的。

第四,有错就改,一切有错误的人都必须改。县级干部也好,社、队干部也好,市一级干部也好,工作队干部也好,不管是谁,一切有错的人,都必须改。必须坚持真理,随时修正错误。那种以为自己总是一贯正确,有了错误还把错误说成是正确的人,不仅思想方法不对,党性也不纯。干部"四不清"那不行,绝对不行,政治"四不清"、经济"四不清"、组织"四不清"、思想"四不清"都必须搞清。该退赔的应该退赔。实在退不起的,给大家出个主意,多打粮食,多搞副业,增加生产,增加收入,用这个来弥补损失,搞个积极方式。工作队这一段工作,出了一些毛病,出了一些错误、缺点。有的是把人斗错了,有的斗争方式上错了。打人啦,熬鹰啦。但这并不能否定成绩是主要的,绝大多数工作队是好的,绝大多数的工作队员是好的。犯了错误,改了就好。错误也不可能不犯,一点错误都没有,就没有一点教训,就印象不深。群众在运动中会不会一点错误都不犯?不可能。干部在群众运动中都犯错误,难道说群众在运动中就一点错误都不犯?那不合乎实际。会有点错误,一般群众也好,贫下中农群众也好,有了错误,也要改。贫下中农也好,别人也好,都不许打人,严禁动手打人或其他体罚。动不动就动手打人,这是封建性的、野蛮的,不是好东西。但是,对贫下中农,不管有什么错误,不要去追。

第五,学校、工厂的运动怎么搞?现在学校中可是很紧张,特别是中学,这些娃娃们要斗,要罢考、罢课、闹革命,人小,帽子满大,抓住人就斗。这个问题要刹住,停下来,总结经验,搞教学。教职员和学生中有出身和历史问题,出身成分隐瞒的,讲清楚就算了,我们不搞唯成分论。要讲唯成分论的话,马克思出身不好,恩格斯出身不好,自己还当了厂长。列宁也不是好出身。解放前的大学教授成分好的有几个?和国民党没关系的有几个?清理一下钓鱼台、宣传部、文化部,党内的高级知识分子有几个成分好的?学校不要搞唯成分论。知识分子中不要划阶级,让他自己填,有点不实也不是最要紧的。一切人都要看表现。工厂和学校一样,搞大是大非问题,搞两条道路斗争问题。工厂划一头,就是主席讲的把敌人划出来,把反动党团骨干、地富反坏划出来,划出来后也要区别对待,只要老实交待,没有破坏活动的,不是敌人的特务,还要留在工厂工作。工厂每个人都去查清历史干什么?那有多大的工作量!每个人都划,是搞烦琐哲学,把人都累死,没有必要。

第六,生产问题。生产极为重要,生产搞不好,别的工作都搞好也不行。生产搞不好,还有什么大好形势!生产千万耽误不得,生产耽误了,什么政权也好,都要完蛋的,不完蛋也要完蛋一半。所有社队干部、工作队要抓紧领导生产运动。不管什么人,如借这个机会,不管用什么方式,破坏生产,影响生产,使生产搞不好,是要追究责任的。破坏生产,就是破坏我们整个事业,非追究责任不可。"四清"是伟大的社会主义革命运动,革命干什么?无非是解放生产力。你"四清"搞得很漂亮,结果生产掉下来了,你革命表现在哪里?现在工作队的中心任务是抓生产,一切工作要在生产上表现出来。从理论上讲,没有取得政权时,我们天天闹革命,那时是不大注意生产的。现在,我们是7.3亿人口的国家,取得了政权,如果还只管阶级斗争,还不搞生产,不搞科学实验,不能说这是觉悟高,这是觉悟低。人的生产力第一,这个关系搞不好,天王老子来了,生产也搞不好。因此,要把生产队、贫协、干部、下台干部的关系搞好。大家都是同志,谈谈心,交交心,谁有疙瘩谁解开,谁也不要有负担,谁有话都可以讲,都一般高。大家拧成一股绳,一股劲,谁对了就坚持,谁错了就改。①

彭真的上述讲话,除个别观点仍带有"以阶级斗争为纲"的"左"的内容外,大部分观点都是正确的,也十分精彩,因而得到了中共中央的充分肯定。1965 年 2 月 25 日,北京市委向中央报送了《关于通县试点地区"四清"运动最近情况的报告》,全面报告了市委贯彻"二十三条"精神,通县"四清"地区 11 万人的广播大会和县、公社、大队、生产队四级干部会议的情况,还报告了以后继续贯彻落实"二十三条"的安排。3 月 3 日,中共中央书记处讨论了农村"四清"运动问题。彭真联系通县"四清"问题发言说:工作队到一个村,要先调研,弄清问题。现在比较多的是一去就说那里烂掉了,似乎那里缺点越多,工作队成绩越大。搞完了,他就走了。现在这样很危险。我们党搞了这么一个大事业,"四清"要挖资本主义根子,但是要肯定我们党基本上是好的。要肯定全党绝大多数干部是好的。邓小平插话说,现在这样一转,按"二十三条"搞,80%的解放出来。北京通县转的比较自然,积极性调动起来了。书记处会议后,中共中央于 3 月 4 日做出批示:现将北京市委《关于通县试点地区"四清"运动的报告》发给你们参考。同时,刘少奇、邓小平把彭真在通县"四清"地区广播大会上的讲话录音转发全国各地。②

这一时期,全国其他"四清"地区的中心任务就是宣讲"二十三条"。从宣讲的方法看,一般采取了做辅导报告、小组讨论、解答问题等手段。如河北省石家庄动力厂工作队在宣讲"二十三条"时,就经过了四个步骤,即初讲,把"二十三条"初步交给群众;准备,工作队进厂后,分头深入各车间劳动,了解职工的思想动向,并由工作队的一名同志试讲,请群众提意见;宣讲,把一些重点问题突出解释,针对活思想,有的放矢的做解释,对于一些不易懂的词句,尽量通俗化;议论,在小组议论中不出题目,不划框框,有什么说什么,怎么想就怎么说,及时掌握动态,积极引导,注意和发现培养新的积极分子,使他们成为小组议论的骨干力量;解答,对群众的提出的一些问题,如不理解条文、思想问题等要进行解答。从宣讲的内容看,主要集中于形

<hr>

① 北京市委办公厅编印:《彭真关于"四清"运动的六篇讲话》。
② 赵有福:《彭真与京郊农村"社教"运动》,载李海文主编:《彭真市长》,中共党史出版社、山西人民出版社 2003 年版,第 67—68 页。

势、运动的性质、干部问题、工作方法、搞好运动的标准以及生产等问题。

经过学习、宣讲和讨论,"二十三条"在工作队、基层干部、贫下中农、工人、高校教师等各个阶层引起了不同的反映。从各地汇报的材料看,"四清"工作队员经过学习讨论"二十三条"后认为,"二十三条"更明确、更切合实际、更完善了,越学越心明眼亮。有的同志称"二十三"是及时雨,感到中央对下情摸得透、抓得准,有了这个纪要,在工作上少走弯路,少犯不少错误。有的同志说:"这'二十三条'一贯彻,'四清'革命运动将更加健康、深入地发展。"有的认为"'二十三条'是两年来特别是几个月来社教实践经验的总结,是一个纲领性文件"。

许多工作队在学习"二十三条"的基础上,联系思想,联系实际,对前段运动进行了检查。检查的问题主要有:

一是对阶级斗争形势的认识。普遍认为,前段运动对阶级斗争形势缺乏全面的认识,对形势的看法是一团黑,只说坏,不说好。如石家庄马平分团后营工作队队长尹玉良说:"过去把赵县看得一团漆黑,看见哪里也不顺眼,这是错误的。"甘肃省委在传达讨论"二十三条"时认为,"对形势看得偏了一些,深入群众以后,看到了敌情严重这一面,但看得过于严重了一些,对属于敌我性质的问题,看得多了一些。"保定有的同志检查:"把阶级斗争形势看成一团漆黑,认为新城好人不多,不是一分为二的看问题。"赵县城关分团政委郭肖同志检查:"贤前街一个生产队六名干部,斗了四个,按中央政策一衡量,应该斗的只有一个,这就是由于思想片面的结果。"

二是工作方法简单粗暴。石家庄王西章分团西纪毫工作队副队长申平说:"过去斗的过宽,一斗就呼口号,不斗就认为会开得不生动。"邢台邢家湾分团检查前段工作是:"一个跟的上,两个跟不上。一个跟得上是开斗争会跟上了,两个跟不上是说服教育跟不上,查证查账跟不上。"固城分团党委委员杨志民说:"过去见别的村一斗,自己就慌了,不斗怕说'右',一斗才像个革命的样子,从指导思想上总想多斗几个,觉得政治攻心、个别谈话不过瘾。"

三是对待干部的态度,不是一分为二,严肃有余,积极热情不够。视干部如仇人,不论问题大小,有枣没枣打三竿。如邢台固城分团工作队员孙贵森说:"入村以后,虽然对干部进行了几次排队,总是认为没好人,一丘之貌。不管问题大小,态度好坏,一律看待。"新城高碑店指导员甄立北检查,过去不区别情况,一律让干部在群众大会上检查。一个下台队长,多占一碗黄豆,吃过一次西瓜,两次洗澡不让过关。有些干部很明显问题不大,应该解放不敢说。坝县一分团275名队干部,有103人问题不大,不敢解放,怕说右倾。有的认为干部的问题越严重越好,交代的问题越大越好,交代小问题不愿听。

四是思想上"怕"字当头,工作上束手束脚,不敢放手发动群众。如河北邯郸十官营分团规定,生产队开群众会要经工作队批准;生产大队开群众会,要经分团批准,原因是怕出乱子。甘肃省委在检查中也指出,群众路线走得不够好,发动群众放得不够开。在前一段工作中,不适当地强调了工作队发现和培养根子对象,有脱离广大群众的毛病,使运动一度出现了冷冷清清的局面。

工作队在根据"二十三条"检查前段工作的同时,也对"二十三条"提出了不同意见,主要有以下几点:

一是认为"二十三条"一贯彻,给干部撑了腰,向群众泼了冷水,担心运动搞不彻底。邢台工作团了解,在工作队员中有四怕。一怕干部翻案和不交待问题;二怕不退赔;三怕给群众泼冷水;四怕工作队在群众中失掉威信。衡水十甲村工作队员张进树说:"现在群众发动的充分,这样一讲,群众劲头不就下去了吗?"有的干部说:"这'二十三条'给'四不清'干部长了气,给贫下中农泄了气,贫下中农不敢提意见了。"赵县韩村工作队长张金波说:"'二十三条'贯彻下去,运动非走弯路不可。"有的同志说:"该讲的讲,不该讲的不讲。"十北口分团政委孙国栋,有人问他,你讲不讲"减、缓、免",他说:"叫我讲可以,讲到那里念快点。"衡水有的工作队长,贯彻"二十三条"后,见到有的"四不清"干部翻案,哭着找分团领导干部说:"这下白搞了。"

二是认为传达的不合时机,方法不对。邯郸有些同志认为"二十三条"应该分别传达,即向工作队传达全文,向贫下中农讲精神,向队干部讲重点。张家口张家场工作队员郝前说:"中央'二十三条'公布于众,我看中央有些冒险。这个文件连搞运动的时间都讲了,干部顶牛六个月,'四清'就搞不彻底。"南新庄某工作队员说:"'二十三条'把工作队员不十分干净都说了,对工作队不利。"唐山榆关工作队张淑琴说:"公社两个会议(贫协代表会、三级干部会),使运动走向高潮,如果趁火猛攻,就可一下子搞清。这个时候一讲'二十三条',对干部说服教育,退赔还要减、缓、免,热气就要凉下去了,我看不如春节以后再讲好。"

三是认为"二十三条"是降低了运动标准。石家庄某工作队员说:"这次六条标准少了'彻底'两个字,看来'四清'不那么认真了,像个收兵的劲头。"邢台北辛庄工作队员姚元海说:"前段是不要急急忙忙往前闯,是时间服从质量,现在是质量服从时间了。"有的说:"六条标准没有彻底二字了,以后可能是搞多少算多少,搞到什么程度算什么程度。"

四是对提"三结合"有抵触情绪。有的认为"三结合"与过去批判的"双依靠"没区别,是走回头路。天津白塘口工作队员刘汉池说:"现在提'三结合',工作队与群众好结合,与'四不清'干部怎么结合? 不叫打人,还要结合,怎么办?"有的甚至说:"和干部结合是个策略问题,真正结合是和贫下中农,对干部是利用,他们只能管生产。"五是对退赔"减、缓、免"有误解,思想搞不通。有的说:"退赔实行了减、缓、免,两个月的硬功夫,几句话就吹了。""过去说不能叫干部在经济上占便宜,这次又提减、缓、免,到底怎么掌握?"衡水王庄指导员徐连声说:"对干部政策太宽了,退赔是减、缓、免,群众一听就没有劲头了。"有的说:"这一回不用死求白赖的搞了,反正搞出来还得减、缓、免。"

绝大多数贫下中农学习"二十三条"以后,积极拥护。有的说:"毛主席到了咱大队"、"又听到了主席的声音"、"用'二十三条'战胜一切敌人。"①有的说:"毛主席想得真周到,我们坚决按'二十三条'办。"有的说:"'二十三条'是指路明灯,开心钥匙,给我们指出了方向,指明了前途。"

不少贫下中农积极分子在学习中进行了检查,其问题主要有:

一是对"四清"运动的意义领会不够,认为运动就是整人、出气。河北任丘长洋店肖楼大队贫协委员刘瑞敏说:"运动主要是教育人、改造人,光斗争,不帮助,达不到这个目的。不分问题大小硬斗,这样下去谁还当干部。"

---

① 《杨尚昆日记》(下),第559页。

二是对干部应一分为二地看待,对犯错误的干部应该是"治病救人",不能一脚踢开。北京市海淀区的贫下中农代表学习了"二十三条"后,普遍认为,"对干部也要一分为二,绝大多数干部是好的,工作成绩是主要的。""当干部辛辛苦苦,起早贪黑,为大家办事,真不容易。""干部有缺点错误是不可避免的,只要认识改正错误还是好干部。"许多贫下中农表示:今后一定按照"二十三条"办事,要监督干部,也要帮助他们搞好工作,对待干部什么时候也要从教育出发,不能抱一棍子打死的态度。新疆伊宁县红星公社的贫下中农说:"毛主席看得对,把干部分四类,区别对待,不是一竿子都赶。""党的政策最公正,犯了错误的干部,只要把问题交待了,改正错误,就给予宽大处理,如果不听教育,不愿回头,我们就和他斗到底。""原来认为工作队只应该和群众结合,不能和干部结合,现在实行三结合好得很。干部好的是多数,团结的人多了,力量就大了,才能打倒最坏的人。"①

三是检查了打骂、体罚干部的问题。河北衡水不少贫下中农说:"帮助干部认识错误,应该摆事实,讲道理,不能动武。"有的说:"体罚干部,痛在身上,挖不出资本主义思想来。"有的说:"过去'四不清'干部打我们不痛快,我们打他们也有抵触,影响解决思想问题。"

也有不少贫下中农听了"二十三条"后,思想不通,有的说:"党的政策太宽了。我们刚把四不清干部打下去,'二十三条'下来了,他们又会神气起来。实行三结合,干部又会把贫协的权的夺走了。"②也有少数积极分子有沉闷表现,原因是对三结合了解不清,对减缓免想不通。

基层干部对"二十三条"反映比较积极。有的干部认为"二十三条"是"救命政策",是"管子孙万代的事情,是卸膀子的政策"③。一些没有问题的干部丢掉了人人挨整、人人过关的顾虑,工作态度更加积极,一些"四不清"干部学习"二十三条"后,表示要积极交代问题。如北京市通县地区于1965年1月25日召开广播大会,在彭真宣讲完"二十三条"之后,很快出现了一个坦白交代的高潮,4天之内,到会的22000多个社队干部中,新交代或补充交代各种问题的有12000多人,新交代贪污盗窃粮食27万多公斤,

① 吕剑人:《我的回忆》,陕西人民出版社1997年版,第176—177页。
② 吕剑人:《我的回忆》,第177页。
③ 《杨尚昆日记》(下),第544页。

现金 22 万多元。至 2 月 20 日,开展"四清"运动的 544 个大队共有 19639 名干部,已经"洗手洗澡"、"下楼解放"的 14475 名,接近干部总数的 73% 多。① 北京市海淀区永丰屯公社小辛店大队长王汉彬放了高价出售粮食 530 斤,合伙盗窃粮食 260 斤的包袱。他说:"在 62 年运动中,我只交待了一些小问题,始终不敢放这两个大包袱,怕受处分,这回学习了'二十三条',听了彭真同志的报告,认识到只要交代彻底,积极退赔,就既往不咎,才下决心把包袱放下来。"新疆伊宁县红星公社二大队十一生产队的 6 名干部,经济手续不清,工作组进村的前两天就订了攻守同盟,互不揭发。听了宣讲"二十三条"后,有 3 名干部主动交代了问题。全大队 13 个生产队的干部在短短的几天就被解放了将近一半。第八生产队会计库尔班江,群众揭发他贪污 1121 元,原来只承认贪污 300 元,听了宣讲后,就全部承认了,并当场退赔 500 元。有的交代了自己的问题还积极揭发别人的问题。有几个队出现妻子劝丈夫,父母劝儿女交代问题。有的干部说:"以前害怕交代了会追个没完,当成坏人处理,现在明白了自己不是坏人,还不如早交代,早解放。"②

许多基层干部经过学习"二十三条"后,基本上解决了不愿当干部的错误思想,也缓解了与贫协对立的情绪。"二十三条"传达前,有的干部认为,"当干部没有好下场"、"受气挨骂不讨好,精神上受气,经济上吃亏"、"干了一年落个年终算总账,不是批评就是斗,寒心"、"不如当个社员,分不少挣,累不多受,会不多开,自由自在。"有些干部与贫协抱对立情绪,认为"贫协和干部唱对台戏"、"有了贫协多一层婆婆"、"事事贫协管,还要干部干什么?""二十三条"宣讲后,有的干部说:"原来我意见不小,但没有更高的要求,只要上级体会到我们的处境就行了。"许多干部检讨了自己对贫协的错误看法,认识到贫协组织对巩固农村无产阶级专政,搞好生产的重要意义,认识到必须依靠贫协组织,才能不脱离群众。有的干部说:"过去对贫协看法也缺乏一分为二,总找人家的茬,不看人家的成绩。""自己也是贫下中农出身,可不能忘掉了穷哥们,今后一定团结起来,接受贫协的监督帮助,把工

---

① 赵有福:《彭真与京郊农村"社教"运动》,载李海文主编:《彭真市长》,第 60、67 页。
② 吕剑人:《我的回忆》,第 177 页。

作搞好。"

另外,据湖北向中央的报告反映,一些"四不清"干部把"二十三条"变成了合法斗争的武器,抵抗"四清"运动,说"二十三条"是"和平条约",是给他们"补药",认为"贫下中农的日头偏西了"、"'二十三条'解放了我们,该我们抬头了。"有的还提出"有冤申冤,有气出气",孝感专署副专员刘佑钧,号召全体严重"四不清"的同志们起来和这个"四清"运动作斗争,要求立即停止"四清"运动。

开展"四清"运动的各高等学校中的工作队和广大师生,在学习了"二十三条"之后,认为"这个文件总结了全国社会主义教育运动的丰富经验,贯穿了彻底革命的精神和一分为二的辩证方法,深刻体现了毛主席的思想,是指导这场革命运动的纲领性文件"。有的认为,"文件中始终贯彻了辩证唯物主义观点,一分为二的,不把任何问题看成绝对化,依靠革命干部、革命知识分子,团结95%群众,团结95%干部,运动一定会搞好的。'二十三条'比'双十条'提的既具体,又明确,而且简练。"

学校"四清"工作队根据"二十三条"精神认真检查了前段工作中的缺点。如北京师范大学工作队认为,由于在高校中进行"四清"缺乏经验,工作中有不少缺点,一是把学校工作和部分领导干部的问题在程度上看得重了一些。二是实行三结合不够,把师大党委和总支撇在一边了。三是在揭发干部工作的问题和选拔积极分子的时候,对一些人的阶级出身和历史问题看得过重,对重在表现注意不够。四是在党外群众中做工作注意不够,以及对教学工作注意不够等。

高校师生在学习"二十三条"后,也提出了一些问题。一是对学校"四清"搞什么都很关心。有的教师说:"学校'四清'主要是思想、政治问题,这是培养无产阶级的接班人,还是培养无产阶级掘墓人的问题。"有的教师说,学校革命的对象主要是教育思想,如教育是否为无产阶级服务、办学思想、红专问题、欧美式的自由教学、凯洛夫教育学、教书不育人等,这都是两条道路的斗争。有的教师说,"四清"比过去"五反"更深刻广泛了。"四清"牵扯到每一个人,"五反"主要是经济上的问题,现在是牵扯到思想深处问题了。二是对这次运动的重点是整党内走资本主义道路的当权派,有各种不同的理解。有的说,以前搞运动没有提到是整党内走资本主义道路的当权派,是由上而下,这样,上下都牵扯到了。有的说,听报告时,听到重点是整党内走资本主义道路的当权派,就认为与自己关系不大,自己不是党内人,也不当权。有的说,我看不是只整党内当权派,在整党内当权派时,一定把地富反坏分子都整出来。有的教师问,校长、系主任、教师,咱们都是干部,能不能算当权派?三是关于运动的性质,有不同的看法。有的认为,前两种提法说不是马列主义的,不太理解。如果提"四清"、"四不清"的矛盾,也不可能想到别的社会去,说党内外矛盾交叉,也不可能理解成不是共产党。有的提出,前两种提法,不能说不是马列主义的,如果在第一种提法上加上社会主义时期几个字,还是可以的。四是其他问题。有的人提出,在农村中不反社员群众,是否在学校中不反学生?教师算不算干部?学校里走资本主义道路是指什么?农村成立贫下中农协会,学校应以什么为核心?这次运动重点是整党内,我们党外怎么办等。

　　总之,"二十三条"下达后,对整个"四清"运动产生了重大影响,各地根据"二十三条"的有关政策,纠正了一些过"左"的做法,解放了大批基层干部,使他们重新走上了日常生产的领导岗位,受到了广大基层干部的欢迎,城乡一度紧张的局面开始有所缓和,有的地方出现新的生产高潮。① 但是,"二十三条"的"关键提法大大超过了'后十条'修正案",田家英曾对吴冷西说:"你这次下乡在基层搞'四清',照'二十三条'做还不至于出大问题。但运动发展下去,从下而上,问题就越来越大。"②事情的发展不幸被田家英言中,一年后,"文化大革命"爆发了。李新同志为撰写回忆录,把"二十三条"文件借来重温一遍,写道:"这是一个多么可怕的文件啊!它把这次'四清'运动的性质规定为社会主义与资本主义道路的斗争,现在看来,问题很清楚,这是毛主席 1957 年特别是 1962 年以来强调抓阶级斗争的必然发展,但我们当时还把它当作反'左'的文件来欢呼,可见我们当时的认识水平之低,也可见左倾病毒深入我党的肌体已多么严重了。无怪一年以后,'文

---

① 据笔者采访当年"四不清"干部家属,至今谈起"二十三条",还连连说,幸亏主席制定了"二十三条",否则真不知该怎么活下去,"二十三条"的威力太大了。

② 董边、谭德山、曾自编:《毛泽东和他的秘书田家英》,第 151 页。

革'的浩劫终于降临全国大地。"①

三、"大四清"

"二十三条"正式颁布后,标志着城乡"四清"运动进入了以清政治、清经济、清组织、清思想为主要内容的"大四清"阶段。这一阶段,各地在认真学习贯彻"二十三条"的基础上,对运动进行了重新部署和具体安排,并专门划出一段时间进行清政治②,同时,各地在开展运动中,强调突出政治,强调用毛泽东著作指导"四清"运动,从而构成了这一阶段运动的独特景观。

第一,各地根据"二十三条"精神和形势的变化,重新部署了运动。

1965 年上半年,国内外形势发生重大变化。一方面,国内正在开展的"四清"运动因"二十三条"的颁布进入了一个新的阶段。另一方面,国际上美国加紧侵略越南,使我国的周边形势日益紧张,为此,中央于 1965 年 4 月 12 日发出了《关于加强备战工作的指示》,要求"在全党县委以上的干部中,应当加强备战思想,密切注意越南战局的发展。"并指示,"在所有进行社会主义教育运动的地方,都要贯彻执行'二十三条',把'四清'工作做得更好。"③因此,各地根据"二十三条"精神和备战形势,对"四清"运动进行了重新部署。

湖北省委在讨论今后农村"四清"运动部署时指出,是继续采取目前的办法,每个地委集中力量搞少数县,还是以县为单位分期分批开展运动?除分期分批重点开展系统的"四清"运动以外,广大面上要不要先搞一次初步"四清"? 整个运动究竟怎样安排,才能搞得更好、更快一些,才更有利于点面结合,更有利于抓革命促生产,更有利于巩固运动的成果和准备战争? 在

---

① 萧克、李锐、龚育之:《我所亲历过的政治运动》,中央编译出版社 1998 年版,第 240—242 页。

② 从河北、山东、北京等地的运动开展情况看,并没有将清思想和清组织突出出来。因此,清政治成为这一阶段运动的主要特点之一。

③ 《建国以来重要文献选编》第 20 册,第 141、145 页。

各地委、县委和各社教总团、分团反复研究的基础上,湖北省委决定,从今冬开始,以县为单位开展运动,面上今冬普遍进行一次初步"四清",同时继续贯彻集中力量打歼灭战的原则,分期分批逐区开展系统的"四清"运动。为此,湖北省委对运动的部署作出具体安排:一是六个重点县的运动,一定要达到六条标准,善始善终,争取在今年九月份基本结束。二是为了把今后的运动搞好,现有的工作队在点上的运动结束后,必须进行整训,认真总结经验。三是今年冬季以前,以地委为单位或以县为单位集训干部,首先解决县、区两级领导核心的重新配备问题,然后解决公社领导核心问题,使他们能够在冬季投入运动,以使我们在整个工作上取得主动。四是在整顿好县、区、社三级领导核心的基础上,今冬明春以县为单位,每县先在一个区(少数大县可以搞两个区)开展系统"四清",作为试点,以便进一步取得经验,同时在面上普遍进行初步"四清"。五是根据季节和农事的特点,农村的运动主要放在冬春二季进行,城镇和机关、企事业单位的运动主要放在夏秋二季进行。农村系统的"四清"今冬明春每个县都搞一批,明冬后春搞两批,后年冬季再搞一批,机关、城镇每年各搞一批。这样,一般的县大体上到1967 年冬季即可搞完,1968 年春季进行复查,基本结束运动。①

河北省于 4 月 25 日至 5 月 7 日,召开了有地委书记参加的常委扩大会议,讨论了今后运动的部署问题。经大家讨论决定,从 1964 年冬季算起到1967 年年底用三年时间基本上完成全省农村"四清"运动。根据这一总的要求,确定今后每年搞两期,冬一期春一期。今年秋后打算在现有十八个"四清"重点县工作团的基础上,一分为二,一分为三,每个地委搞四、五、六个县。运动布局,要分期分批,波浪式发展。要尽先搞完城市近郊、交通沿线和后方的战略要地的落后地区和落后的大村大队。按照以上全局部署,对当前工作做如下安排:一是必须按照主席提出的六条标准,把十八个县的"四清"运动搞好,做到善始善终,取得完整经验。运动结束后,接着在秋前集中力量搞一段生产革命,实现"四清"、生产双丰收。二是搞好县、区、社"四清"。县、区、社三级干部要继续进行调整。县大约需要调整三分之一左右,社需要调整二分之一左右,使调整后的新的县、区、社干部都有机会参

---

① 《建国以来重要文献选编》第 20 册,第 206—211 页。

加和领导本地区的基层"四清"运动。三是整训和扩大工作队。重点县的"四清"运动结束后,要在九月份整训工作队,以提高政策思想水平。工作队员的数量在10万多人的基础上,扩大到13万多人。四是加强领导,地委设总团,进行"四清"的县设工作团,社(或几个社)设分团,生产大队(或几个大队)设工作队。县、社党委同去参加工作团或分团,共同领导运动。五是对今年秋后新铺开的生产大队,大体在9月份,就可以派出先遣队,为大军进村做好准备工作。六是今冬面上继续普遍进行一次社会主义教育。①

中央对湖北、河北两省关于今后"四清"运动的部署做出批示,中央指出,湖北省委的安排同河北省委是不同的。湖北省委的安排是以县为单位,集中省、地、县各级党委的全力,在今冬或今冬明春在面上进行初步"四清",解决那些能够解决的问题,并发现一些难于解决的问题,准备在以后解决。河北省委的安排仍是以地委为单位,每个地委搞几个县。但是湖北和河北省委都决定在1967年年底基本完成农村"四清"运动。在农忙季节搞好县、区、社的"四清",在冬春农闲季节,搞好两批农村"四清"。中央认为,各省、市、自治区可以参考湖北省委和河北省委的报告,根据各省和各专区的情况来确定今后农村"四清"运动的部署。各省、市、自治区可以采取不同的方法来部署今后的农村"四清"运动。但是中央要求在符合六条标准的条件下尽可能快一点完成农村的"四清"运动。这对农业生产和备战都是大有好处的。②

1965年7月,全国工交系统召开"四清"座谈会,对运动进行了规划和部署。主要是采取适当集中力量、分期分批打歼灭战的方法,争取在1967年年底基本上完成工交系统的"四清"任务。尚未开展运动的大中型企业和重要企业,争取在1966年底基本上完成"四清"任务,从现在起,分三批进行。大型的、同备战关系密切的问题较多的企业,要尽先纳入规划。在具体部署的时候,要量力而行,不能把战线拉得太长。在一个城市,一般以按行业开展运动为好;矿区、林区,也可以按片进行。中央部门直属企业"四清"运动的规划,一般的以地方党委为主,同主管部共同商定。县属的工业

---

① 《建国以来重要文献选编》第20册,第211—215页。
② 《建国以来重要文献选编》第20册,第205—206页。

交通企业,随农村"四清"运动统一安排。暂不开展"四清"运动的企业,不再进行"小四清"。要求整个运动应当以阶级斗争、社会主义和资本主义两条道路斗争为纲,集中到兴社会主义、灭资本主义、巩固无产阶级专政这一个总的目标上。并规定,不同的企业,可以有不同的做法。① 同时,这次座谈会不久,全国工业交通系统也落实了第二批"四清"运动的规划。第二批共开展全民所有制企业 6565 个,占企业总数的 17.6%,职工 4526000 人,占职工总数的 30.5%,比第一批试点企业、职工分别增加了 2.7 倍和 1.4 倍。按地区看,第二批结束后,华北可搞完全大区职工的一半以上,西北、华东、中南、西南可搞完 40% 以上,东北可搞完三分之一以上。在第二批开展的全民所有制中,有中央企业 910 个,占企业总数的 26.5%,职工 2396000 人,占职工总数 36.6%,各省市第二批安排了集体所有制企业(缺中南)1732 个,职工 142000 人。

1965 年 5 月,全国财贸系统也召开工作会议,通过了《全国财贸工作会议纪要》和《一九六五年财贸政治工作要点》。《工作要点》指出,"四清"运动是目前全党的中心工作,财贸政治工作应当服从这个中心。必须在财贸部门中切实开展点和面上的"四清"运动。不论点和面,都要深入地、普遍地学习"二十三条",自觉革命,按照"二十三条"办事。要用四个第一的精神来搞"四清"运动,通过"四清"运动落实四个第一。同时规定,凡是试点的地方,在"四清"运动的后期,都要建立政治工作机构,健全政治工作制度。② 7 月 10 日,李先念致信毛泽东,反映了财贸部门"四清"运动的情况。信中指出,自去年下半年,全国财贸系统在 30 万多人的范围中开展了"四清"运动。目前,财贸部门第一期"四清"运动已经结束,第二期即将开始,参加"四清"的工作队正在组织。其中抽出参加"四清"运动的机关干部人数,大体上同第一期接近。

山东省在 1965 年 5 月召开的省委二届四次扩大会议上,一方面考虑到生产和备战的要求;另一方面考虑到运动本身形势的变化和群众的要求,深感有加快运动进度的必要。决定每个地委同时铺开三四个县,每个县今冬

---

① 中共中央党校党史教研二室编:《中国共产党社会主义时期文献资料选编》第 5 册,第 581—584 页。

② 《建国以来重要文献选编》第 20 册,第 251 页。

明春分两批搞完。同时,为适应备战要求,决定下一批以沿海地区、铁路沿线、后方基地、大城市郊区和重要粮棉产区为重点。这样,每个地委按搞四个县计算,全省今冬明春就可以搞 36 个县,加上原来已经搞过的共 40 多个县,明冬后春,争取再多搞一点,1967 年冬就可以全部结束。同时,山东省对全面开展城市"四清"运动进行了部署。全省有 9 个城市列入城市"四清"范围,共 145 万人,除已经参加两批试点的 40 万人之外,还有 105 万人,今后分作三批搞完。大体安排是:把中央和省属的工交企业基本搞完,财贸企业搞两三个行业,文教卫生、手工业、街道居民各搞几个单位,共 28 万人。第二批搞完全民所有制的企事业单位,并搞一部分集体所有制单位和街道居民,共 37 万。第三批,将其余的全部搞完,共 30 万人。此外,铁路系统,新汶、肥城煤炭分公司及省属劳改企业还有 7 万人,分别由中央主管部门和劳改部门自己组织力量进行。省直各部门还有 3 万人,另行安排。

北京市委也制定了今冬明春北京郊区农村"四清"运动的部署计划。北京市从 1964 年 10 月,集中农村"四清"工作队到通州地区(包括通县及顺义、朝阳、大兴一部分地区)开展运动。到 1965 年 5 月底前后,通州地区的"四清"运动即将结束。计划今冬明春,把北京郊区农村的"四清"基本搞完。郊区目前共有 278 个公社,323 万人,已经结束"四清"的通州地区和过去已经搞完运动的公社,共 81 个,约 120 万人。其他地区绝大部分在今冬明春都开展运动,剩下少数社队,到 1966 年冬季和 1967 年春季扫尾。现有工作队员 2 万多人,再加上新参加运动的大学师生,工作队人数可达 3 万人左右,其中老队员将近一半,骨干约有 11000 人,平均 20 户社员配备一名工作队员,一个生产队配备一名骨干。六、七两个月工作队进行休整、训练,七月中旬派上一部分干部进行公社领导干部"四清"。

1965 年 8 月安徽省委对第二批"四清"重点县做了部署。第二批重点县包括颍上、凤台、宿县、六安、霍邱、凤阳、定远、长丰、无为、桐城、贵池、宣城、旌德,加上第一批未结束的歙县,共计 14 个县。省、地、县行政机关按干部 50% 比例抽调工作队干部,企事业单位按 30% 抽调工作队干部,全省参加社教工作队的人员增加到 6 万余人。同时,安徽省根据适当集中打歼灭战的原则,于 1965 年秋在合肥、淮南、蚌埠、马鞍山、濉溪、芜湖、安庆、铜陵等 8 个城市部分重点单位,以及省直机关第一批未搞完的部分单位,共计

313 个单位,开展了第二批城市"四清"运动。①

江苏省于 1965 年 4 月下旬召开了由在江苏蹲点的中央、华东局机关和军队负责同志、各社教工作团长、各地市委书记参加的工作会议,总结了农村"四清"运动的基本情况,并按"二十三条"精神,对今后运动提出原则意见,总的要求是,坚持六条标准,争取搞得快一些,打算再用大约三四年时间,分期分批搞完全省农村"四清"。到 1965 年 7 月底 8 月初,全省有 7 个县、88 个公社、12 个县属镇和徐州、南京等市的 323 个单位,结束"四清"。接着新的一批开展"四清"的有 14 个县(包括上批未搞完的 6 个县),7 个市的郊区,251 个公社,17 个县属镇。已经结束和这一批新开展的"四清"的县市,共占全省总县数的 23%,11 个市同时开展城市"四清"的共 850 个单位,37 万职工,占全省职工总数的 35%。②

1965 年 9 月,江西省委召开全省农村社会主义教育工作会议。会议决定,今后以地委为单位组织工作团,由地委直接领导,开展运动的县成立分团,公社成立工作队,大队成立工作组,规定每期运动的时间冬春为三个月左右,夏秋四个月到五个月。会议还要求工作队的骨干力量和各级领导干部蹲点的人数不能少于前两期。城市社教第一批完成之后,省委决定改由各地、市分别设立城市社教工作团,由地委直接领导,在本地区开展运动。决定先安排大中型、重要的、同备战有密切关系的和问题较多的企业,后安排一般的中小型企业;先全民所有制企业,后集体所有制企业;先机关和企事业单位,后街道居民的顺序,要求在 1966 年上半年基本完成中央、省属大中型主要企业的"四清"运动。一般的中小型工交、财贸企业争取在 1966 年年底完成,文教单位和集体所有制的工交、财贸企业、国家机关、城市居民于 1967 年年底完成。③

上海市第一批"四清"运动集中在工业、交通、财贸和文教系统 133 个单位,19.7 万多人中开展。从 1964 年 8 月起到 1965 年 6 月结束。共抽调了 1.4 万名各市、区机关干部和大学毕业生组成城市"四清"工作队分赴各

---

① 《当代中国》丛书编辑部:《当代中国的安徽》,当代中国出版社 1992 年版,第 105—106 页。

② 江渭清:《七十年征程——江渭清回忆录》,第 506 页。

③ 曹力铁:《江西省城乡社会主义教育运动始末》,《当代中国史研究》1998 年第 5 期。

运动单位。第二批开展"四清"运动单位从 1965 年 5 月开始,改变为按局系统进行,有仪表、电业、机电一局、机电二局、造船、交通、财贸、人委机关等系统的企事业单位 44 万职工参加。全市按行业(局)系统组成了 9 个工作团、270 多个工作队、抽调了 2.3 万名工作队员,全面铺开运动。因为运动进展不够平衡,第二批"四清"运动中的仪表局在 1965 年年底就已经基本结束"四清"工作,其工作队员随即转赴冶金局,并于 1966 年春节后率先开始了第三批"四清"运动。上海城市第三批"四清"运动仍按行业(局)展开,有冶金、纺织、轻工、建工、邮电等局和文教系统企业事业单位约 35 万人参加。不久"文化大革命"开始,"四清"运动停止。①

中南区城市第一批"四清"运动,在 21 个城市和地区的 4900 多个单位铺开。参加运动的职工和成年居民 126 万余人,其中工交战线 90 万人,财贸战线 10 万人,工作队 6.7 万人。目前,佛山、南宁已进入建设阶段,其他省市仍处于"四清"阶段,预计今年六月前后可以全部结束。对下一步城市"四清",中南区也做出了部署:一是一个大、中型企业的运动,大约要用 8 个月左右的时间,因而每一批运动的时间也要相应地延长。这样,全区城市"四清"运动的时间,需要延长到 1968 年年底。二是建立一支强有力的革命化的工作队。工作队必须保证质量。现有工作队的人数,只能增加,不能减少。工作队的骨干力量,只能增强,不能削弱。三是为了搞好中、小城市的"四清"运动,建议由省委派出得力干部和市委共同领导,"四清"工作队,最好由本地干部和外来干部或者各系统之间混合组成。四是财贸战线单位分散,基层领导弱,队伍复杂,直接管钱管物,阶级斗争、两条道路的斗争更为严重,没有坚强的领导,运动是搞不好的。建议各级党委增派财贸战线的负责干部参加城市"四清"运动,加强对财贸战线"四清"运动的领导。同时,中南区对力量的部署,采取了"一带一"的办法。其具体做法是,主点带副点。一般在主点开展工作的同时,派几个干部到副点上去,抓生产,了解情况,宣传政策,发现积极分子,组织干部和群众代表参加主点上的会议。主点进入建设阶段时,再把大部分力量转入副点,展开运动。中南局认为,

---

① 中共上海市委党史研究室编:《上海社会主义建设五十年》,上海人民出版社 1999 年版,第 296—297 页。

"一带一"是一个既可按期完成任务，又能保证质量的好办法。

第二，清政治。

"二十三条"颁布后，"四清"运动的开展有一个显著的特点，就是在清经济之后，专门划出一段时间搞了清政治。清政治是在"小四清"即经济"四清"的基础上提出来的。许多"四清"工作队认为，犯有经济"四不清"的干部，也大多犯有敌我界限不清、两条道路不清、阶级路线不清、专政对象不清等政治不清的问题，要求在清经济之后清政治。如河北省抚宁县卢王庄公社"四清"中，发现经济"四不清"和政治"四不清"常常联系在一起，凡是有严重经济"四不清"的人，大都有政治上的"四不清"。王光美在"桃园经验"的总结报告中，也提出了政治"四不清"的问题。王任重于1964年11月15日在农村社教工作会议上的讲话中也指出："经济上'四不清'，就必然在政治上、组织上也'四不清'。这是客观事物的发展规律。"①同时，清政治也是前段运动中夺权斗争不断激化的结果。由于中央决策层夸大了阶级斗争的严重形势，强调凡是被敌人操纵或篡夺了领导权的地方，被蜕化变质分子把持了领导权的地方，都必须进行夺权斗争。这样就使运动的内容上升到了政治的高度。而"二十三条"又进一步指出，运动的重点是整党内走资本主义道路的当权派，并要求抓住阶级斗争这个纲，抓住社会主义和资本主义两条道路斗争这个纲。这样"四清"运动的重点转向了以对敌斗争为主要内容的政治斗争上来，清政治也就成了顺理成章之事。

什么是清政治？怎样清政治？在这方面，河北省有一套比较完整的经验。如保定地委规定，清政治总的要求就是要以"二十三条"为武器，以阶级斗争、两条道路斗争为纲。其基本内容主要有：充分发动群众，大反资本主义，大反"和平演变"，突出地解决社会主义和资本主义两条道路的问题，对坚决走资本主义道路的当权派展开斗争，把他们揭深批透，挖出幕后的阶级敌人和社会上的投机倒把分子，把他们斗倒制服，彻底揭开阶级敌人搞"和平演变"的内幕，把资本主义搞臭，把社会主义旗帜高高举起，这是清政治的重点；全面评审四类分子。对有严重破坏活动的地富反坏分子，要斗倒制服，四类分子戴帽子、摘帽子，必须由群众审议决定，并且依靠群众对他们

---

① 《农业集体化重要文件汇编》（下），第788页。

实行监督改造。横扫牛鬼蛇神,对有严重破坏活动的要开展批判、斗争;清理阶级成分,划清阶级阵营,建立阶级档案。一般采用划两头的办法,把漏划的地主、富农划出去,把错划其他成分的贫下中农改过来。清理阶级成分是政策性很强的工作,要通过这项工作,提高贫下中农的阶级觉悟,巩固地团结中农,团结、教育地富子女;在土改不彻底的地区,要认真进行民主补课。讲阶级、议阶级,回忆对比,忆苦翻心,进行"谁养活谁"的阶级启蒙教育。

清政治的基本做法,总的看来,主要是"亮活典型",即那些问题虽然严重,但交代检查较好的人,要让他们现身说法。"打活靶子",即主要是那些坚决走资本主义道路的当权派和有严重破坏活动的四类分子。批判斗争少数,教育大多数。具体而言,就是如何根据不同的对象采取不同的斗争形式和斗争方法。在这方面,天津市大石桥工作队的做法就比较典型。主要包括:

一是斗争大会。对坚决走资本主义道路的阶级异己分子、蜕化变质分子,和有严重破坏活动的地富反坏分子,要在大会上进行说理斗争。少数有严重的经济不清、至今仍拒不交代的"钉子",也要在大会上进行说理斗争,促其交代问题。不过,对于所谓"钉子",也要分析,这个人是多数问题、主要问题都交代了,剩下少数次要问题呢?还是基本没有交代?是真有问题拒不交代,还是问题并不真实呢?这些都要调查研究,仔细分析,实事求是,不能一概称之为"钉子",更不能一味地追逼。

二是说理批判。有的干部经济不清,或者政治不清的错误,比较严重,基本交代了,并不是坚决走资本主义道路的,但是对错误认识不深刻,检讨的不好,可以在不同范围的会议上进行说理批判,目的是进一步批判他的错误,同时教育大家。这种说理批判,同说理斗争是有区别的。

三是示范检查。选择经济问题多、交代好、退赔好的干部,或者犯有较大的政治不清的错误、检讨好的干部,作为典型,在不同范围的会议上,作示范检查,思想上纲,现身说法,教育大家。但是,对于作示范检查的人,应该抱欢迎鼓励的态度,不是斗争他。

四是"洗手洗澡"。有些干部政治不清的问题比较多,或者还有若干经济问题没有交代清楚,群众意见较多,可以分别情况,在大队、生产队或者一部分直接有关的群众参加的会议上,洗手洗澡。这不是斗争会,更不能采用对敌斗争的方式。什么人需要洗手洗澡,也要经工作队支委会讨论决定。

五是小组会上的自我批评。通过在大会上说理斗争、说理批判和示范检查,在小组讨论中,来提高大家的思想认识。正如省委在清政治的文件中指出的,这种抓住典型、教育大家的方法是最好的方法。犯有一般性经济不清,政治不清错误的干部,有的在小组会上联系思想、联系实际,做了自我批评,应该欢迎,但是不要勉强,不要不适当地强调"提到原则高度",更不要人人过关。经过这次"四清"运动,要把党、团、贫协小组的组织生活中的正常的批评自我批评风气树立起来。为此,就必须注意组织生活中批评自我批评的方式,无论如何不要把它同斗争会混淆起来。

六是专题讨论。根据清经济和清政治中发现的问题,梳梳辫子,提出若干问题,进行专题讨论,使运动进一步深入,使干部和群众从原则上进一步认识:反对社会主义的阶级敌人搞和平演变的严重危害,敌我界限不清和两条道路界限不清的严重危害。

"二十三条"指出,这次运动的重点是整党内走资本主义道路的当权派。支持这些当权派的人,有的在下面,有的在上面。在下面的有已经划了的地主、富农、反革命分子和其他坏分子,也有漏划了的地主、富农、反革命分子和其他坏分子。在上面的,有在社、区、县、地甚至有在省和中央部门工作的一些反对搞社会主义的人。其中,有的本来就是阶级异己分子,有的是蜕化变质分子,有的是接受贿赂,狼狈为奸,违法乱纪。有些人不分敌我界限,丧失无产阶级立场,包庇自己的亲属、朋友老同事中那些搞资本主义活动的人。这实际上是规定了清政治的具体对象。由于中央并没有对上述对象做出明确的规定,因此,为了落实"二十三条"指示和解决政治"四不清"问题,各地制定了一些具体政策。

如山东省根据"二十三条"精神和城乡"四清"运动的经验,对清政治问题的性质界限和组织处理制定了如下措施:

一是关于阶级异己分子。凡是剥削阶级出身或受剥削阶级的深刻影响,并一贯保持同情剥削阶级,敌视党与劳动人民,有事实证明的,应定为阶级异己分子。本人是剥削阶级分子,有罪恶民愤,为了逃避人民政府的惩处或群众的监督,趁机钻进了革命队伍的,应定为阶级异己分子。隐瞒了剥削阶级分子身份,参加革命后在长期革命斗争中一贯表现好,运动中坦白交代的,可不以阶级异己分子论处,一贯表现不好,又不坦白交代的,应以阶级异己分子论处。虽然出身于剥削阶级家庭,但参加革命后,长期表现还好,偶然犯了丧失立场的错误,经过教育,能够检讨改正的,不要定为阶级异己分子,可以根据所犯错误的情节,给予适当的纪律处分或免予处分。

二是关于蜕化变质分子。在革命斗争中,经不起地主、资产阶级思想的侵蚀,在政治上、思想上、生活上腐化堕落,屡教不改,完全丧失革命性的,应定为蜕化变质分子。虽有比较严重的腐化堕落行为,但经过批评教育,能够检讨改正的,不要定为蜕化变质分子,可以根据所犯错误的情节,给予应有的纪律处分。在政治上、思想上一贯表现尚好,偶尔在生活作风上犯了错误,经过批评教育,能够认识错误,坚决改正的,一般可给予纪律处分。

三是丧失立场、包庇坏人。明知是地富反坏分子,而加以隐瞒、窝藏,或以伪造证明、介绍工作及其他方法使之逃避国家法律制裁的,须给予严重的党纪、政纪处分,直至法律处分。因亲朋关系或接受贿赂,有意包庇纵容贪污盗窃、投机倒把分子的,应根据情节轻重,根据造成的恶果大小,给予应得的纪律处分或免予处分。由于政治上麻痹,过去不知道自己所介绍和引用的人员是地富反坏分子,经查出后,能认识错误,深刻检讨的,不应视为包庇,因此而给党和国家的事业造成严重损失的,应该追究政治责任,并给予适当的纪律处分。由于阶级观点模糊,曾与地富反坏分子和贪污盗窃、投机倒把分子在一起吃喝或接受小量礼物,但没有纵容支持他们搞违法活动的,应批评教育,划清界限,可不视为丧失阶级立场。

四是关于一般政治历史问题。隐瞒了一般政治历史问题,运动中做了坦白交代的,不予处分。政治历史问题过去已经交代并做了结论,又确无发现其他的问题,不应再追究。隐瞒了被杀、关、管、斗的直系亲属和主要社会关系,本人没有其他严重问题,运动中做了检查交代的,可不予处分。虚报党龄、工龄、军龄和伪造历史,运动中已经交代清楚,做了检查的,要改正过来,一般不予处分。

五是违法乱纪。利用职权,捆绑吊打群众,挟嫌报复,为非作歹,造成严重恶果的,应给予应得的纪律处分,直至法律处分。有一般违法乱纪行为的,应该根据本人对错误的态度和在群众中的影响,给予适当的纪律处分或免予处分。在工作中犯有强迫命令错误的,应该着重批评教育,一般不给纪律处分。

虽然各地制定了清政治的具体政策,以防止运动发生偏差,但实际上,由于清政治的重点放在了两条道路的斗争上,因此,产生了十分严重的后果,一方面,在清政治的旗号下,揪出了大批"走资本主义道路的当权派"、"阶级异己分子"、"蜕化变质分子"以及地富反坏分子,开展了夺权斗争,把大批农村基层干部作为政治批判的对象,从而造成了过火斗争、打击面过宽等严重问题;另一方面,在清政治进行"破"的同时,也强化了"立"的工作,即突出政治,强调政治挂帅,两者是互相影响,互相促进的。

第三,突出政治,掀起毛泽东著作学习运动。

"二十三条"后,各地开展的"四清"运动有一个非常明显的特点,就是强调突出政治,在运动中活学活用毛主席著作,以毛主席著作来指导运动的开展。

突出政治,就是在一切工作中必须强调政治挂帅,毛泽东思想挂帅。这一口号的提出,既是中国共产党一贯重视政治思想工作传统的延续,又是当时"左"倾思潮的产物。早在1944年由毛泽东主持起草的《谭政同志关于军队政治工作问题的报告》中指出,政治工作是经济工作和其他一切工作的生命线。但同时,报告也强调所谓"生命线"不应是高于一切,大于一切的突出政治,不要把政治工作摆在"统帅"、"领导"其他工作的位置上。① 1955年毛泽东在《中国农村的社会主义高潮》一书的按语中提出了"政治工作是一切经济工作的生命线"的著名论断。② 从20世纪50年代后期开始,随着党的指导思想的逐渐"左"倾,特别是由于"大跃进"和人民公社化运动所造成的三年困难时期,使经济形势日益恶化,而毛泽东仍然坚持三面红旗。这样政治工作便被放到了一个突出的地位。1958年在《工作方法六十条(草案)》中指出,思想和政治既是统帅,又是灵魂。只要我们的思想工作和政治工作稍为一放松,经济工作和技术工作就一定会走到邪路上去。③

---

① 毛泽东思想理论与实践研究会理事会编:《毛泽东思想辞典》,中共中央党校出版社1989年版,第153页。
② 《毛泽东文集》第六卷,人民出版社1999年版,第450页
③ 《建国以来重要文献选编》第11册,第47页。

1960 年 10 月中央军委扩大会议做出了《关于加强军队政治思想工作的决议》，提出了"四个第一"，即人的因素第一、政治第一、思想工作第一、活的思想第一。号召全军干部战士、全体党员和共青团员"必须高高举起毛泽东思想的伟大红旗，紧紧地掌握党的总路线、'大跃进'、人民公社三大法宝"、"坚持在一切工作中用毛泽东思想挂帅"、"号召人人读毛主席的书，听毛主席的话，照毛主席的指示办事，做毛主席的好战士。"并规定："一切干部的理论学习，都要以毛泽东著作为主要内容。"① 为此，中央做出批示：决议所提出的这些问题，都是正确的和适时的。这个决议不仅是军队建设和军队政治思想工作的指针，而且它的基本精神，对于各级党组织、政府机关以及学校、企业部门等都是有用的。②

1964 年，叶剑英、罗瑞卿在南京组织军事训练现场会，推广郭兴福教学法，继而在全军掀起大练兵高潮，受到了毛泽东等党和国家领导人的高度赞赏。但不久于 11 月召开的全军组织工作会议期间，林彪以大比武冲击了政治为由，否定了全军群众性练兵的成绩，提出"一定要突出政治"的口号。12 月 29 日，林彪在接见总政治部副主任刘志坚和《解放军报》副总编辑唐平铸时指出，1964 年在军事训练上有的搞得过于突出，时间也占得多了一些，冲击了政治；有的过分强调军事技术，忽视政治思想工作，有的甚至弄虚作假，搞锦标主义和形式主义，这要加以纠正。1965 年应当着重抓政治思想工作，首要的是大抓学习毛主席著作，活学活用毛主席著作，坚持四个第一，大抓活思想，大兴三八作风，发扬三大民主，开展社会主义教育运动。毛泽东对林彪的这一指示做出批示：此件早已看过，完全同意，照此执行。执行中逐步总结经验，大约一年总结一次，至多两次也就够了。此后，毛泽东又在总政关于突出政治、落实四好、加强战备的情况和意见（草稿）上批示：此件已阅，很好。③ 在这种情况下，突出政治，大学毛泽东著作，便成为正在开展的城乡"四清"运动的主要内容之一。

如西南三省（四川、云南、贵州）工交企业"四清"中，干部和群众普遍学习了毛主席著作，认为"毛泽东思想是搞好一切工作的强大思想武器，也是

① 《建国以来重要文献选编》第 13 册，第 743—751 页。
② 《建国以来重要文献选编》第 13 册，第 742—743 页。
③ 《建国以来毛泽东文稿》第 11 册，第 314、472 页。

搞好"四清"的强大思想武器。毛主席的书是我们各项工作的最高指示。""凡是活学活用毛主席著作,直接用毛主席著作来教育干部、群众和指导运动的地方,'四清'斗争的发展就比较顺利,干部和群众思想觉悟的提高就比较快,运动的收获就比较大",并指出,"这是搞好'四清'的一条根本经验。"表示:今后我们必须更高地举起毛泽东思想的伟大红旗,突出政治。西南局也对此做出批示:当前需要特别强调的是,必须更自觉地用毛泽东思想指导"四清"运动,大力解决企业工作中突出政治的问题。

中南地区城市第一批"四清"运动中,高举毛泽东思想的伟大红旗,认真学习了毛主席著作,贯彻执行了"二十三条",突出了思想革命。为此中南局城市"四清"领导小组认为,"把毛主席著作当做一切工作的最高指示,以毛泽东思想为武器,发动群众,教育干部,正确处理人民内部矛盾,开展兴无灭资的斗争,是搞好"四清"运动的根本保证。中南局也于1966年1月16日做出了开展群众性毛泽东著作学习运动的决定,并指出:毛泽东著作学习运动是社会主义教育运动不可分割的一部分,解放军和"四清"工作队构成了运动的中间力量。

河北省委认为,在"四清"运动中,必须突出政治,必须用毛泽东思想教育农民,教育干部。重新教育人,重新改造人,重新组织阶级队伍,打退反社会主义的阶级敌人以"和平演变"为主要形式的进攻,进一步巩固和发展农村社会主义阵地,巩固无产阶级专政。河北省委"四清"办公室还制定了《关于加强工作队政治思想工作的意见(草稿)》,要求各地工作团党委必须加强对工作队政治思想工作的领导,把政治思想工作列为党委的议事日程,抓好活的思想教育,掀起大学主席著作的新高潮等,以保证"四清"运动的健康发展和彻底胜利。山东省委认为,以毛泽东思想统率运动,发动群众,教育干部,武装工作队,是前一段运动取得成就的根本保证。在社会主义教育运动中,活学活用毛主席著作,一个很重要的问题,是在运动中始终要突出用毛泽东思想清思想,坚持重新教育人,反复进行思想归纲,使之成为贯穿于运动全过程中的一条红线。

中共广东省委在《关于在"四清"运动中活学活用毛主席著作情况的报告》中指出:"我省第一批点的'四清'运动,有一个新的重大特点,就是强调了突出政治,在运动中活学活用毛主席著作,以毛泽东思想教育人、改造人,以毛泽东著作直接指导运动的每一步工作。这是试点经验的新发展，'四清'运动同时成了活学活用毛主席著作的运动，'四清'地区成了全省学习毛主席著作的重点地区，十四万工作队带着毛主席著作下乡，成了毛泽东思想的强大宣传队。"为此，中央批示：广东省委关于在"四清"运动中活学活用毛主席著作情况的报告很好，转发给你们参考。在"四清"运动中学习毛主席著作，应当是活学活用毛主席著作中的有关指示，特别是近几年有关"四清"运动的许多指示，把"四清"运动搞得更好，使"四清"运动的成果更加巩固，并为今后做好其他工作创造条件。

那么各地是如何运用毛泽东著作来开展"四清"运动的呢？在这方面，广东省的做法比较典型。

首先，用毛主席著作去教育群众，激起群众的革命斗志，提高群众的思想认识水平。如"没有贫农，便没有革命。若否认他们，便是否认革命。若打击他们，便是打击革命。"贫下中农听到这句话后，热泪盈眶说："毛主席撑我们的腰，还怕什么！"可以说，大批贫下中农骨干和积极分子，从毛主席著作中吸取了力量，提高了觉悟，坚决参加斗争。同时，贫下中农学了毛主席著作，思想认识和斗争水平大大提高一步。试点时，斗争会上常有拍桌子等现象，现在贫下中农往往是这样来批判干部的错误，"白求恩是毫不利己、专门利人，你是毫不利人，专门利己，这是什么主义?!""毛主席叫我们为人民服务，你却做官当老爷，为地富服务，这是什么立场?"三言两语，就把一些干部所犯的错误提到世界观高度上来，击中要害，叫人心服口服。陆丰县大湖大队贫协会员黄顺荣，以前曾被生产队长打伤过，这次批判这个队长时，他气愤得举拳要打，但转念一想，却说："毛主席说人民内部矛盾要讲道理，我不打你了，可你要想想，我们都是穷人出身，你为什么对穷人这么狠!"有的贫下中农说："毛主席的话，千金难买，学会一句，终身管用!"

其次，直接用毛主席的话去教育干部，促进干部的革命自觉性，从思想上解决问题。许多地方从入村时的整党整干会议开始，到召开公社三级干部会议组织"四清"高潮，都突出了大学毛主席著作。许多干部从亲身经历中痛切地感到，毛主席的著作，是"灵芝草"、是"防腐剂"、是"照妖镜"。他们庆幸"进了政治医院"，"感谢白求恩大夫割掉了自己身上的毒瘤"，认为自己过去的"自留地主义"、"家庭主义"、"小队主义"，都是不对的，自觉地批判自己"身在大队、生产队,胸怀家庭,心里只有一个钱字的错误思想,决心要学白求恩,要学张思德,立志身在大队、生产队,胸怀各国,放眼世界。"

最后,工作队学好毛主席著作,是在运动中组织群众、干部活学活用毛主席著作的前提,而且是实现工作队革命化的必由之路,是搞好"四清"的根本保证。许多人为了寻找毛主席著作中对运动实际针对性最强的语录,翻遍四卷不眠不休。通过学习,许多同志掌握了阶级观点、群众路线、实事求是、一分为二等群众工作的基本功。

山东省在工作队整训时,突出强调了活学活用毛泽东著作问题。工作队进村后,为给群众撑腰,便向群众讲了"没有贫农便没有革命"这一段话;当群众开始揭露问题,还没有上纲时,工作队反复向群众讲了毛主席"就要变颜色"、"多么危险的情景"这一段话;当群众有了初步发动,革命形势初步形成,干部内心斗争激烈时,讲了"无数革命先烈为了人民利益牺牲了他们的生命,使我们每个活着的人,想起他们就心里难过"那一段话。当清经济、清思想取得初步胜利,及时把政治思想革命的高潮引向生产高潮时,工作队组织干部、群众学习了《为人民服务》、《纪念白求恩》、《愚公移山》等有关著作,学习了先进典型,突出的宣传了"备战备荒为人民",突出地解决了"种田为革命"的思想,掀起了一个改天换地的革命高潮。这些措施都收到了意想不到的效果。为此山东省委总结道:要从学习毛主席著作的时代意义,从通过社会主义教育运动重新教育人的战略意义,从学与不学实质是革命不革命的严重意义去解决认识问题,提高学习的自觉性。要抓紧每一段战斗任务的要求,对准干部群众中的活思想,选准毛主席的书,活学活用。要大搞群众运动,把学习毛主席著作同学习先进人物、先进典型结合起来,同向群众学习结合起来,同比学赶帮超运动结合起来,通过现场会、巡回报告会,推广先进经验,促进学习运动。

河北省委城市"四清"工作团政法训练大队在第二期训练中强调了大学主席著作,用毛泽东思想武装队员的头脑,规定每星期六下午和星期三晚上为学习毛主席著作时间。干部学,队员也学。从这期队员入队到四月底一个月的时间,一般的学习了五篇文章,多的学了九篇,少的学了三篇,几乎每人都写了心得和笔记,各个中队也都出了学习毛主席著作的专刊。在学习中,依着解放军的经验,一读,二想,三对照,四行动,强调从实际出发,带着问题学,有什么问题就学什么问题,可能发生什么问题,就学什么问题。例如,为端正学习态度,树立革命观念,反复学习了《纪念白求恩》、《为人民服务》。为了解决学习政法业务畏难情绪,就事先组织队员学习了《愚公移山》。为了克服形形色色的个人主义,树立全心全意为人民服务的思想,组织队员学习了毛主席论反对个人主义辑录。为了解决干部的工作方法,专门学习了《关于领导方法的若干问题》等。不少队员,已经把学习毛著作为经常的活动,规定的时间学习,业余时间也学习,有的星期天很少出去,常常是拿着《毛选》读了又读,看了又看,圈圈点点,舍不得放下;文化低的一遍读不通,就多读几遍,文化高的就主动帮助共同学习。有的晚上已经睡了觉,打着手电筒在被窝里还看,有的队员说:"毛主席著作好像心中的太阳,天天读,风里浪里顶得住,天天看,天大的困难也不难。"并表示:"活到老,学到老,干一辈子革命,学一辈子主席著作。"

湖北孝感县卧龙公社群益大队总结了过去学习的经验教训,提出了一些能经常坚持学习的方法。如在广大农民群众里面,主要学习主席语录,把语录写在黑板上,一月学一条,一年学十二条。抓干部学习,但要求不能过高,大队干部在一年内只学《纪念白求恩》、《为人民服务》、《愚公移山》、《关心群众生活,注意工作方法》四篇文章。对于一些回乡知识青年、中学生、工人、转业军人和文化水平较高的农民,各队把他们专门组织起来,成立学习毛主席著作小组,对他们的要求比一般人高一点,培养他们中间思想好、成分好的人成为学习积极分子。

"四清"运动中突出政治,坚持在一切工作中政治挂帅,活学活用毛主席著作,是当时"左倾"思潮极端化的一种表现。它既有林彪等为篡党夺权而捞取政治资本的一面,又有毛泽东怀疑"大权旁落"而加强个人权威的一面,因而在社会上产生了消极的影响。一方面,由于强调突出政治,政治挂帅,政治决定一切,于是,社会上的一切都依附于政治,从属于政治,政治态度成为衡量人们行为善恶的唯一标准,一切有利于经济发展的措施,如奖金、利润、市场等因素,一切反对三面红旗的声音,都被扣上不突出政治的大帽子而加以批判。另一方面,运动中活学活用毛泽东著作,强调以毛泽东思想挂帅,也容易助长对毛泽东的个人崇拜之风,而这种个人崇拜之风的加剧,反过来,在社会上掀起了更大规模的学习毛主席著作运动,从而在"文化大革命"期间出现了群众手捧毛主席语录而形成的"红海洋"的奇特景观。

第四,运动中出现了过火斗争、打击面过宽、经济退赔过严等严重问题。

由于"大四清"阶段的运动重点放在了重点整党内走资本主义道路的当权派。因此运动中也出现了过火斗争、打击面过宽、经济退赔过严等严重问题。例如广西武鸣县从 1965 年 8 月开始"四清"运动,到 1966 年 10 月结束,历时一年零二个月,据 1966 年 9 月 5 日对 6 个区 80 个公社的统计,"走资本主义道路的当权派"有 659 人,已开展批斗的有 651 人,已斗垮的 530 人,未斗垮的 104 人,未斗的 8 人。其中府城区走资派 209 人,已斗 208 人,已斗垮 169 人,基本斗垮 18 人,未斗垮的 18 人,未斗的 1 人。四类分子 3309 人,应该斗争的 654 人,已斗争的有 599 人,已斗垮的 426 人,基本斗垮 20 人,未斗垮的 161 人,未斗的 55 人。从这些数字中不难看出,阶级斗争扩大化到何等严重的程度。在批斗中,尽管都是文斗,不搞武斗,但文斗都是无限上纲上线。什么"贫下中农团结起来,打倒×××走资派!""不斗倒斗臭走资派誓不罢休!""打倒一切牛鬼蛇神,实行无产阶级专政!"等口号处处皆是。对阶级斗争扩大化做法,不少"四清"工作队员和贫下中农是不满意的,提出不同意见。武鸣县宁武区张朗公社有个工作队员说:"四类分子才是阶级敌人,走资本主义道路当权派不算敌人,谁没有点错误,对'当权派'也要一分为二。"府城区四明公社有个工作队员说:"两个班子选好了不就解决政权问题了吗,还斗什么'当权派'。"①

河北省徐水县安庄"四清"工作队同天主教徒的斗争也相当激烈。贫农郭某某,为斗争两个神甫作发言准备,起早在自己的炕上摆上两个枕头,一个比作张让民,一个比作安醒吾,横眉竖目的指着两个枕头说理。斗争一开始,有的群众也有顾虑,发言不够广泛,劲头不足,斗得无力,根据这种情况,工作队组织群众反复学习毛主席加强无产阶级专政、对敌人要狠、一切反动派都是纸老虎、不打不倒、要敢于斗争等论述,大大启发了群众斗志。斗争是由小到大,大、中、小会相结合,生产队斗,青年斗,妇女斗,儿童斗,全

---

① 黄如海:《广西农村社会主义教育运动初探》,载《广西党史研究通讯》1988 年第 3 期。

村斗、联村斗,反反复复的斗,把两个神甫各斗争了 28 次,80% 以上的群众发了言,有揭、有批、有诉,越斗觉悟越高,越斗劲头越足。84 岁的老太太拄着拐棍上阵,指鼻子挖眼的斗争神甫。

宁夏在"二十三条"颁布之后,许多地方以县、社、队领导干部为夺权对象,错误处理和打击了一大批基层干部。全自治区仅在第二期"四清"运动中,开展运动的地区就有 17% 的中共党员被清除出党,10% 的生产队、34% 的生产大队和 33% 的公社被夺权,同时还补划地主、富农阶级成分 1027 户。在开展第二、第三期"四清"运动期间,还在灵武、吴忠、盐池、隆德、海原、固原、同心 7 个县同时进行了面上的运动。据不完全统计,这些地方有 17% 的生产队以上干部被撤职或法办,有 5.7% 的生产队、13.3% 的生产大队和 12.3% 公社被夺权。在农村"四清"运动全面开展的同时,从 1965 年年底开始,还先后在城市进行了两期城市社会主义教育运动。银川地区参加第一期运动的有银川市的机关、厂矿 205 个和自治区级机关 17 个,运动中有 332 人被清除出干部队伍,103 人被清除出工人队伍,还新查出专政对象 360 人。[①]

山东省据 1965 年 5 月 7 个重点县初步统计,被定为阶级异己分子和蜕化变质分子的基层干部占干部总数的 2.8%;开除党籍者占党员总数的 5%—10%;受撤职以上处分的干部占干部总数的 1.5%,属懒、馋、占、贪的干部占干部总数的 80% 以上;领导权被篡夺的生产大队占 10% 左右。在基层组织中,县级领导核心调整三分之一,社级调整二分之一,大队调整二分之一。

张掖地区在"二十三条"颁布后,共死亡 52 人,其中山丹 8 人,民乐 11 人,临泽 4 人,高台 11 人,张掖 18 人。干部总数为 3708 人,被定为"走资本主义道路的当权派"94 人,占干部总数的 2.53%,其中山丹 22 人,民乐 8 人,临泽 15 人,高台 7 人,张掖 42 人。

"二十三条"指出,经济退赔不能马马虎虎,同时要合情合理。问题不严重,检讨又较好,经过群众同意,退赔可以减缓免。但在实际过程中,也发生了退赔面过宽等不合理的现象。如新疆伊宁县红星公社二大队有经济不

① 李恽和主编:《当代中国的宁夏》,中国社会科学出版社 1990 年版,第 149—150 页。

清问题的 95 名,共计金额 5.3 万多元,其中 100 元以下的 19 名,100—300 元的 29 名,共计 48 名,占有经济问题的人的 50%。在处理经济退赔中,实行减免的 38 名(完全免予退赔的只有 1 人),占有经济不清问题的人的 40%。五一公社一大队有经济不清问题的干部 45 名,共计金额 1.4 万元,其中 100 元以下的 25 名(最少的 1 人仅有 8 元的问题),共计金额 1010 元。在处理经济退赔中,没有一人免予退赔。据了解,像这两个大队的情况在 5 个试点公社都普遍存在。由于在经济退赔上没有突出政治,很好地实行宽严结合的政策,打击面过大,已经造成不良的后果。有经济问题的干部,心情不够舒畅。重新当选和新当选的干部,有些人在经济问题上不敢大胆负责或不愿负责,要求辞职,特别是他们的家属拉后腿。新老干部之间、老干部与社员之间的团结都不够好,有些新干部看不起老干部,有些社员不听干部指挥。①

河北邢台地区内丘县官庄公社在经济退赔中也存在一些问题,主要体现在:一是有的计价不合理,如官庄三大队四队保管何某某,使了队里两根檩条一根梁,作价 36 元,退出大梁一根,柱子两个,木板两块,床、缸各一个,总共才折价 30 元,本人反映说:"用队的梁檩把价格作的高高的,我退的东西作价低低的,这算合情合理吗",并说:"当干部造下罪,有理没理不让说话,让我立着检查,摘了帽子,麿了两天鹰,一肚子冤气。"二是少数人退赔后影响了生活,如小日头大队长张某某,为退赔拆掉两间房,卖了 200 斤粮食,一个上小学的孩子也退了学。三是追退的时间过长,如串屯大队会计路某某,远在 1956 年贪污多占 90 元,这次也让全部退出。

应该说,这一阶段运动中存在的最大问题就是把运动的重点转向整党内"走资本主义道路的当权派",这就为"文化大革命"发动做了重要的理论和实践准备。到 1965 年下半年,由于国内外形势日益紧张,毛泽东对这场运动已不太感兴趣了,1965 年 11 月 13 日至 17 日,毛泽东视察山东、安徽、江苏、上海时,与各省市领导谈话时,主要内容是谈打仗、备战,抓好生产,对社教谈的很少,同时,毛泽东对文化批判也日益不满,认为"四清"与文化批判都不能解决根本问题,因而转向酝酿和发动"文化大革命"了。

---

① 吕剑人:《我的回忆》,第 178—179 页。

第八章 尾 声

  "四清"后期,逐渐把运动的重点转向整党内走资本主义道路的当权派,这就为"文革"的发动做了重要的理论和实践准备。到 1965 年下半年,由于国内外形势日益紧张,毛泽东对这场运动已不太感兴趣了。

  历史是无情的,"四清"过后,一场所谓通过"天下大乱"达到"天下大治"的"文化大革命"爆发了,从而把中华民族拖入了长达十年之久的社会大动荡。

一、"文化大革命"的爆发

  在开展城乡"四清"运动,进行反修防修的同时,在另一条战线,即文化学术领域里的大批判也不断升级,特别是对新编历史剧《海瑞罢官》的批判,则带有明显的政治批判色彩,从而导致了一场把中华民族拖入长达十年政治动乱的"文化大革命"的爆发。

  在八届十中全会上毛泽东发出"重提阶级斗争"的号召后,作为整个社会状况晴雨表的意识形态领域,自然成为阶级斗争的重点,特别是毛泽东逐渐把文学艺术领域中存在的问题,直接同阶级斗争和所谓修正主义联系起来,这就造成了 20 世纪 60 年代前期意识形态领域过火的、错误的大批判。

  1963 年 5 月,在制定"前十条"的杭州会议期间,毛泽东指出:"'有鬼无害论'是农村、城市阶级斗争的反映。"9 月 27 日,他在中央工作会议的讲话中明确指出:"反对修正主义要包括意识形态方面,除了文学之外,还有艺术,比如歌舞、戏剧、电影等,都应该抓一下。"1963 年 12 月和 1964 年 6 月,毛泽东对文艺问题的两个批示,集中反映了他对文艺领域内阶级斗争状况的认识。第一个批示写在中宣部编印的《文艺情况汇报》第 116 号和《柯庆施同志抓曲艺工作》上,毛泽东指出:"此件可一看。各种艺术形式——戏剧、曲艺、音乐、美术、舞蹈、电影、诗和文学等,问题不少,人数很多,社会主义改造在许多部门中,至今收效甚微。许多部门至今还是'死人'统治着……许多共产党人热心提倡封建主义和资本主义的艺术,却不热心提倡社会主义的艺术,岂非咄咄怪事。"第二个批示写在中央宣传部《关于全国文联和各协会整风情况的报告》草稿上,毛泽东指出:"这些协会和他们所掌握的刊物的大多数(据说有少数几个好的),十五年来,基本上(不是一切人)不执行党的政策,做官当老爷,不去接近工农兵,不去反映社会主义的革命和建设。最近几年,竟然跌到了修正主义的边缘。如不认真改造,势必在将来的某一天,要变成像匈牙利裴多菲俱乐部那样的团体。"①

两个批示做出以后,文艺界立即掀起一股大批判的浪潮,一大批电影、小说、戏剧、美术、音乐作品被否定,大批文艺界的代表人物如夏衍、田汉、阳翰笙、邵荃麟、齐燕铭等同志受到批判。同时,大批判的浪潮很快由文艺界扩展到其他领域。如哲学界批判了杨献珍的"合二而一"论和冯定的《平凡的真理》和《共产主义人生观》;经济学界批判了孙冶方的生产价格论和企业利润观;史学界批判了翦伯赞的"历史主义"、吴晗的"抽象继承"以及农民战争史研究中的"让步政策"论,等等。这些大批判实际上已经为"文化大革命"做了某种舆论、组织以及斗争方式与方法上的准备,而随后开展的对《海瑞罢官》的批判,则进一步升级,从而直接点燃了"文化大革命"的导火索。

学习海瑞,本来是毛泽东提倡的。1959 年 4 月党中央上海会议期间,许多同志在总结"大跃进"的经验教训时都谈到要提倡敢讲真话的问题。毛泽东在会上提出要学习海瑞。为响应毛泽东的号召,吴晗在中央宣传部副部长胡乔木的约请下,写了《海瑞罢官》在内的一些宣传海瑞精神的作

---

① 薄一波:《若干重大决策与事件的回顾》(下卷),第 1258—1263 页。

品。1959 年 8 月,在庐山会议错误地开展了对彭德怀的批判后,毛泽东对上海会议关于要学习海瑞的讲话做了修改,提出要区分左派海瑞与右派海瑞的问题,认为彭德怀表现的海瑞精神是"右派海瑞"。1959 年 9 月,吴晗在《人民日报》发表了《论海瑞》一文,文章的结尾已写上了毛泽东的这个观点。在这以后,各地还出现了一批宣传海瑞的戏,如《海瑞上疏》、《海瑞背纤》等。在 1959 年下半年的一次政协会上,北京京剧团的马连良也要求吴晗为他们写一出海瑞戏。1960 年年底,剧本写成,原名《海瑞》,后接受别人意见,为区别于其他的海瑞戏,改名为《海瑞罢官》,于 1961 年 1 月在北京首次演出。

从 1962 年起,党内在对"大跃进"的错误的认识,对纠正错误、克服困难所采取的调整措施的认识,以及对国内形势的看法等问题上,存在严重分歧,毛泽东严厉批判了"单干风"、"黑暗风"、"翻案风",并提出阶级斗争要年年讲、月月讲、天天讲。在这样的背景下,江青向毛泽东说,《海瑞罢官》有问题,现在社会上埋怨缺粮缺菜,没有肉吃,吃饭瓜菜代。在这个时候舞台上搬出海瑞,臭骂皇帝,是什么目的? 要批判。她武断霸道地说:"这个戏有严重的政治错误,应该停止公演。"毛泽东没有表态,并且对她说,你还是多读点书吧! 1964 年,康生也向毛泽东说,《海瑞罢官》与庐山会议有关,同彭德怀问题有关。这引起了毛泽东的关注,并同意组织文章批判《海瑞罢官》。

于是,江青开始秘密精心策划。她曾在北京找人写批判文章,但遭到拒绝。1965 年 2 月,她又跑到上海找张春桥,在柯庆施的支持下,由姚文元着手撰写批判文章,并对绝大多数中央领导同志保密。1967 年 2 月 3 日,毛泽东在会见阿尔巴尼亚中央政治局委员卡博、巴卢库时,谈及批判《海瑞罢官》说:"开头我也不知道,是江青他们搞得。搞出了稿子交给我看。"同年 5 月他在会见阿尔巴尼亚军事代表团时又说:那个时候,我们这个国家在某些部门、某些地方被修正主义把持了。真是水泼不进,针插不进。当时我建议江青组织一下文章批判《海瑞罢官》,就在这个红色城市(指北京)无能为力,无奈只好到上海去组织。最后文章写好了,我看了三遍,认为基本可以,让江青回去发表,我建议再让中央领导同志看一下。但江青建议:"文章就这样发表的好,我看不用叫恩来同志、康生同志看了。"因为如果"给他们看,就得给刘少奇、邓小平、彭真、陆定一这些人看,而刘少奇、邓小平这些人是反对发表这篇文章的"。江青也曾说过:"在文教方面我算一个流动的哨兵。就是这样盯着若干刊物报纸,这样翻着看,把凡是我认为比较值得注意的东西,包括正面的、反面的材料,送给主席参考。"关于《海瑞罢官》,她说:"因为主席允许,我才敢于去组织这篇文章。"①由此可见,批判《海瑞罢官》的文章,是在毛泽东的支持下,由江青一手组织的。

姚文元的文章,捕风捉影地把《海瑞罢官》中所写的"退田"、"平冤狱",同所谓1961年的"单干风"、"翻案风"联系起来,对剧本大加挞伐。文中写道:1961年,正是我国因为连续三年自然灾害而遇到暂时的经济困难的时候,在帝国主义、各国反动派和现代修正主义一再发动反华高潮的情况下,牛鬼蛇神们刮过一阵"单干风"、"翻案风"。他们鼓吹什么"单干"的"优越性",要求恢复个体经济,要求"退田",就是要拆掉人民公社的台,恢复地主富农的罪恶统治。那些在旧社会中为劳动人民制造了无数冤狱的帝国主义者和地富反坏右,他们失掉了制造冤狱的权利,他们觉得被打倒是"冤枉"的,大肆叫嚣什么"平冤狱",他们希望有那么一个代表他们利益的人物出来,同无产阶级专政对抗,为他们抱不平,为他们"翻案",使他们再上台执政。"退田"、"平冤狱"就是当时资产阶级反对无产阶级专政和社会主义革命的斗争焦点。阶级斗争是客观存在,它必然要在意识形态领域里用这种或者那种形式反映出来,在这位或者那位作家的笔下反映出来,而不管这位作家是自觉的还是不自觉的,这是不以人们意志为转移的客观规律。《海瑞罢官》就是这种阶级斗争的一种形式反映。并认为《海瑞罢官》并不是芬芳的香花,而是一株毒草。它虽然是头几年发表和演出的,但是,歌颂的文章连篇累牍,类似的作品和文章大量流传,影响很大,流毒很广,不加以澄清,对人民的事业是十分有害的,需要加以讨论。②

很显然,姚文元文章的发表,并不是一个简单的对剧本进行讨论的文艺问题,而是作为全局性的政治性问题提了出来,它实际上也微妙、曲折而又深刻地反映了毛泽东同中央其他领导同志在一些重大问题上的分歧。

---

① 薄一波:《若干重大决策与事件的回顾》(下卷),第1270—1271页。
② 《建国以来重要文献选编》第20册,第618—619页。

姚文元文章在《文汇报》发表以后,11 月 12 日《解放日报》转载,华东地区的《新华日报》、《福建日报》、《浙江日报》、《大众日报》、《安徽日报》、《江西日报》等 7 省区报纸,在有人打招呼之后,在 11 月 24 日至 26 日也相继转载。但是北京和全国其他大多数省区的报纸,因为没有中宣部的通知,没有人打招呼,新华社也没有转发,许多省委不知道是毛泽东批准发表的,所以在 18 天内,都未转载姚文元的文章。相反,反对姚文元,为吴晗辩护者倒不少。当时《文汇报》社收到的来稿中,反对姚文元的就有 3000 多件,许多大学教授据史驳斥,为吴晗争辩。《人民日报》总编辑吴冷西不同意姚文元文章的观点,认为他的文章武断地认为《海瑞罢官》是借古喻今,联系 1962 年的所谓"单干风"、"翻案风",对吴晗同志进行政治攻击,把文艺评论变为政治问题。所以,吴冷西一开始就不同意在《人民日报》上转载姚的文章。北京市委第一书记兼市长彭真,根本就不同意对《海瑞罢官》的批判,当吴晗得知有人正组织文章对他进行批判,并认为很有来头时,彭真激动地说:"什么来头不来头,真理面前人人平等。现在,有少数人就是喜欢踩着别人往上爬,想靠批名家出名,捞资本。你不要理他们,脚正不怕鞋歪嘛!"在得知姚文元发表的文章后,他气愤地拍着桌子说:"批判一个副市长,竟然不和市委打个招呼,真是岂有此理! 这不是对同志搞突然袭击吗?"①

　　11 月 13 日,北京市委书记邓拓、市委宣传部长李琪、《北京日报》总编辑范瑾等同志研究转载问题。当时决定,先向《文汇报》了解情况,如果姚文元的文章是毛主席定的,《北京日报》就登,否则就不登。但因江青、张春桥下令封锁消息而一无所获。《人民日报》理论部负责人也打电话向上海方面询问,但也吃了闭门羹。在外地开会的彭真指示暂不转载,待他回京再定。

　　这种情况,惹恼了那些所谓有来头的人物,他们向毛泽东报告了此事。11 月 20 日,毛泽东指示上海将姚文元的文章印成小册子,由全国新华书店发行。由于不明真相,北京市新华书店没有立即表示订购,这引起了毛泽东

---

① 纪希晨:《史无前例的年代——一位人民日报老记者的笔记》,人民日报出版社 2001 年版,第 35—36 页。

的严重不满。在 1967 年 2 月 8 日,他对阿尔巴尼亚劳动党中央政治局委员卡博和巴卢库说:"文章发表以后,各省都转载,北京不转载。我那个时候在上海,后头,我说印小册子,各省都答应发行,就是北京的发行机关不答应。因为有些人靠不住嘛,北京市委就是针插不进、水泼不进的市委。"并对上海市委曹荻秋说:他不转载,你们出单行本,看他转载不转载。①

在得知姚文元文章发表的背景后,11 月 29 日、30 日,《北京日报》、《人民日报》被迫转载了姚文元的文章,并由彭真和周恩来分别审阅定稿的编者按,都把《海瑞罢官》的问题看作学术问题,认为有不同意见可以讨论。与此同时,彭真还让邓拓以向阳生的笔名写了一篇《从〈海瑞罢官〉到道德继承论》的文章,让吴晗写了一篇自我批评,分别发表在 12 月 12 日、27 日的《北京日报》上,力图把对《海瑞罢官》的政治批判拉回到学术讨论的范围内,并力保吴晗过关。这激起了毛泽东的严重不满。1965 年 12 月 21 日,毛泽东在杭州与陈伯达、关锋等人谈话时指出:姚文元的文章,好处是点了名,但是没有打中要害,要害是"罢官",嘉靖皇帝罢了海瑞的官,1959 年我们罢了彭德怀的官。彭德怀也是海瑞。② 由此,进一步加重了批判《海瑞罢官》的政治分量。

在这种情况下,各地迫切需要中央拿出一个明确的指导方针。为此,1966 年 2 月 3 日,以彭真为首的文化革命五人小组开会研究当前的学术批判问题。会议认为要把这场讨论置于党中央的领导下,要降温,真正做到"百家争鸣,百花齐放",并起草了向中央政治局常委汇报的《文化革命五人小组关于当前学术讨论的汇报提纲》(简称《二月提纲》)。这个《汇报提纲》在当时历史条件下,不可避免地带有一些"左"的提法。但是其基本指导思想是强调学术争论要用摆事实、讲道理的方法,要坚持实事求是,在真理面前人人平等的原则,要以理服人,不要向学阀一样武断和以势压人。在报刊上的讨论不要局限于政治问题,要把涉及到各种学术理论的问题,充分地展开讨论。报刊公开点名作重点批判要慎重,有的人要经过有关领导机关的批准。《提纲》通篇不提"要害"二字,并尽力将大批判加以限制,以避

---

① 纪希晨:《史无前例的年代——一位人民日报老记者的笔记》,第 39 页。
② 薄一波:《若干重大决策与事件的回顾》(下卷),第 1269—1270 页。

免发展成为严重的政治斗争,避免发生更大的社会混乱,其基本内容是正确的。因此也得到了大多数领导同志的赞同。当时在北京的政治局常委刘少奇、周恩来、邓小平开会讨论并认可了这个提纲中提出的意见,同意在学术讨论的文章中不涉及庐山会议,并且要五人小组去武昌向毛泽东汇报。

2月8日,彭真、陆定一、康生、吴冷西、许立群等人赴武昌向毛泽东汇报。汇报后,许立群高兴地说:"现在好了,问题解决了! 这个提纲,中央常委讨论通过了,现在毛主席也同意了。毛主席的精神是宽,对两边都是宽。"对于吴晗,毛主席还问彭真,吴晗能不能算是反党反社会主义呀? 彭真说,那他总是站在被中华人民共和国罢了官的人一边,不是站在中华人民共和国一边,可以说是反党反社会主义的。毛主席还说,吴晗不罢官了,还照当他的市长。这样,就不至于形成紧张局势,就可以放了吧。许立群还说,毛主席对《二月提纲》只有两点意见,一个是关于两个月以后做政治结论,毛主席说,两个月以后也做不了结论。一个是关于不要批评郭老和范老,毛主席说,他们两个还要在学术界工作,表示一点主动,做一点自我批评好。① 由于毛泽东没有表示反对,汇报以后,彭真让许立群代中央起草一个批语。2月12日由邓小平批发,中央正式批转了《二月提纲》。

但事情并非这样简单,从后来的事实发展看,毛泽东虽然对《二月提纲》没有明确表示不同意见,但实际上是不同意的。1966年3月28日、29日,毛泽东对康生说:"《二月提纲》是错误的,是非不分,当时我没有明确指出,以为是常委讨论过的。"4月22日,毛泽东在杭州的讲话中又说:"二月三、四、五、六、七——五天嘛,不忙那么不忙,一忙那么忙。二月三日急于搞一个五人小组文件,迫不及待。在武汉谈整'左'派,我不同意。"②

江青、张春桥等人清楚地认识到,他们不可能得到中央一线领导人的支持,而且,《提纲》还向毛泽东汇报后以中央名义发出的。姚文元甚至已经根据《提纲》的精神为《文汇报》起草"四个月来运动总结",作结束运动的准备了。但江青等人并不甘心,就在彭真主持制定《二月提纲》前后,她曾找到罗瑞卿,要到部队开文艺座谈会,被拒绝了。在林彪捏造罪名打倒罗瑞

---

① 龚育之:《龚育之论中共党史》(下),湖南人民出版社1999年版,第907页。
② 薄一波:《若干重大决策与事件的回顾》(下卷),第1276页。

第八章 尾声

223

卿后,江青于1月21日又专门到苏州请无产阶级专政的"尊神"林彪予以支持。22日,林彪对总政治部副主任刘志坚指示:江青对文艺工作方面在政治上很强,在艺术上也是内行,她有很多宝贵的意见,你们要很好地重视,并且要在思想上、组织上认真落实。2月2日至20日,江青根据林彪的委托,在上海邀请刘志坚、谢镗忠、李曼村、陈亚丁等人,就部队文艺工作的若干问题进行座谈。会后,写出《林彪同志委托江青同志召开的部队文艺工作座谈会纪要》(简称《纪要》)。

《纪要》认为,文艺界在新中国成立后,被一条与毛泽东思想相对立的反党反社会主义的黑线专了我们的政,这条黑线就是资产阶级的文艺思想、现代修正主义的文艺思想和所谓30年代文艺的结合。"写真实"论、"现实主义广阔的道路"论、"现实主义的深化"论、反"题材决定"论、"中间人物"论、反"火药味"论、"时代精神汇合"论等,就是他们的代表性的论点。《纪要》指出,我们一定要根据党中央的指示,坚决进行一场文化战线上的社会主义大革命,彻底搞掉这条黑线。搞掉这条黑线之后,还会有将来的黑线,还得再斗争。所以,这是一场艰巨、复杂、长期的斗争,要经过几十年甚至几百年的努力,这是关系到我国革命前途的大事,也是关系到世界革命前途的大事。①

3月19日,经毛泽东修改和同意后,江青将《纪要》送给林彪。不久,林彪以中央军委的名义报送中共中央审批。4月10日,中央做出批示,指出:在整个社会主义时期,文学艺术领域是无产阶级同资产阶级这两个阶级、社会主义同资本主义这两条道路之间的斗争的一条极其重要的战线。中央有关部门和绝大多数党委,对文艺战线上的阶级斗争却一直认识很不够,抓得很不够,没有认真地贯彻执行毛泽东文艺思想和党的文艺方针、政策。这种严重的情况必须迅速地切实地加以改变。这次林彪同志委托江青同志召开的部队文艺工作座谈会,是一个高举毛泽东思想伟大红旗的座谈会。经过毛泽东三次亲自修改的座谈会纪要,对当前文艺战线上阶级斗争的许多根本问题,作了正确的分析,提出了正确的方针、政策,是一个很好的、很重要

---

① 《中国共产党编年史》编委会:《中国共产党编年史》第7册,山西人民出版社、中共党史出版社2002年版,第2556页。

的文件。中央完全同意这个文件。它不仅适合于军队,也适合于地方,适合于整个文艺战线。各级党委应当联系本地区、本部门文艺工作的实际情况,认真讨论,认真研究,贯彻执行。①

这个《纪要》的发出,明显是对《二月提纲》的否定,同时,也表明毛泽东已下决心采取更大的行动。3月17日至20日,毛泽东在杭州召开的政治局常委扩大会议上指出:现在学术界和教育界是资产阶级知识分子掌握实权。社会主义革命越深入,他们就越抵抗,就越暴露出他们的反党反社会主义的面目。并警告中宣部不要成为农村工作部。3月28日至30日,毛泽东同康生、江青、张春桥等人谈话,批评《五人小组汇报提纲》混淆阶级界限,不分是非,是错误的。毛泽东说,1962年十中全会做出了进行阶级斗争的决议,为什么吴晗写了那么多反动文章,中宣部都不要打招呼,而发表姚文元的文章却偏偏要跟中宣部打招呼,难道中央的决议不算数吗?扣押"左"派稿件,包庇反共知识分子的人是"大学阀",中宣部是阎王殿。要"打倒阎王,解放小鬼!"我历来主张,凡中央机关做坏事,我就号召地方造反,向中央进攻。各地要多出些孙悟空,大闹天宫。去年九月会议,我问各地同志,中央出了修正主义,你们怎么办?很可能出,这是最危险的。毛泽东要求支持"左"派,建立队伍,进行"文化大革命"。要支持小将,保护孙悟空,再不支持,就解散五人小组、中央宣传部、北京市委,不管哪个省、市委。②由此可以看出,毛泽东要下决心解决北京市委、中宣部和五人小组的问题,要对彭真、陆定一等同志开展批判。"文化大革命"已箭在弦上,一触即发。

4月14日,毛泽东对陈伯达起草好的关于撤销《二月提纲》的《通知》草稿做出重大修改。加上了"撤销原来的文化革命五人小组,重新设立文化革命文件起草小组,隶属于政治局常委之下。"③同一天,郭沫若在全国人大常委会上发言说:"我是一个文化人,甚至于好些人都说我是一个作家,还是一个诗人,又是一个什么历史学家。几十年来,一直拿着笔杆子在写东西,也翻译了一些东西。按字数来讲,恐怕有几百万字。但是,拿今天的标

---

① 刘志坚:《部队文艺工作座谈会纪要产生前后》,张化、苏采青主编:《回首"文革"》(上),中共党史出版社2000年版,第344—345页。
② 《中国共产党编年史》编委会:《中国共产党编年史》第7册,第2555页。
③ 薄一波:《若干重大决策与事件的回顾》(下卷),第1279页。

准来讲,我以前所写的东西,严格地说,应该全部把它烧掉,没有一点价值。"①

4月22日,毛泽东在杭州召开的政治局常委扩大会议上说:我不相信只是吴晗的问题,这是触及灵魂的斗争,意识形态的,触及面很广泛。吴晗问题之所以严重,是因为"朝中有人",中央有,各区、各省、市都有,军队也有,出修正主义,不只文化出,党政军也要出,主要是党、军。真正有代表性的,省,市都要批评一两个。28日、29日,毛泽东又对彭真和北京市委提出了更加严厉的批评。他说,北京市一根针也插不进去,一滴水也泼不进去,彭真要按他的世界观来改造党,事物走向反面,他已为自己准备了垮台的条件,对他的错误要彻底攻。并说,阶级斗争是不以人的意志为转移的,"西风吹渭水,落叶下长安","灰尘不扫不少","阶级斗争,不斗不倒。"②此后,彭真、陆定一、罗瑞卿、杨尚昆等党内高层人物相继被打倒。

1966年5月4日至26日,中共中央政治局扩大会议在北京举行。会议集中揭发和批判了彭真、陆定一、罗瑞卿、杨尚昆同志的"问题",并于5月16日通过了由陈伯达起草的、毛泽东做了八次修改的《中国共产党中央委员会通知》(即《五一六通知》)。《通知》宣布:中央决定撤销1966年2月12日批转的文化革命五人小组《关于当前学术讨论的汇报提纲》,撤销以彭真为首的文化革命五人小组及其办事机构,重新设立中央文化革命五人小组,隶属于政治局常委之下。

《通知》在全面批判《二月提纲》的同时,提出了"文化大革命"的一整套的理论、路线和方针。《通知》认为,学术界、教育界、新闻界、文艺界、出版界的领导权都不在无产阶级手里;中央和中央机关,各省、市、自治区,都有一大批反党反社会主义的资产阶级代表人物,他们是一批反革命的修正主义分子,一旦时机成熟,他们就会夺取政权,由无产阶级专政变为资产阶级专政。赫鲁晓夫那样的人物,他们现正睡在我们的身旁。《通知》号召,"高举无产阶级文化革命的大旗,彻底揭露那批反党反社会主义的所谓'学术权威'的资产阶级反动立场,彻底批判学术界、教育界、新闻界、文艺界、

---

① 龚育之:《龚育之论中共党史》(下),第924页。
② 薄一波:《若干重大决策与事件的回顾》(下卷),第1279—1280页。

出版界的资产阶级反动思想,夺取在这些文化领域中的领导权。""同时批判混进党里、政府里、军队里和文化领域各界中的资产阶级代表人物,清洗这些人,有些则要调动他们的职务。"①

会议期间,林彪于5月18日做了长篇讲话,他大讲古今中外的政变事例,散布党中央内部有人要搞政变的谎言,蓄意制造恐怖气氛。他还鼓吹个人迷信,称颂毛泽东是"最伟大的天才舵手",他的话"句句是真理,一句超过一万句","他的话都是我们行动的准则。谁反对他,全党共诛之,全国共讨之。"②林彪的这些话对会议产生了恶劣的影响,使本来非常紧张的局势进一步恶化。

5月8日,《解放军报》发表高炬的文章:《向反党反社会主义的黑线开火》,这篇由江青组织的文章诬蔑邓拓是"和吴晗、廖沫沙开设的'三家村'黑店的掌柜","反党反社会主义分子的一个头目","对党对社会主义怀着刻骨仇恨","《燕山夜话》是地地道道的反党反社会主义的黑话";攻击《前线》、《北京日报》和《北京晚报》是"反党工具"。同日,《光明日报》发表"何明"(即关锋)的文章:《擦亮眼睛,辨别真伪》。文章指责《北京日报》4月16日对《燕山夜话》和《三家村札记》的批判是"假批判,真掩护,假斗争,真包庇",诬蔑《前线》和《北京日报》是"宣扬复辟资本主义的工具"。这两篇文章,都把矛头直接指向北京市委和彭真。③

《五一六通知》反映了毛泽东关于"文化大革命"的主要论点,它的发出,标志着"文化大革命"的正式发动。

二、"四清"纳入"文革"

在"文化大革命"发动的同时,各地正按既定计划开展"四清"运动。为了能使"文化大革命"顺利进行,各地都对"四清"运动进行重新部署,并把

---

① 《中国共产党编年史》编委会:《中国共产党编年史》第7册,第2558—2559页。
② 《中国共产党编年史》编委会:《中国共产党编年史》第7册,第2559页。
③ 《中国共产党编年史》编委会:《中国共产党编年史》第7册,第2560页。

"文化大革命"纳入"四清"计划之内,但随着"文化革命"的不断深入,各地又以文化革命为中心带动"四清",把"四清"又纳入文化革命中去,"四清"运动实际上也不了了之了。

华北局为了领导好这场革命运动,动员各行各业的广大群众参加"文化大革命",要求文艺、教育、新闻、出版、卫生、科研等单位全面铺开,对于党内的"学阀"、"党阀",对于资产阶级"权威"和资产阶级代表人物,一定要揪出来,彻底加以批判。同时,对"文化大革命"和"四清"进行了部署。一是当前对"文化大革命"的领导,重点放在大中城市,其中又以党、政领导机关和文教系统为主要战场。二是工交、财贸企业的"文化大革命",一般列入"四清"计划之内,分期分批进行,并且实行分类指导。已经搞过和尚未开展"四清"的,凡是能够发扬民主、放手发动群众的单位,一般可以由本单位党委来领导;问题很多或领导不力的单位,必须派精干的工作队,进行领导或者进行夺权斗争。正在进行"四清"的单位,由"四清"工作队负责领导;同时,还要准备用一带一的办法,支援那些急需夺权而又派不出工作队的单位。已经搞过"四清"的单位,结合"文化大革命",搞好"四清"复查。医院、饭店大体依照这个办法。三是在农村中,也要把"文化大革命"和"四清"运动结合起来,而又实行分类领导。四是城乡"四清"工作队的人员基本上不动。所有城乡"四清"工作队,要拿出较充裕的时间,以"文化大革命"的精神进行整训,学习文件,开展大鸣大放大辩论,总结经验,分清是非,进一步革命化,克服右倾思想和散漫习气。五是各级领导,包括工作团(队)长,都必须大胆放手发动群众,挺身而出,站在运动的前面,敢于革命,敢于引火烧身,以便调动广大干部的积极性,又能取得领导运动的主动权。总之,对工业、农村、财贸系统的"四清"运动,都要同文化革命结合起来加以安排,基本按照原定部署,坚持进行到底,彻底搞好。要防止在"文化大革命"兴起之后,对"四清"运动采取了草从事,偷工减料,或者大轰大嗡的偏向。

北京市对"文化大革命"的部署做了明确规定,在文化教育战线的各个部门,要乘胜追击,集中力量打歼灭战,并通过"文化大革命"完成"四清"任务,兴无灭资,巩固与扩大社会主义阵地。在农村,县委、县级机关和中等学校,以及财贸等单位的文化革命,列入"四清"范围,要高举"二十三条",分期分批,有领导有计划地进行。通过"四清"运动完成"文化大革命",也就是与"四清"结合起来,进行"文化大革命"。北京新市委认为,把"文化大革命"同"四清"结合起来,革命的内容更丰富了。而且从根本上讲,"四清"与"文化大革命"的重点,都是整党内那些走资本主义道路的当权派,都是为了解决领导权,巩固无产阶级专政,都是反修、防修,所以完全可以结合。

中南局召开了全区文化革命动员大会,传达和讨论了中央关于无产阶级"文化大革命"的指示,并动员五省区积极参加全国批判"三家村"反党黑帮的斗争,揪出了一批反党反社会主义的头面人物,如广东省作协副主席、羊城晚报副总编辑秦牧、中山医学院党委书记兼院长柯麟、武汉大学校长李达、河南省郑州大学副校长、省社联主席郭晓棠等,出现了"文化大革命"的高潮。同时,中南局为加强对运动的领导,对"文革"和"四清"进行了部署和安排。主要是重点放在城市。大中城市和地委所在的某些小城市,是资产阶级知识分子成堆的地方,是目前文化革命的主要战场。所有文化、教育、新闻、出版、学术等单位,都要立即普遍开展运动,加以彻底整顿和改造,夺回和巩固无产阶级的领导权。城市工矿企业,要按"四清"的部署,按"二十三条"规定的"三结合"的方法,结合"四清"搞好文化革命。目前正在进行"四清"的单位,要适应当前形势,立即拿出一段时间,结合"四清"进行文化革命,然后继续完成"四清"任务。已经结束"四清"的单位,应当再搞一段文化革命,可根据不同单位的具体情况,依靠党委或派工作组去,发动群众,把"四清"中漏网的反党反社会主义分子揪出来,批判资产阶级,把思想文化领域里的社会主义革命搞深搞透。今后新铺开的"四清"单位,应当从清政治入手,先搞文化革命,然后完成"四清"的其他任务。暂时不开展"四清"的单位,应当在干部和群众中进行文化革命的教育,积极参加声讨报上点名批判的人物。农村文化革命也结合"四清"进行。

东北地区的"文化大革命",自五月下旬东北局召开扩大的第十次全体委员会议,传达和讨论中央关于文化革命的指示精神以来,进展异常迅速。揪出了一大批所谓"资产阶级代表人物",如,在辽宁是省委书记周桓,在长影是周扬、林默涵、夏衍等人;在哈尔滨是市委书记郑依平和市委宣传部副部长牛乃文;在新闻出版界,《营口日报》《哈尔滨晚报》以及其他一些报纸的副刊,问题也很严重。在教育界,东北工学院前党委书记柳运光、沈阳农学院院长张克威、吉林大学党委第二书记陈静波、大连工学院院长屈伯川、东北林学院党委书记王禹明都有严重的问题。为使运动深入开展下去，东北局根据中央指示精神，对东北地区城乡文化革命运动，做了如下安排。一是把活学活用毛主席著作放在"文化大革命"运动的首位。二是改变领导落后于群众的被动局面，关键在于中层以上的领导干部敢不敢于放手发动群众，敢不敢于领导，善不善于领导。三是"文化大革命"不论在城市或农村都必须进行，在部署上应当明确重点。就城市和农村来说，重点在城市。就各界来说，重点在文艺界、学术界、教育界、新闻界、出版界等文化工作部门和市、地以上党政机关。农村社队的文化革命，决定结合"四清"进行。工交、财贸、医疗卫生等基层单位和县直党政机关的文化革命，也应和"四清"运动结合起来分期分批地进行。凡是暂时不开展文化革命运动的单位，都要向群众交代清楚，有步骤地进行文化革命是一种积极的而不是消极的措施，是为了集中力量打歼灭战，把运动搞得更好。

西南地区的"文化大革命"运动，自六月上旬以来，迅速形成了高潮，特别是6月3日中央关于改组北京市委的决定公布以后，运动发展的速度大大加快，在省（市）一级机关和大专院校、几个大城市的中等学校以及部分地、专机关，迅速掀起了大鸣、大放、大字报的热潮。广大干部群众集会、游行、贴大字报，纷纷表示热烈拥护中央改组北京市委的决定，愤怒声讨批判"三家村"，揭发批判张黎群、李孟北、汪小川等人"反党反社会主义的罪行"，同时联系本地区、本部门、本单位的实际情况，从各个方面揪出了一批牛鬼蛇神。为使运动在已经取得成就的基础上，更加有计划、有组织、有领导地向前发展，西南局对进一步搞好"文化大革命"和"四清"进行了安排和部署。西南局指出，鉴于当前城乡都存在着正在进行"四清"、"四清"已经结束或即将进行"四清"等种种不同情况，因此，必须分别采取不同的做法，把"四清"运动和文化革命运动紧密结合起来进行。凡是"四清"运动已经结束的地区、单位，确实达到了"二十三条"的六项标准的，可以在本地区、本单位党委的领导下，在"四清"运动的基础上，深入开展"文化大革命"，把"四清"运动的成果，大大向前推进一步；没有达到六项标准的，特别是领导核心问题没有解决好的，要重新派工作队去，从"文化大革命"入手，把"四清"和"文化大革命"搞彻底。正在开展"四清"的地区、单位，要把"文化大革命"插进去,紧密地和"四清"运动结合起来进行。正准备开展"四清"运动的地区、单位,要把开展"文化大革命"作为"四清"运动的一个重要内容,从训练工作队开始,就要认真学习文化革命的有关文件、社论。目前暂不开展"四清"运动的地区、单位,应组织干部、群众学习毛主席著作和"文化大革命"的文件、社论、文章,召开一些必要的声讨会。

西北局召开了第三次全体扩大会议,传达和讨论了毛主席和党中央关于无产阶级的指示,揭露和批判了以彭真为首的"反党反社会主义反毛泽东思想的反革命集团"的罪行,初步揭发和批判了西北地区一批混入党内的资产阶级代表人物,如陕西省委第二书记赵守义,挖掉了彭德怀、高岗反党集团埋在陕西的定时炸弹,铲除了陕西反革命黑线的根子。同时,也确定了西北地区"文化大革命"的部署。西北局决定,无论城市和农村,无论政治、经济、军事和文化部门,都必须有计划有领导地放手群众进行"文化大革命"。当前运动的重点应该放在解决省、自治区和地(州)市一级文教部门及其所属单位、高等院校和党政领导机关的问题。凡是领导权被篡夺的单位,都要派强有力的革命化的工作组,开展夺权斗争,重新建立革命的领导核心。县级机关、县以下文教单位和农村的"文化大革命"运动,要和"四清"运动结合起来,按照"二十三条"的规定和各省区的部署,分期分批地有领导有计划地进行。正在进行"四清"的,要把"文化大革命"作为"四清"的重要内容,搞深搞透。已经进行过"四清"的,要有计划地组织力量进行"文化大革命"补课工作。尚未进行"四清"的,可以仿照面上社教的办法进行。西北局还要求,城乡"四清"运动仍按原计划进行,领导不能削弱,一定要做到既要搞好"文化大革命",又要搞好城乡"四清"。

华东局于6月3日至6日,召开书记处会议,传达和讨论五月中央政治局扩大会议精神。关于进一步推进"文化大革命"的问题,大家一致认为,必须坚决按照毛主席指示办事。在运动中,要进一步组织工农兵和干部大学毛主席著作,在斗争中学,在斗争中用,把学习毛主席著作的群众运动推向新的高潮。会议研究了以下政策和部署:一是大胆放手发动群众。二是坚定地依靠"左"派,争取中间派,孤立和打击右派。三是重新组织革命的文化队伍。四是"四清"运动要以"文化大革命"为中心。五是加强党对"文化大革命"的领导。华东局要求,当前各级党委必须以阶级斗争为纲,突出

"文化大革命"，全面安排工业、农业、财贸、小三线建设等项工作。① 山东省委也规定，农村"文化大革命"，要和"四清"结合分期分批进行，有点有面分类指导。如果搞"四清"的单位，不认真开展"文化大革命"，"四清"就搞不彻底，好多坏人揪不出来，有些根子挖不出来，新的领导班子有些也靠不住。今后搞"四清"，就要以"文化大革命"为中心，活学活用毛主席著作，以"二十三条"为指导，大字报、大鸣、大放、大辩论，彻底揭发问题，然后梳辫子，重点批判斗争，使斗争迅速上纲。

把文化革命和"四清"革命结合起来，共同打击那些混入党里、政府里、军队里和文化领域各界里的资产阶级代表人物，也是"文革"初期毛泽东部署运动的既定考虑。这在毛泽东致林彪的《五七指示》中就有反映。毛泽东指出，军队应该是一个大学校。这个大学校，学政治、学军事、学文化，又能从事农副业生产，又能办一些中小工厂，生产自己需要的若干产品和与国家等价交换的产品，又能从事群众工作，参加工厂农村的"社教四清"运动，"四清"完了，随时都有群众可做，使军民永远打成一片，又要随时参加批判资产阶级的文化革命斗争。同样，工人也是这样，以工为主，也要兼学军事、政治、文化，也要搞"四清"，也要参加批判资产阶级。②

1966 年 8 月 1 日至 12 日，中共八届十一中全会在北京举行。8 日，会议通过了《中国共产党中央委员会关于无产阶级文化大革命的决定》（简称"十六条"），文件规定，大中城市的文化教育单位和党政领导机关，是当前无产阶级"文化大革命"运动的重点。"文化大革命"使城乡社会主义教育运动更加丰富、更加提高了，必须把两者结合起来进行。各地区、各部门可以根据具体情况进行部署。在农村和城市企业进行社会主义教育运动的地方，如果原来的部署是合适的，又做得好，就不要打乱他，继续按照原来的部署进行。但是当前的"文化大革命"运动提出的问题，应当在适当的时机，交群众讨论，以便进一步大兴无产阶级思想，大灭资产阶级思想。有的地方以无产阶级"文化大革命"为中心，带动社会主义教育运动，清政治、清思想、清组织、清经济。这样做，如果那里党委认为合适，也是可以的。③ 9 月

---

① 《建国以来毛泽东文稿》第 12 册，中央文献出版社 1998 年版，第 65—66 页。

② 《建国以来毛泽东文稿》第 12 册，第 53—54 页。

③ 《人民日报》1966 年 8 月 9 日。

14 日,中共中央又发出了《关于县以下农村"文化大革命"的规定》,要求县以下各级的"文化大革命",仍按原"四清"的部署结合进行,依靠本单位的革命群众和广大干部把革命搞好。北京和外地的学生、红卫兵,除省、地委另有布置外,均不到县以下各级机关和社、队去串联,不参加县以下各级的辩论。县以下各级干部和公社社员也不要外出串联。秋收大忙时,应集中力量搞好秋收秋种和秋购,"四清"运动可以暂时停下来。农村破"四旧"、立"四新"运动,应在农闲时专门安排一段时间把它搞好。①

但随着"文化大革命"的不断深入,"四清"运动中的许多做法和部署已不适应文化革命的需要了。1966 年 11 月 27 日,谭震林就今冬明春开展农村"文化大革命"和"四清"运动的几个原则性问题向周恩来、陶铸、陈伯达、康生、李富春以及中央"文革"小组写出了请示报告。报告指出,"文化大革命"与"四清"的结合,"十六条"上是两种提法。现在看来,"四清"运动中下台的干部,只要贫下中农大多数没有意见,也不准翻案,"四清"工作队也应肯定。但是,各地原来的"四清"部署和做法,还有不少框框,繁琐哲学,人海战术,包办代替等,有了"文化大革命"的形势和大民主的经验,就不能再按原来的一套部署去做了。应该加以改变,不改变也行不通。因之,似以明确肯定以"文化大革命"为中心带动"四清"的提法为好。

随后,中央于 12 月 10 日召开了农村无产阶级"文化大革命"问题座谈会,制定了《农村"文化大革命"十二条意见》(供讨论用)。《意见》指出,八届十中全会以来,全国三分之一以上的农村进行了"四清"运动,取得了很大的成就。"文化大革命"是我国社会主义革命发展的新阶段,比"四清"运动更加丰富、更加提高了。今后的"四清"运动,应当和"文化大革命"结合起来进行。没有搞好"四清"的地区,和"四清"没有结束的地区,以"文化大革命"为中心,带动"四清"。已经进行过"四清"的地区,以"文化大革命"为中心,结合进行"四清"复查,12 月 15 日,中央发出《关于农村无产阶级"文化大革命"的指示(草案)》,规定农村的无产阶级"文化大革命",按照中共中央《关于无产阶级"文化大革命"的决定》,即"十六条",和社会主义教育运动的"前十条"、"二十三条"的原则进行。必须是群众当家作主,群

---

① 《农业集体化重要文件汇编》(下册),第 861 页。

众自己教育自己,群众自己解放自己,自己起来闹革命。农村"文化大革命"的重点,是整党内一小撮走资本主义道路的当权派和没有改造好的地富反坏右分子。把"四清"运动纳入"文化大革命"中去。在"文化大革命"中,解决"四清"问题和"四清"复查问题。①

在"文化大革命"运动中,有些地区发生"四不清"干部翻案以及揪斗部分"四清"工作队员的问题,为此,中央又下发了一系列有关保卫"四清"运动成果的指示。1967年1月25日,中央发出《关于保卫"四清"运动成果的通知》,《通知》指出,现在,有些农村和企业、事业单位要把"四清"工作队员揪回去斗。中央认为,"四清"运动有伟大成绩,农村社会主义教育"十条"、"二十三条",都是毛主席亲自主持制定的,是伟大的马克思列宁主义的文件,这是必须肯定的。根据"十条"和"二十三条"的规定,在当时派出工作队,是正确的,不能说是错误的。至于有些同志在工作中受形"左"实右路线的影响,犯了一些错误,主要应由错误路线的提出者负责。因此,中央决定,"四清"工作队的同志,一般的不要揪回去斗。对于"四清"工作队的同志有意见,可以用写信、送大字报或者其他方式提出。必须保卫"四清"运动的成果,不许那些党内走资本主义道路的下台干部和地富反坏右分子翻案。不许他们兴风作浪。② 2月20日,中央发出《给全国农村人民公社贫下中农和各级干部的信》,信中号召贫下中农认真地抓革命,促生产。中央相信,农村人民公社各级干部绝大多数是好的和比较好的。犯过错误的同志,也应该努力在春耕生产中将功补过。绝对不许地富反坏右分子乱说乱动,破坏生产,破坏劳动人民之间的团结,挑动宗派纠纷。在"四清"运动中下台的干部,必须积极参加劳动,改造自己,不许反攻倒算。③ 3月7日,中央发出了《关于农村生产大队和生产队在春耕期间不要夺权的通知》。《通知》要求,在已经"四清"过的地方,决不允许那些走资本主义道路的下台干部和地富反坏右分子翻案,要坚决保卫"四清"运动的成果。④ 1967年12月4日,中央发出了《关于今冬明春农村文化大革命的指示》,规定"文化大

---

① 《农业集体化重要文件汇编》(下册),第862页。
② 《农业集体化重要文件汇编》(下册),第864页。
③ 《农业集体化重要文件汇编》(下册),第865页。
④ 《农业集体化重要文件汇编》(下册),第867—868页。

革命"要继续按照中共中央《关于无产阶级"文化大革命"的决定》即"十六条",和《关于农村无产阶级"文化大革命"的指示(草案)》即"十条"的原则进行。同时文件指出,"前十条"和"二十三条"是毛主席亲自领导下制定的,根据这两个文件进行的"四清"运动,有伟大的成绩,必须肯定。"四清"运动遗留的某些问题,可以在无产阶级"文化大革命"中解决。①

此时,毛泽东对"四清"运动逐渐不感兴趣了,1967年2月8日,毛泽东会见阿尔巴尼亚劳动党中央政治局委员、中央书记处书记、共和国部长会议第一副主席卡博以及国防部长巴卢库谈话时指出,过去我们搞了农村的斗争,工厂的斗争,文化界的斗争,进行了社会主义教育运动,但不能解决问题,因为没有找到一种形式,一种方式,公开地、全面地、由上而下地发动广大群众来揭发我们的黑暗面。② 这样,"四清"运动就无法开展下去,而让位于正在蓬勃开展的"文化大革命"。

截至1966年上半年,全国结束"四清"运动的地区,有694个县、市、旗(其中包括少数只搞了一部分的地区),占总数的32%。分省来说,占11%—20%的有湖北、陕西、贵州、云南等四省。占21%—30%的有吉林、黑龙江、甘肃、新疆、四川、广西、江西、江苏、安徽、浙江等10省。占31%—40%的有山西、内蒙古、宁夏、河南、广东、湖南、福建、山东等8个省。占41%—50%的有辽宁、河北两省。青海农业区完成66%,北京市以公社计完成92%,上海市全部结束,加上随后开展的单位,全国开展"四清"运动的重点地区超过三分之一以上。其他地区则普遍开展了面上的"四清",全国的厂矿企业大体上也是这种情况。县以上各级机关和大、中、小学校及文化单位,则普遍开展了"四清"运动。

三、"四清"运动的历史评价

持续四年之久,有数百万工作队员下乡进厂,波及全国三分之一广大地

---

① 《农业集体化重要文件汇编》(下册),第869—870页。
② 《建国以来毛泽东文稿》第12册,第220页。

区的"四清"运动,已经过去 40 多年了,历史已进入 21 世纪。这场运动在当时以及以后很长一段时间被认为"是一次伟大的革命运动"、"是重新教育人的斗争",认为运动对巩固农村社会主义阵地和无产阶级专政,对于铲除发生修正主义的社会基础,对于巩固集体经济、发展农业生产,都有着极其重大的作用。"这一次教育运动完成以后,全国将会出现一种欣欣向荣的气象。"但历史是无情的,"四清"过后,一场所谓通过"天下大乱"达到"天下大治"的"文化大革命"爆发了,从而把中华民族拖入了长达十年之久的社会大动荡。因此,我们今天应如何看待这场"文化大革命"前夕的政治运动? 应该对这场运动做怎样的历史定位?

1981 年十一届六中全会通过的《关于建国以来党的若干历史问题的决议》,对"四清"运动做出了实事求是的评价。《历史决议》指出,1963 年至1965 年间,在部分农村和少数城市基层开展的社会主义教育运动,虽然对于解决干部作风和经济管理等方面的问题起了一定作用,但由于把这些不同性质的问题都认为是阶级斗争或者是阶级斗争在党内的反映,在 1964 年下半年使不少基层干部受到不应有的打击,在 1965 年年初又错误地提出了运动的重点是整所谓"党内走资本主义道路的当权派"。不过,这些错误当时还没有达到支配全局的程度。《历史决议》的评价为我们研究这段历史指出了方向。

具体而言,"四清"运动在许多方面还有值得肯定之处,主要表现在以下几点:

第一,运动对改善干部作风,密切干群关系,具有一定的促进作用。"四清"运动开展的基本出发点就是认为基层干部作风存在严重问题,认为"在农村基层干部中,有许多人犯有大大小小的错误,其中有一些人的错误还比较严重"[1]"在我们一部分干部中,资产阶级思想作风确有滋长。突出的表现是:损大公、肥小公,打埋伏、耍手段,只顾局部、不顾大局的损害国家利益的分散主义、特别是本位主义滋长起来了;贪图个人享受、讲排场、铺张浪费、假公济私、走后门、破坏制度、损人利己、多吃多占、滥用国家资材、挥

---

① 《建国以来重要文献选编》第 17 册,第 405 页。

霍人民血汗的现象,也滋长起来了。"①

不可否认,上述情况在 60 年代前期的干部队伍中,都不同程度地存在着。如果不解决这些问题,势必降低党在群众中的威信,严重损害党与群众的关系,直接影响社会主义建设事业。为此,在"四清"运动期间,中央要求各级干部要"好好地洗洗澡",对社、队普遍存在的"四不清"矛盾,"必须予以解决",使"'四清'成为人民公社、大队和生产队,首先是基本核算单位的一项经常制度,并作为一种重要的社会主义教育";要求干部必须积极参加生产劳动,这"对于社会主义制度来说,是带根本性的一件大事",认为"干部不参加集体生产劳动,势必脱离广大的劳动群众,势必出修正主义"②;要求"建立和健全干部参加集体生产劳动的制度"③。并把"干部是参加了劳动,还是不参加劳动"作为衡量"四清"运动是否搞好的重要标准之一。同时,运动期间中央一再要求,"各级党组织的负责同志还必须有计划、有选择地蹲点,虚心倾听群众意见,及时发现问题,总结经验。"④要求"领导人员亲自蹲点。省、地、县各级的主要领导人员,都必须亲自蹲点,以便取得经验,做出样子,指导和带动全盘运动"⑤。中央认为,只有这样,才能"使我们的干部成为既懂政治、又懂业务、又红又专、不是浮在上面、做官当老爷、脱离群众,而是同群众打成一片、受群众拥护的真正好干部"⑥。

应该说,上述措施和要求都是正确的,对解决干部队伍中的不良作风,使干部了解基层的真实情况,起到了一定的积极作用。比如杨尚昆曾在日记中写道:经过很多同志蹲点,现在不是已经提出来卫生部门要下乡为人民服务吗?我们中国 7 亿人口,差不多有 6 亿在农村。全国解放以后,卫生工作虽然有很大发展,但基本上是在城市,农村里头很少,农民没有地方看病。城市里头医院修得很漂亮,农村里连一个医务所也没有,牛鬼蛇神利用"行医"就出现了。农民看不起病,药费太高,住院费太高,所有蹲点的人都反

---

① 《建国以来重要文献选编》第 16 册,第 173 页。
② 《建国以来重要文献选编》第 16 册,第 321—325 页。
③ 《建国以来重要文献选编》第 19 册,第 231 页。
④ 《建国以来重要文献选编》第 16 册,第 326 页。
⑤ 《建国以来重要文献选编》第 19 册,第 233 页。
⑥ 《建国以来重要文献选编》第 16 册,第 329 页。

映这个问题。所以中央这一次准备把卫生部门赶下乡去,目前医务人员已经去了。文化也是这样,就拿唱戏来讲,尽是唱一些搬不动的戏,光是道具几个汽车还拉不出去。不只是北京,县里头也有这个问题。农村里没有什么文化生活,演一次电影 30 块钱的出租费。30 块钱呀,同志们,农民一个人一年的收入就差不多了。所以,农民看不起电影。现在中央不是准备把文化人员赶下乡、把演戏的也赶下乡吗? 所以,蹲点对我们确实有很大的好处。可以了解政策,哪些是合适的,哪些是不合适的,应该改进。①

第二,"四清"运动虽对生产造成一定的影响,但运动过程中始终强调抓生产,并没有因开展阶级斗争而放松生产工作。八届十中全会上,毛泽东一方面大讲阶级斗争,一方面鉴于 1959 年庐山会议后的"反右倾"给经济工作带来的干扰,他接受了刘少奇等人的意见,提出了"决不要因为对付阶级斗争而妨碍了我们的工作,要把工作放到第一,阶级斗争和它平行,不要放在很严重的地位"②。在"四清"运动中各地都强调了运动同生产的紧密结合。在城市"五反"运动中,中央强调"在运动的各个阶段,都必须以增产节约为中心"、"决不能因为开展群众运动,放松对日常生产的领导,放松巩固和建立正常的生产秩序的工作,更不能打乱生产秩序和工作制度,影响生产的正常进行"。"前十条"提出了农村中的十个根本问题,要求各地"在不误生产、密切结合生产的条件下,分期分批地有步骤地推行"③。"后十条"中明确指出:"社会主义教育运动的进行,必须同生产工作紧密地结合起来。运动进行的每一个步骤,都不能耽误生产。运动中的一切措施,都应有利于生产。在整个运动中间,随时都要注意把群众的政治热情和劳动积极性,引导到巩固集体经济、发展农业(包括集体副业)生产上去。"④在"二十三条"中,除把增产作为搞好运动的一条标准外,还规定财贸机关应当在投资、贷款等方面,适当支持进行"四清"地区的生产建设。并提出"'四清'要落在建设上面","使生产、建设、科学、文化、教育、卫生、公安、民兵工作,各

---

① 《杨尚昆日记》(下),第 653 页。
② 薄一波:《若干重大决策与事件的回顾》(下卷),第 1138 页。
③ 《建国以来重要文献选编》第 16 册,第 175—176、328 页。
④ 《建国以来重要文献选编》第 17 册,第 392 页。

方面都有所前进。"①

　　在各地指导"四清"的许多领导干部也积极贯彻中央的指示,一再强调抓生产。如杨尚昆在陕西长安县搞社教时强调:"一定要自始至终抓生产,因为我们搞社教,最后都要落实到生产上。要跟老百姓讲清楚,不要耽误生产。工作队开会,也不要耽误生产。冬闲的时候,是搞社教的黄金时间;一到农忙,你要开会,就很不得人心。总之是要增加农民的收入,这样就得人心,不然社会主义教育不得人心。"②山东省委书记谭启龙在曲阜搞社教时说:"只抓社教,忽视生产,不符合群众要求,也不符合'二十三条'对运动的要求,每个工作队员,一定要了解,只抓社教,不抓生产,社教搞不好。"③中南局第一书记陶铸直言:"如果运动结果不是增产而是减产,社教的声誉就会一落千丈。这么多工作队搞这么久,搞出个减产,谁还愿意搞社教!"④华北局第一书记李雪峰强调:"政治挂帅很重要,但是如果生产搞不好,如果不能增加物质财富,就是空头挂帅。"⑤北京市委书记彭真在宣讲"二十三条"时也指出:"生产极为重要,生产搞不好,别的工作都搞好也不行。生产搞不好,还有什么大好形势!生产千万耽误不得,生产耽误了,什么政权也好,都要完蛋的,不完蛋也要完蛋一半。"⑥可以说,这些政策措施的执行,对于在"四清"运动中,坚持抓紧工农业生产起到了积极作用。据国家统计局资料,按不变价格计算的全国工农业总产值指数,1949年为100,1956年为276,1965年为476.3;同一时期的工业总产值指数为100,502.1,1108.8;农业总产值指数为100,178.8,203.6。从1956年到1965年,全国钢产量由447万吨增加到1223万吨,煤产量从1.1亿吨增加到2.32亿吨,发电量从166亿度增加到676亿度,原油产量从116万吨增加到1131万吨,棉布产量从57.7亿米增加到62.8亿米。1965年粮食产量3891亿斤,基本相当于

---

① 《建国以来重要文献选编》第20册,第28—29页。

② 《杨尚昆日记》(下),第659—660页。

③ 《谭启龙同志在农村社教工作会议上的讲话》(1965年12月11日)。

④ 毛泽东思想哲学社会科学部红卫兵联队编印:《陶铸反革命修正主义言论汇编》,第72页。

⑤ 华北局政策研究室:《李雪峰同志听取施庄工作队汇报后的讲话》(1965年5月20日)。

⑥ 北京市委办公厅编印:《彭真关于"四清"运动的六篇讲话》。

1956 年 3855 亿斤和 1957 年 3901 亿斤的水平。因此，薄一波指出："前后历时 4 年的'四清'运动虽然也给工农业生产带来消极影响，但同 1959 年、1960 年反右倾斗争比，影响要小得多。"[①]

第三，"四清"运动对改善经济管理，健全巩固集体经济起了积极作用。同时，也打击了反革命破坏活动和刑事犯罪活动，刹住了歪风邪气，在维护社会秩序等方面，也起了一定的作用。中央在开展"五反"和"四清"的指示中指出，目前无论在国营企业或者合作社企业中，无论在生产过程或者商品流通过程中，都存在着很多严重的缺点和问题，存在着严重浪费国家资财的现象。在农村，普遍存在"四不清"问题，如账目不清、财物不清、工分不清、库存不清等，因此，在城市进行了反对贪污盗窃、反对投机倒把、反对铺张浪费、反对分散主义、反对官僚主义的运动，在农村进行了经济"四清"。在城市中，规定"无论在计划管理、技术管理、劳动管理、物资管理、财务管理方面，也无论在政治工作、职工生活、组织领导等方面，都要根据或参照国营工业企业管理工作条例草案和国营商业经营管理条例草案的规定，把必要的制度建立和健全起来。"[②]在农村，规定了要实行生产民主、财务民主，定期公布账目、工分，制定了一些必要的财务制度。这些措施对于改善经济管理，堵塞漏洞，巩固集体经济起了积极作用。同时，在运动期间，社会上确实存在一些敌对分子的违法犯罪活动，"四清"运动对这些破坏活动和犯罪活动进行了斗争，在一定程度上维护了社会安定，刹住了歪风。

但是，"四清"运动毕竟是在"以阶级斗争为纲"的思想指导下进行的，运动的基本方面是错误的。主要表现在以下几个方面：

第一，对国内存在的阶级斗争形势做了十分严重的脱离实际的错误估计。"四清"运动在阶级斗争形势的估计上，过分夸大了敌情，认为资本主义复辟的危险已到了十分严重的程度，被推翻的地主富农分子总是企图复辟，伺机反攻倒算，提出阶级敌人向无产阶级进攻的主要手法是搞和平演变，从内部寻找代理人，建立反革命两面政权，并认为有三分之一的基层领导权不在我们手里，有些地区三分之一还打不住。

---

① 薄一波：《若干重大决策与事件的回顾》（下卷），第 1291—1292、1315 页。
② 《建国以来重要文献选编》第 16 册，第 179 页。

但是,实际情况究竟如何? 许多基层干部对阶级斗争的必要性提出疑问,如某大队一名支部委员说:"高级社成立以后,大队和生产队治保干部负责对四类分子进行监督、教育和改造,分工明确,工作有序。另一方面,有些四类分子也老老实实做人,争取早日摘掉帽子。这样不是蛮好吗? 为什么又要搞阶级斗争,闹得人心惶惶,过不上安稳日子?"某大队干部谈了对四类分子的看法,他认为,四类分子在经济上决然没有什么优势,他们的生活低于农村的平均水平,在政治上处于农村的最底层,部分失去了说话和行动的自由。他们人数很少,每个大队才几个人。虽然他们中的有些人对政府不满,但决然不可能掀起政治风浪。四类分子已经是死老虎,完全没有必要对他们兴师动众,搞什么阶级斗争。①

有些人对农村阶级斗争情况是否真正像文件中所指出的那样严重,半信半疑,准备"到农村去看个究竟",一进村,许多人就"提着灯笼到处找阶级斗争",但看到的是"平静的山村,一片和平景象","看不见阶级斗争"。有的人参加村里对四类分子训话会,开始满以为"地主样子一定都很凶恶,进屋一瞧,都是些老头子,耷拉着脑袋,挺老实"②。李雪峰在华北城市"四清"会议上也指出:"究竟在社会主义社会里有没有阶级斗争,干部中的认识始终有问题,有反复,特别是工作队干部,有些人只见树木,不见森林,看到工作中的一些毛病,便压根儿连主题也丢了,否认阶级斗争。有些人开始时承认有阶级斗争,但经过一段工作以后,又不承认了。"③杨尚昆在长安搞社教时认为:"在村子里头,那些真正坚决走资本主义道路的人还是少数,那些真正坚决进行破坏活动的反革命分子也不多,也是少数。"④

云南省委在传达贯彻八届十中全会精神的省委扩大工作会议上明确指出,没有必要,也不应该在农村中从开展一次两条道路的斗争入手,通过这样一个政治运动来解决目前所存在的问题,不需要以阶级斗争为纲。但在印发《总结报告提纲》时,为避免误解,有意识地保留了"不需要从两条道路

---

① 张乐天:《告别理想:人民公社制度研究》,东方出版中心1998年版,第148—149页。

② 中共北京市委办公厅编:《郊区农村社会主义教育运动经验汇集》(二),第3、18页。

③ 《李雪峰同志关于城市"四清"中若干问题的讲话、插话摘要》(1966年1月10至18日)。

④ 《杨尚昆日记》(下),第658页。

斗争入手",回避了"不需要以阶级斗争为纲"的字句。但随后下边反映,省委明确讲了"不需要以阶级斗争为纲",非常得人心。为什么正式印发的文件上没有了呢?是不是错了?因而产生"疑虑"。为此,省委认为不要回避"不需要以阶级斗争为纲"这句话,还是写明了好。随即确定再正式印发一个省委文件,这就是《批转省委宣传部关于今冬明春在农村中进行社会主义教育的意见》,并在第 7 稿将"不需要从两条道路斗争入手"改写为"不需要以阶级斗争为纲"[①]。

应该说,上述材料足以说明在 60 年代前期的中国社会并不存在"四清"运动时期所描绘的那幅可怕的阶级斗争图景。在不存在严重的阶级斗争的情况下大搞阶级斗争,只能是无中生有,人为制造,从而在理论上和实际生活中造成了十分严重的恶果。

第二,严重扩大了打击面,挫伤了一部分群众和基层干部的政治热情和生产积极性。作为重点开展"四清"运动的县社队,几乎都对阶级敌人的破坏活动,做出了过于严重的估计,认为阶级敌人不仅有已经划定的地主、富农、反革命分子和其他坏分子,而且有漏划的地主、富农、反革命分子和其他坏分子。基于这种估计,许多社队重新划定了阶级成分,进行民主补课,将一部分群众划入了阶级敌人一边,给戴上了漏划地主、富农、新生资产阶级分子、坏分子等帽子,进行批判斗争。同时,也提出了"依靠贫农、下中农,是党要长期实行的阶级路线"的观点。在生产资料私人占有、剥削量等阶级划分的具体内容已不存在的情况下,还强调划分什么阶级成分,对于农民来说,只能使他们背上沉重的包袱。早在 1949 年 10 月 11 日,党中央以《新华社信箱》的名义答复农村阶级成分的划分时就指出,在彻底完成土地改革的农村中,不要强调阶级划分,特别是不要强调中贫农的界限,否则,对发展生产是不利的。"四清"时期在城市强调重划阶级,在农村搞阶级档案等做法,实际上不利于调动社会各阶层的积极性,努力发展生产。

对于农村基层干部存在的一些问题,也在阶级斗争扩大化的总体估计下,看得十分严重。认为"在农村基层干部中,有许多人犯有大大小小的错

---

① 李原:《云南"不需要以阶级斗争为纲"省委文件出台记》,载《炎黄春秋》2003 年第 9 期。

误,不仅有经济上的'四不清',而且有敌我不分、丧失立场、排斥贫农下中农、隐瞒成分、伪造历史等政治上和组织上'四不清',其中有一些人的错误比较严重,甚至已经蜕化变质,成为阶级敌人的代理人和保护人"。由此提出,整个运动由工作队领导,对基层组织和基层干部,"可以依靠的就依靠,不可以依靠的就不能依靠"①。在这种"左"的思想指导下,普遍地产生了打击面过宽、撤换、处分干部过多等现象,使一大批党员和干部受到不应有的伤害。从而影响了农村基层干部的积极性和工作热情,有的干部甚至一时怨气地说:发誓不让子孙后代当干部。② 北京市委书记处书记刘仁颇有感触地说:"我们这些年,年年整社,实际上就是整干部。农村有的干部反映,我们在春天是好人,在夏天是忙人,在冬天是罪人。你冬天整得他不想干了,春天又动员他当干部,结果整一次伤害一次积极性。要总结经验教训。"③

第三,"四清"运动造成的另一个不良后果,是农村经济政策的贯彻执行受到干扰。为了克服因"大跃进"和人民公社化带来的农村严重困难,1961 年中央起草了《农村人民公社条例(草案)》(即"农业六十条"),并于八届十中全会上正式通过。"农业六十条"在许多方面对人民公社原有体制做了相当程度的改变。比如缩小社队规模;以生产队为基本核算单位;社员可以耕种自留地、开垦零星荒地、饲养家畜家禽等,并把人民公社社员的家庭副业看作是"社会主义经济的必要的补充部分"等。应该说"六十条"受到了广大群众的欢迎。但在随后开展的"四清"运动中,为了进行社会主义和资本主义两条道路的斗争,有些县社队将包产到户视为"刮单干风"、"走资本主义道路"而予以取缔和严厉批判,并无视"农业六十条"的规定,随意没收社员的自留地、开荒地,搞生产大队核算,或者继续平调生产队和社员的资金搞集体建设。四川、陕西、山东、吉林等省有些县、社、大队,为兴修小型电站或水利工程,平调生产队和社员的资金。有的硬性摊派集资任务,以致使社员卖猪、卖口粮交款;有的对根本不受益的大队或生产队也分

---

① 《建国以来重要文献选编》第 19 册,第 248、226 页
② 舒光才:《一个红军战士走过的路——舒光才回忆录》,广东人民出版社 1999 年版,第 309 页。
③ 中共北京市委《刘仁传》编写组:《刘仁传》,北京出版社 2000 年版,第 499 页。

派集资任务,导致挤占社员分配,影响当年生产、生活。更为突出的是,各地还普遍对农村集市贸易加强了限制,认为农村集市是资本主义活动的场所。一些由于经营家庭副业有方、在集市出售商品较多,或者由于经营小商摊等赚了钱的社员,往往被当做"资本主义倾向的代表"予以批判斗争。上述种种现象,使"农业六十条"中的许多经济政策在一些地方未能落实。这不仅在农民群众中造成了思想混乱,而且严重妨碍了农村商品经济的发展。

第四,运动中,许多政策界限并不明确,甚至根本不正确。比如"走资派",这是毛泽东在"四清"后期提出的一个十分重要的概念,认为"四清"运动的重点就是"整党内那些走资本主义道路的当权派"。但是毛泽东没有对"走资派"做出过明确的解释,中共中央和政府的文件也没有提出过判别什么是"走资派"的具体条文。陈毅曾当面问毛泽东,什么是走资派?我是什么派?毛泽东说,党内的,当权的,又走了资本主义道路的就是党内走资派。你陈毅同志是当权派,只要走社会主义,当权派还可以当下去。据参加中央制定"二十三条"会议的人回来说,在会议上,并没有讨论清楚什么是走资本主义道路的当权派。而彭真在1965年2月18日通县"四清"分团书记会议上,没有用"重点整党内走资本主义道路的当权派"的提法,而是用"只整顽固不化的坚决走资本主义道路的极少数分子",两种提法大不相同。刘少奇也不赞成"重点整党内走资本主义道路的当权派"这种提法,认为走资本主义道路的人有,但称作为一个派,人数就太多了。时任中共云南省委第一书记的阎红彦,在经过试点和反复调查研究后,于1966年1月提出,边疆"不搞整党内走资派","可以先从生产、生活搞起,让群众增加点收入,同时开展一些文化、教育工作。把一般情况摸一摸,把步子放稳当一点"。

再如清政治。这是"二十三条"颁布后,"四清"运动开展的一个十分重要的阶段,很多地方都专门划出一段时间清政治。应该说,清政治是政策性很强的工作,它需要界定具体的对象,如什么是坚决走资本主义道路的阶级异己分子?什么是蜕化变质分子?什么是漏划的地富反坏分子?可以说,上述工作都涉及到阶级划分问题。即如何评审四类分子?如何划分新富农?如何界定划分阶级成分的时间标准?这些工作都需要制定明确的政策,否则就会造成严重的后果。在陕西长安搞"四清"的杨尚昆希望中央对下列问题尽快给以指示,即中农划不划? 地富如何划? 新资产阶级分子或新富农是否划? 阶级档案是否还要搞? 并说,全国各地对以上问题可能也急需中央指示。但是,中共中央并没有专门就此问题制定出正式的文件,因而许多地方规定了甚至比土地改革时期还严厉的政策,如规定新查出的地主、富农的多余房屋、财产等都要没收,认为许多地区都是"和平土改"或民主革命不彻底的地区,要重新补课等,这就不仅错划了一部分干部、群众的阶级成分,而且使他们受到了不应有的打击。

第五,"四清"运动最为严重的后果就是为"文化大革命"做了理论与实践上的准备。一是理论上的准备。八届十中全会提出阶级斗争要年年讲,月月讲,天天讲,这一"左"倾理论不仅为全党所接受,而且很快付诸实践,指导"四清"运动。由于"左"倾理论与"左"倾实践的恶性循环,阶级斗争一再被人为地放大,从而证明了毛泽东"左"倾错误理论的正确,证明了中国社会确实存在着严重的尖锐的阶级斗争。于是,"二十三条"进一步提出"四清"运动的重点是整党内那些走资本主义道路的当权派,这实际上就提出了开展"文化大革命"的最基本的理论根据。二是实践上的准备。"四清"运动期间,在部分地区开展了夺权斗争,大搞怀疑一切,无限上纲,把任何问题都归结到阶级斗争上来认识,上升到政治问题来处理,搞人人过关,"有鱼没鱼掏干了看",鼓动群众斗领导,认为不斗,就显不出革命的样子。于是,在运动中刮起了一股非法斗争的歪风,什么抓人、打人、戴高帽子,搞逼供信等。这些做法,无疑为"文革"期间的"打、砸、抢"提供了直接或间接的经验。三是"四清"为"文化大革命"提供了某种题材和动力。"四清"运动中所犯的一些"左"的错误,在社会上累积了大量的矛盾和纷争。而这些矛盾和纷争在运动期间被暂时压了下来,"文化大革命"爆发后,在号召群众进行"四大"的旗号下又一触即燃,许多地方发生了翻"四清"运动的案子和揪斗"四清"工作队员的事件,助长了"文化大革命"期间的派性斗争。四是"四清"运动也使毛泽东对刘少奇产生了严重的不信任,从而埋下了发动"文化大革命"的种子。毛泽东与刘少奇对运动的对象、开展运动的方式以及主要矛盾问题上存在不同看法。在毛泽东看来,运动的对象主要在上层,即那些"走资本主义道路的当权派",而刘少奇认为主要是基层干部;在开展运动的方式上,毛泽东强调发动群众,而刘少奇主张在既定的党政秩序内,依靠工作队搞运动;在主要矛盾问题上,毛泽东强调主要矛盾是社会主义和资本主义的矛盾,而刘少奇认为农村情况复杂,各种矛盾互相交叉,敌我矛盾和人民内部互相交叉,要具体分析。由此,毛泽东在 1964 年年底的中央工作会议上对刘少奇指导下的"四清"运动进行了严厉的批评,并引起了他对刘少奇的"警惕"。此后毛泽东的许多重要想法和部署,不再通过在一线仍主持工作的刘少奇。一年后,"文化大革命"爆发了。

但是,从整体上看,"四清"运动的错误还只是局部性的错误,还没有达到支配全局的程度,这和"文化大革命"是不同的。"四清"运动只是在全国大约三分之一的城乡地区开展,而且是有领导分期分批地进行;当时国民经济的调整居于主导地位,始终是党的工作重点,周恩来总理在三届人大一次会议上还宣布:调整国民经济的任务已经基本完成,工农业生产已经全面高涨,整个国民经济已经全面好转,并且将要进入一个新的发展时期。① 尽管在理论上提出了"走资本主义道路的当权派"的错误观点,但在实际中并未来得及加以全面贯彻;当时规定的一些具体政策有不少是正确的,对运动中出现的某些偏差,也作过一些纠正。《关于建国以来党的若干历史问题的决议》对包括"四清"运动在内的十年建设时期做出了总体的评价:"我们现在赖以进行现代化建设的物质技术基础,很大一部分是这个期间建设起来的;全国经济文化建设等方面的骨干力量和他们的工作经验,大部分也是在这个期间培养和积累起来的。这是这个期间党的工作的主导方面。"②

四、思考与启示

恩格斯曾深刻指出:"伟大的阶级,正如伟大的民族一样,无论从哪方面学习都不如从自己所犯错误的后果中学习来得快。"我们研究"四清"运动的目的之一,就是要正确总结这场运动的经验教训,使之成为指导我们少

---

① 《建国以来重要文献选编》第 19 册,第 456 页。
② 中共中央文献研究室编:《关于建国以来党的若干历史问题的决议》注释本,人民出版社 1983 年版,第 22 页。

犯错误继续前进的思想武器。总的说来,主要有以下几点:

第一,必须正确认识和分析社会主义社会的阶级斗争问题,决不能再搞"以阶级斗争为纲"。

"四清"运动在阶级斗争形势的估计上,过分夸大了敌情,认为资本主义复辟的危险已到了十分严重的程度,被推翻的地主富农分子总是企图复辟,伺机反攻倒算,提出阶级敌人向无产阶级进攻的主要手法是搞和平演变,从内部寻找代理人,建立反革命两面政权,并认为有三分之一的基层领导权不在我们手里,有些地区三分之一还打不住。但是,实际情况究竟如何?

许多基层干部对搞阶级斗争的必要性提出疑问,如某大队干部谈了对四类分子的看法,他认为,他们人数很少,每个大队才几个人。虽然他们中的有些人对政府不满,但决然不可能掀起政治风浪。四类分子已经是死老虎,完全没有必要对他们兴师动众,搞什么阶级斗争。有的农民说:"运动中向干部猛烈开火的人包括:过去有病或有困难找干部帮忙,结果不能完全如愿的人;有要求建房,但因地点不对,得不到干部批准的人;另外是因为嫉妒干部偏爱其他农民而非自己,甚至还有计较三代之前仇恨的人。这些理由全都出于自私的个人动机,根本不是毛主席所说的阶级斗争。"有的人参加村里对四类分子训话会,开始满以为"地主样子一定都很凶恶,进屋一瞧,都是些老头子,耷拉着脑袋,挺老实"。有的人认为:"眼不见战争,耳不闻炮声,哪有什么阶级斗争?""地主、富农老的老了,死的死了,谁跟谁斗?""蒋介石几百万军队都打垮了,几个地主、富农还值得大惊小怪!"

杨尚昆在陕西长安搞社教时认为:"在村子里头,那些真正坚决走资本主义道路的人还是少数,那些真正坚决进行破坏活动的反革命分子也不多,也是少数。"在广东阳江搞"四清"的舒光才认为,所谓基层政权三分之一不掌握在我们手上的估计是不符合事实的。从东平公社乃至整个阳江的"四清"运动的情况来看,基层党组织总的来看是好的,广大基层干部的绝大多数是好的,和比较好的,蜕化变质分子只是极少数,这是基本的最主要的事实。中共云南省委在传达贯彻八届十中全会精神的省委扩大工作会议上明确指出,没有必要,也不应该在农村中从开展一次两条道路的斗争入手,通过这样一个政治运动来解决目前所存在的问题,不需要以阶级斗争为纲。

应该说,上述材料足以说明在 60 年代前期的中国社会,并不存在"四清"运动时期所描绘的那幅可怕的阶级斗争图景。在不存在严重的阶级斗争的情况下大搞阶级斗争,只能是无中生有,人为制造,从而在理论上和实际生活中造成了十分严重的恶果。在经历了长时间的阶级斗争扩大化错误,特别是"文化大革命"的灾难之后,我们党解放思想、实事求是,在各个领域大力进行拨乱反正,坚决纠正"左"的指导思想。中共十一届三中全会的重大决策和主要历史功绩之一,就是果断地摒弃了"以阶级斗争为纲"的方针,决定把工作重点转移到经济建设上来。

第二,在生产资料私有制的社会主义改造完成以后,根本任务就是调动一切积极力量,团结各阶层,发展生产,不应再强调组织阶级队伍,成立贫协。

"四清"运动的根本指导方针是"以阶级斗争为纲",开展两条道路的斗争,因此,组织阶级队伍就是题中应有之义。"前十条"明确提出:"依靠贫农、下中农,是党要长期实行的阶级路线。"从而提出建立各级乃至全国的贫下中农协会。在运动中,许多地区把能不能建立一支"有战斗力的、革命的贫下中农的阶级队伍",视为"运动能否搞好的关键"。毛泽东提出的搞好社会主义教育运动的六条标准的头条,就是"要看贫、下中农是真正发动起来了,还是没有发动起来"。

不可否认,在"四清"运动中,贫协在联系群众,反映群众的意见和要求;组织农业生产,发展集体经济;帮助和监督各级干部正确执行党和国家的政策,密切干群关系以及坚持勤俭办社等方面发挥了一定的积极作用。但在"以阶级斗争为纲"的思想指导下,贫协更多的是执行了与那些所谓"妄图复辟资本主义的地富反坏分子"、"蜕化变质分子"以及部分"留恋个体经济,坚持走资本主义道路的富裕农民"进行斗争的任务。如许多地方在开展运动的过程中,工作队通过秘密扎根串联,选择一些所谓历史清楚,劳动好,苦大仇深,有一定觉悟和群众威信的贫下中农做"根子",启发他们忆苦思甜,激发广大群众的阶级仇恨,然后组织群众向"四不清"干部和地富反坏分子做斗争。在一些问题严重的地区,贫协还开展了夺权斗争,把政治的、武装的、经济的、文化教育的领导权统统拿到贫协组织手里,从而行使国家基层政权的基本职责。

众所周知,民主革命时期,中国共产党在领导中国革命的各个阶段,根据革命的性质和主要任务,分析中国农村社会各阶级、各阶层的经济地位及其对革命的态度,区分敌友我的关系,从而规定了在农村中主要依靠贫下中农的基本路线。很显然,这条路线是以激烈的阶级斗争为主要矛盾的社会的产物。在我国生产资料所有制的社会主义改造基本完成,对立的阶级和阶层已不存在的情况下,强调在整个社会主义历史阶段,一直到进入共产主义以前,依靠贫农、下中农,是党要长期实行的阶级路线,这就违背了中国最广大人民群众的根本利益,不利于调动社会各阶层的力量发展生产。中共十一届三中全会以后,中国共产党执行的是一条能调动一切积极因素的大政策,允许一部分人,一部分地区先富起来,让创造社会财富的一切源泉充分涌流,这实际上是对"四清"运动中"依靠贫农、下中农"的阶级路线的根本否定。

　　第三,根本的问题在于"如何认识社会主义,怎样建设社会主义"。

　　开展"四清"运动的重要目的之一就是反修防修,防止资本主义复辟。运动中,在农村堵资本主义的路,取消自留地和社员家庭副业,批判包产到户,"工分挂帅";在工业上,批判自负盈亏、"专家治厂"、"奖金挂帅"、"利润挂帅";在商业上,把自由市场当作"黑市"加以取缔,视个体贩运为"投机倒把"。与此同时,毛泽东提出了"官僚主义者阶级"、"走资本主义道路的当权派"等概念。可以说,"四清"运动是毛泽东"反修防修、防止资本主义复辟"的一场重大的实验和演习。实践和历史的发展证明,毛泽东的上述结论是不正确的。

　　毛泽东是伟大的马克思主义者,在晚年,他自认为他所做的一切都是为了坚持社会主义,反对资本主义。但实际上,他并没有从根本上完全弄明白社会主义与资本主义的区别,对社会主义本质没有科学的认识,以致把一些社会主义的或社会主义所允许的东西当做"资本主义东西"加以反对,把一些并不具有社会主义本质属性的东西,当做"社会主义原则"加以固守,甚至把自己一手培养起来的接班人当作"走资派"加以打倒,从而在理论与实践中犯了严重的"左"的错误。究其原因,其理想的社会主义模式中存在着某些空想的成分。比如在生产力与生产关系的矛盾中,离开生产力不发达这一客观现实,片面追求生产关系的纯而又纯,把"一大二公"作为衡量所有制先进与否的唯一标准,并急于向共产主义过渡。在计划经济与商品经济的关系问题上,仍固守"计划经济是社会主义"的传统观点,忽视商品经济的发展,没有彻底地把商品经济看作是社会主义经济制度所固有的东西。在革命精神与物质利益的关系上,他更看重精神的力量。强调"政治挂帅",突出政治,搞革命化,不断批判"奖金挂帅"、"物质刺激",以此激发广大人民群众的革命积极性。在公平与效率的关系上,毛泽东更看重公平。从人民公社的供给制、"穷拉平"到政治生活领域极端厌恶官僚等级制度,从"穷则革命富则修"的革命动力诉求到破除"资产阶级法权"的理想愿望,从知识分子劳动化到劳动分子知识化,从"卑贱者最聪明、高贵者最愚蠢"到"春风杨柳万千条,六亿神州尽舜尧",无一不体现毛泽东追求平等、公正、平均的社会主义的美好理想。

从某种意义上说,"四清"运动是毛泽东维护这种带有空想色彩的社会主义模式的一种努力。实践证明,这种努力是不成功的,原因就在于没有搞清"什么是社会主义,怎样建设社会主义"这一根本问题。中共十一届三中全会以后,邓小平曾多次指出:"什么是社会主义,什么叫马克思主义?我们过去对这个问题的认识不是完全清醒的。""我们的经验教训有许多条,最重要的一条,就是要搞清楚这个问题。"在深刻总结社会主义建设正反两方面经验的基础上,邓小平对这一问题做出了科学回答,从而形成了邓小平理论。可以说,这是我们深刻总结历史的经验教训而得出的必然结论,也是指引中国特色社会主义在 21 世纪阔步前进的伟大旗帜。

附录："四清"运动大事记

（1957—1967 年）

1957 年

3 月 12 日，毛泽东在中国共产党全国宣传工作会议上的讲话中指出：不能认为新制度一旦建立起来就完全巩固了，那是不可能的。需要逐步地巩固。要使它最后巩固起来，必须实现国家的社会主义工业化，坚持经济战线上的社会主义革命，还必须在政治战线和思想战线上，进行经常的、艰苦的社会主义革命斗争和社会主义教育。

7 月，毛泽东在《一九五七年夏季的形势》中说：我赞成迅即由中央发出一个指示，向全体农村人口进行一次大规模的社会主义教育，批判党内的右倾机会主义思想，批判某些干部的本位主义思想，批判富裕中农的资本主义思想和个人主义思想，打击地富的反革命行为。其中的主要锋芒是向着动摇的富裕中农，对他们的资本主义思想进行一次说理斗争。以后一年一次，进行坚定的说理斗争，配合区乡干部的整风，配合第三类社整社，使合作社逐步巩固起来。

8 月 8 日，中共中央发出了《关于向全体农村人口进行一次大规模的社会主义教育的指示》，《指示》指出：在目前农村中，有必要进行一次大规模的社会主义教育。教育的中心题目是：第一，合作社优越性问题；第二，粮食和其他农产品的统购统销问题;第三,工农关系问题;第四,肃反和遵守法制问题,等等。教育的方式是:利用生产间隙和休息时间,在全体农村人口中就这些题目举行大辩论,提问题,提意见,摆事实,讲道理,回忆对比解放前后和合作化前后农民生活的变化。对于这些问题的辩论,实质上是关于社会主义和资本主义两条道路的辩论。通过辩论,有力地批判富裕中农的资本主义思想,反对一切不顾国家利益和集体利益的个人主义和本位主义,使爱国、爱社和爱家的观念在群众中统一起来,并普遍地养成勤俭办社和勤俭持家的风气。对地主、富农、反革命分子和其他坏分子的反动的煽动言论必须即时的有力地给以反击。对于群众的误解和错误意见,都必须采取很好的态度,加以解释和说服,对于富裕中农的错误言论的态度,也应该这样。

1958 年

5月5日至23日,中国共产党第八次全国代表大会第二次会议在北京举行。会议对国内的阶级关系和主要矛盾做出了与八大一次会议完全相反的结论。会议通过的中央委员会工作报告说:"在整个过渡时期,也就是说,在社会主义社会建成以前,无产阶级同资产阶级的斗争,社会主义道路同资本主义道路的斗争,始终是我国社会的主要矛盾。"会议宣告:"我国现在有两个剥削阶级和两个劳动阶级。"两个剥削阶级:一个是反对社会主义的资产阶级右派、被打倒了的地主买办阶级和其他反动派。另一个是正在逐步地接受社会主义改造的民族资产阶级和它的知识分子。两个劳动阶级:一个是农民和其他原先的个体劳动者,一个是工人阶级。这次会议上的错误论断,对于中国共产党在社会主义社会阶级斗争理论和实践上严重"左"倾错误的发生和长时间持续,产生了深远的消极的影响。

8月29日,中共中央发出《关于今冬明春在农村中开展社会主义和共产主义教育的指示》。《指示》要求,就农业社的收入如何分配问题和是否建立人民公社问题进行鸣放辩论,要求充分发扬"拔白旗,插红旗"的共产主义风格,以无数大增产的实例,来大讲特讲社会主义制度的优越性,更加坚定广大农民走社会主义道路的决心和信心,彻底批判一部分富裕农民残存的资本主义自发倾向,在人们的思想上继续破除个人主义、本位主义,大立共产主义。并且引导群众回忆三年来"马鞍形"的历史教训,彻底批判"靠天吃饭"的"条件论"和"照着前人脚印走路"的"习惯论",大破右倾保守、甘居下游的思想,大立鼓足干劲,力争上游的思想,使"观潮派"和"秋后算账派"不仅在大丰收的事实面前哑口无言,而且在思想上彻底破产。应该把一切"白旗"以至"灰旗"统统拔掉,把红旗普遍插起来,使社会主义建设总路线更加深入人心。

9月25日,中共中央、国务院发布《关于干部参加体力劳动的决定》。《决定》指出,目前国家干部队伍有几百万人,加上他们的家属有几千万人,他们的思想、生活作风影响着国家生活的各个方面,使这个队伍完全同劳动群众打成一片就具有非常重大的政治意义。为此,决定各机关、部队和各企业、事业单位的全体工作人员,除年老有病不能参加体力劳动或只能参加轻微的体力劳动的以外,每人每年必须用至少一个月的时间参加体力劳动。

1959 年

4月3日,毛泽东在《麻城的经验》一文批示中指出:算账才能团结;算账才能帮助干部从贪污浪费的海洋中拔出身来,一身干净;算账才能教会干部学会经营管理方法;算账才能教会5亿农民自己管理自己的公社,监督公社的各级干部只许办好事,不许办坏事,实现群众的监督,实现真正的民主集中制。

4月20日,中央批转关于算账等问题的四个文件。中央指出,现将中央组织部关于湖北省麻城县算账问题的材料,浙江省委转发绍兴县东湖公社算账会议的报告,吉林省委关于重算1958年分配账目的报告,江苏省委关于召开人民公社代表大会的部署的报告等四件,都转发各地参考。从这四个材料看,算账问题是当前的关键问题。这个问题解决了,其他问题也就随着解决了。算清账目的关键是省、地、县公社四级党委的决心问题。只要下了决心,一天一晚就可以基本上弄通思想,只要反复打通思想,用帮助干部下楼的办法,事情就可以顺利地进行。

5月16日,中共中央转发《陕西省委关于处理人民公社干部经济手续不清问题的规定》。《规定》说,目前,各地在清算人民公社的"旧账"中,发现公社各级干部手续不清的现象相当普遍,损害了党在群众中的政治影响,应该坚决地加以批判纠正。鉴于这些干部绝大多数本质是好的,工作是积极的,经过教育,错误是可以改正的。因此在处理时应坚持思想从严、处理从宽,做到少处分人,把处分面缩小到最小程度。

5月25日,中共中央发出对算账和召开社代表大会等问题的指示,要求从现在起,集中全力搞好农业生产。还没有召开代表大会进行算账的公社,可以等到秋后或者其他的农事间隙时间,再来清理1958年的账目,开代表大会改选干部。在账目已经清算的单位,应该退的一定要退,有钱退钱,有实物退实物,无钱无物的记上账,缓期分期退还。在尚未算账的单位,应通知各级干部将应该退的实物,特别是农业生产资料,主动退还原单位,以利生产,并取得社员谅解。

10月15日,中共中央转发中共湖南省委关于在10个公社中选择10个大队结合生产进行整社试点即进行两条道路斗争的经验,指出:湖南试点的经验十分清楚地表明,目前在农村中正在进行着一场两条道路的斗争,这场斗争是10年来农村中资本主义和社会主义两条道路斗争的继续,是一场很激烈、很深刻的阶级斗争。各级党委对此应该予以足够的重视,安排一个适当的时间,以进行两条道路的斗争和社会主义教育为纲,领导上一手抓政治、一手抓生产,有计划、有步骤地领导群众,用和风细雨的方式进行一次整社、整风运动,并且结合着进行整党、整团工作。

11月,毛泽东在杭州召开有部分中央和省、市领导人会议。会议印发了杜勒斯的几篇演说,内容都是讲和平演变的,毛泽东要大家看一看。毛泽东说:杜勒斯讲他要以什么"法律和正义"来代替武力。又说:"在这方面极为重要的是要认识到,在这种情况下,放弃使用武力并不意味着维持现状,而是意味着和平的转变"。和平转变谁呢?就是转变我们这些国家,搞颠覆活动,内部转变到合乎他的那个意思。美国它那个秩序要维持,不要动,要动我们,用和平转变,腐蚀我们。毛泽东还特别讲到,杜勒斯搞和平演变,在社会主义国家内部是有其一定基础的。

11 月 4 日,中央批转湖南湘潭地委关于整社运动中掌握重点批判对象面的问题的意见,指出,根据已经进行整社试点的几个省的经验,重点批判的人数(包括基层干部和党员在内)一般地以控制在全县农村人口总数的百分之一以下为宜,态度必须实事求是,没有批判对象的单位,不要硬找或勉强凑数。思想批判必须从严,方法上要和风细雨。被批判的农民和一般农民党员不要戴右倾机会主义的帽子。党员干部中那些确实属于右倾机会主义的人可以戴帽子。

11 月 28 日,中央转发广东省委关于在农村开展社会主义教育运动的两个报告。《报告》指出,广东省的农村社会主义教育运动,从九月中下旬开始试点,十月上旬全面铺开,通过层层整顿干部队伍和全民性的鸣放、算账、回忆、对比,辩论与重点批判上中农代表人物,到目前为止,以“三大万岁”和党的领导问题为中心的大辩论,已经基本结束。运动使广大干部群众受到了一次深刻的社会主义教育,基本上澄清了对“三大万岁”的糊涂思想。

1960 年

3 月 23 日,中共中央对《关于山东六级干部大会的情况简报》做出批示。《简报》反映,在一些县、社中,共产风、浮夸风、命令风又刮起来了。另外还有三风:贪污、浪费、官僚主义,又大发作,危害人民。中央认为,这是一个长期存在的问题,是旧社会坏习惯的残余,要有长期的教育工作才能克服。因此,年年要整风,一年要开两次六级干部大会。

4 月 22 日,为纪念列宁诞辰 90 周年,中共中央宣传部部长陆定一作《在列宁的革命的旗帜下团结起来》的报告,《红旗》杂志编辑部发表《列宁主义万岁》的文章,《人民日报》编辑部发表《沿着伟大列宁的道路前进》的文章。这些文章对苏共的一些论点和做法进行了不点名的批判,提出了批判“现代修正主义”的任务。

5月15日,中共中央发出《关于在农村中开展"三反"运动的指示》,规定,这次"三反"运动的内容,是反贪污、反浪费、反官僚主义运动,而以反贪污为重点。凡是有贪污行为的人,不论贪污数量大小,都必须退赔,计算时间一般从1959年算起。通过这一运动,主要地达到两个目的,即普遍提高干部的政治思想水平,改善他们的工作作风,进一步密切党和广大群众的联系;同时,对隐藏在我们队伍中坏分子加以清理,以纯洁我们的组织。

5月31日,中共中央批转中央国家机关党委《关于在中央国家机关中开展反对官僚主义斗争的报告》。中央肯定了这一《报告》,并指出:凡是对反官僚主义斗争抓得不紧的单位,应当迎头赶上去,不能都是落在后边缓步不前。凡是已经全面展开了反对官僚主义斗争的单位,应该贯彻始终,获得全胜。

10月7日,中共中央转发《晋、冀、鲁、豫、北京五省市农业书记会议纪要》,并作批示,要求必须继续完成"三反"整风整社运动,彻底肃清共产风、浮夸风、命令风和某些干部的特殊化作风,清洗混入我们队伍中的不纯分子。

11月3日,中共中央发出《关于农村人民公社当前政策问题的紧急指示信》,要求今年冬季,必须下决心,放手发动群众,普遍展开一个整风整社的群众运动。整风整社是调整当前农村中社会主义生产关系的关键问题,必须坚决依靠群众,"大鸣大放",用领导和群众"两头挤"的方法,用由上而下和由下而上相结合的方法,把农村三反贯彻到底,把整风整社搞深搞透。坚决反对:(一)贪污;(二)浪费;(三)官僚主义。彻底纠正共产风、浮夸风和命令风。反对干部特殊化。反对干部引用私人、徇私舞弊、打骂群众的国民党作风。要通过整风整社运动改造落后地方和落后社队,纯洁公社各级领导机构,纯洁农村党的组织,进一步发挥农村党组织的堡垒作用和党员的核心作用。同日,中共中央还发出《关于贯彻执行"紧急指示信"的指示》。

11月15日,毛泽东对中央精简干部和安排劳动5人小组《关于中央一级机关抽调万名干部下放基层情况的报告》的批示,把农村问题归结为坏人当权,打死人,粮食减产,吃不饱饭,民主革命尚未完成,封建势力大大作怪,对社会主义更加仇视,破坏社会主义生产关系和生产力。

11月15日,中共中央发出《关于彻底纠正"五风"问题对省、市、自治区党委的指示》,指出:必须在几个月内下决心彻底纠正十分错误的共产风、浮夸风、命令风、干部特殊风和对生产瞎指挥风。而以纠正共产风为重点,带动其余四种歪风的纠正。

12月8日,中共中央发出《关于山东、河南、甘肃和贵州某些地区所发生的严重情况的批示》,指出:贵州遵义和毕节地区的群众生产、生活中的严重情况,特别是干部中的极其严重的不可容忍的铺张浪费、贪污腐化、破坏党章、违法乱纪、不顾人民死活的情况,有些简直不可想象。其中某些反革命的破坏行为,显然是封建势力在地方上篡夺领导权,实行绝望性的破坏性的报复。这是农村中阶级斗争的最激烈表现。

12月24日,在北京召开的工作会议上,中央总结了近两个月来各地区整风整社试点的经验,确定进一步开展农村整风整社运动。中央指出:各地整风整社的情况表明,农村中约有80%的县、社、队是好的或者基本上是好的;只有约20%的县、社、队存在着性质不同和程度不同的严重问题。即使这20%的地区,也可以在几个月的时间内把局势从根本上扭转过来。中央确定,1961年所有社队都必须以贯彻执行十二条紧急指示为纲,进行整风整社。要彻底检查和纠正共产风、浮夸风、瞎指挥风、特殊化风、强迫命令风;要彻底反对贪污、浪费和官僚主义;要彻底清算平调账,坚决退赔。在运动中,首先应当集中力量整顿三类社队,而且首要的一着是解决领导权问题。三类社队的整顿,主要依靠原有组织的力量,上面也必须派工作团去加强领导。

1961 年

1月18日,毛泽东在八届九中全会上的讲话中指出:前几年农村也整了,不彻底,但是没有料到地主复辟的问题。我们党内也有代表地主阶级、资产阶级的。据林总报告,军队一万个单位烂掉四百个,百分之四,这不是粮食问题,而是领导权落到敌人手中了。这种情况在城市、工厂、学校也一定有。凡是三类县、社、队,大体上都与反革命有关。就全国说,90%以上干部是好的,比较好的。社、队百分之八十是好的或比较好的。

1月20日,中共中央发出《中央工作会议关于农村整风整社和若干政策问题的讨论纪要》。《纪要》指出:农村约有80%的县、社、队是好的或基本上是好的;只有约20%的县、社、队存在着性质不同的严重问题;90%以上的干部是好的或者基本上是好的,只有近7%的干部是犯有严重错误的或比较严重错误的,其中真正属于五类分子和蜕化变质分子的约占3%。首先解决三类社队的领导权问题,把被地富反坏分子篡夺了的领导权夺回来,提出派工作团,用扎根串联的工作方法,集中力量打歼灭战。

3月15日至23日,中共中央在广州举行工作会议,制定了《农村人民公社工作条例(草案)》(即"农业六十条")。"农业六十条",对于纠正社、队规模偏大,公社对下级管得太死,民主制度和经营管理制度不健全,基本核算单位等方面的问题,都做了比较明确的规定。这个《条例》后来几经修改,一直执行了20多年之久,对我国农村产生过深刻的影响。

3月20日,中共安徽省委书记曾希圣给毛泽东写信,反映在国家经济困难时期,安徽农民搞"定产到田,责任到人"的生产责任制的情况,希望得到理解和支持。随后,4月27日、7月24日中共安徽省委又两次向党中央、毛泽东写书面报告,汇报了"关于试行包工包产责任制情况"和"关于试行管理责任制加奖励的办法",取得了毛泽东的同意。

6月15日,中共中央发出《关于讨论和试行农村人民公社工作条例修正草案的指示》,强调农村的整风整社工作必须进行到底,不能草率结束。今后在整风整社中,不要预先划分社、队的类别,和干部的类别,也一般地不要在群众中重划阶级成分。对各个社、队和干部的问题,应该实事求是地慎重地做出结论,不要拿"民主革命不彻底"的框子到处去套。

11月13日,中共中央发出《关于在农村进行社会主义教育的指示》,指出:这次教育,要结合六十条的规定,向农民宣传社会主义、集体主义和爱国主义;要向农民宣传工农联盟,城乡互助,以及兼顾国家集体和个人利益的重要意义;要向农民宣传艰苦奋斗、自力更生的革命传统。下面的七个问题,在这次教育中,应当着重宣传:(1)努力发展生产,克服当前困难。(2)提高对集体生产的积极性,巩固和发展集体经济。(3)正确对待家庭副业。(4)发扬爱国热情,积极完成征购任务。(5)积极支援城市,支援国家工业建设。(6)厉行节约。(7)维护正常的社会秩序。这次教育,要结合农村的各项具体工作进行,不单独展开运动,要完全采取正面教育的方法。

1962 年

1月11日至2月7日,中共中央在北京召开了有中央各部门、各中央局、各省、地、县各级党委以及重要厂矿企业和部队负责人7000多人参加的扩大的中央工作会议(又称"七千人大会")。会议发扬了民主,开展了批评与自我批评,对1958年以来的经济建设工作和1962年的调整任务进行了广泛的讨论。会议对统一全党对形势任务的认识,促进国民经济调整工作的继续深入,起到了重大的积极作用。

2月13日,中共中央制订了《关于改变农村人民公社基本核算单位问题的指示》。该《指示》决定,我国绝大多数地区的农村人民公社,应把以生产大队为基本核算单位普遍改为以生产队为基本核算单位,并要求至少在30年内把这个体制稳定下来,不能任意变动;农村基本核算单位改为生产队后,人民公社仍然是一个完整的集体经济组织,公社内部仍然实行统一领导、分级管理;生产队仍是生产大队这一级经济组织的组成部分;生产大队仍然要在公社的领导下,在全大队范围内对经济方面和行政方面的许多工作实行统一领导。

4月27日,中共中央发出《关于加速进行党员、干部甄别工作的通知》。中央认为,对于党员干部的甄别平反工作,必须根据扩大的中央工作会议的精神,加强领导,加速进行。当前甄别工作的重点,是县级以下的农村基层干部。凡是在拔白旗、反右倾、整风整社、民主革命补课运动中批判和处分完全错了和基本错了的党员干部,应当采取简便的办法,认真地、迅速地加以甄别平反。

9月24日至27日,中共八届十中全会在北京举行。毛泽东作了关于阶级、形势、矛盾和党内团结问题的讲话,把社会主义社会中仍在一定范围内存在的阶级斗争作了扩大化和绝对化的论述,断言在整个社会主义历史阶段中资产阶级都将存在,并存在资本主义复辟的危险,强调阶级斗争必须年年讲、月月讲、天天讲。毛泽东还批评了"黑暗风"、"单干风"、"翻案风"。

12月11日,中共中央批转《安徽改正"责任田"的情况报告》。《报告》反映,自1962年3月20日中共安徽省做出《关于改正"责任田"办法的决议》以来,全省已改正"责任田"的生产队有60100多个,占实行"责任田"生产队总数的23%。要求在1963年春耕生产以前改正一批,其余部分在1964年春耕以前改正过来。

1963 年

1月14日,中共中央发出《关于在社会主义教育运动中严重打人的通知》。该《通知》指出:根据许多地区的材料反映,在农村社会主义教育运动中,有些地方发生打人和乱搞斗争等违法乱纪现象。这件事应该引起全国各地党组织的严重注意。请各地的县一级以上党委,立即进行一次检查,并且采取有效措施,坚决防止纠正。

2月11日至28日,中共中央在北京召开工作会议。主要讨论并决定在城市开展"五反"运动,在农村开展"四清"运动。会议印发了《中共湖南省委关于社会主义教育运动情况的报告》《中共河北省委关于在农村贯彻党的八届十中全会决议,开展整风整社运动情况的报告》。毛泽东在会议上指出:要把社会主义教育好好抓一下,社会主义教育,干部教育,群众教育,一抓就灵。会议还讨论通过了《关于厉行增产节约和反对贪污盗窃、反对投机倒把、反对铺张浪费、反对分散主义、反对官僚主义运动的指示》。

3月1日,中共中央发出《关于厉行增产节约和反对贪污盗窃、反对投机倒把、反对铺张浪费、反对分散主义、反对官僚主义运动的指示》。中央认为目前无论在国营企业或合作社企业中,无论在生产过程或者商品流通过程中,都存在着严重浪费国家资材的现象。在党政机关、群众团体、部队、学校以及其他事业中也存在许多浪费现象。同时党内有些干部的资产阶级思想作风有所滋长，尤为严重的是，贪污盗窃国家资材、投机倒把、长途贩运、私设地下工厂、牟取暴力等破坏社会主义计划经济的资产阶级活动猖獗起来了，并且新生长起来一批资产阶级分子和一股资本主义势力。因此，中央决定，必须坚决打击。此后，中央以及地方各级机关、企事业单位中相继开展了"五反"运动的试点。

3 月 23 日，中共中央转发《昔阳县干部参加劳动已形成社会风尚》的调查材料。中央认为，干部参加劳动，是党的优良传统之一，是党在社会主义建设时期的一项极为重要的政策。昔阳县的同志能够这样做，所有各县也可以这样做。

4 月 4 日，保定地委向河北省委写出了《关于开展社会主义教育进行"四清"工作向省委的报告》。河北省委认为保定地委的"报告很好"，批转全省参照执行，并上报华北局、中央及毛泽东。中央及毛泽东对保定"四清"运动给予高度评价。中央称保定地委的报告"极为重要，写的很好"毛泽东在修改"前十条"时，加上"河北保定地委的同志到农村进行调查，发现了农民迫切要求社、队认真地清理账目、清理仓库、清理财物、清理工分（简称'四清'）"一段。见毛泽东对保定地委的做法非常重视。"前十条"中专列"四清"一条，重点介绍了保定"四清"经验，并认为"这个经验是重要的，应当推广"。在 5 月杭州会议上，毛泽东讲道："河北现在有十个地委，下去调查都不去了，但只有保定地委才是真正的调查，保定地委开始也不是'四清'，是去搞分配问题，群众不同意，要'四清'。听群众的，才是真正的调查研究。"

4 月 9 日，中共中央将华北局《关于华北区农村建立贫、下中农组织的情况汇报》转发全党参阅。该《汇报》说，根据华北农村阶级斗争形势的调查分析，感到在许多农村有建立贫下中农组织的必要。一般说来，它的主要作用是：把基本群众组织起来，在农村两条道路斗争中有了明显的阶级队伍和阶级阵营，使基层干部和基本群众觉得自己的力量强大；它在党的领导下，向贫下中农进行阶级教育和政策教育；运用自己的组织力量，团结中农，坚持社会主义方向，打击地富反坏分子的复辟活动和资本主义自发势力等。实践证明，建立这一组织是完全必要的，如能运用得当，只有好处，没有坏处。

5月2日至12日,毛泽东在杭州召集有部分政治局委员和大区书记参加的小型会议,即"五月工作会议"。会议讨论制订了《关于目前农村工作中若干问题的决定(草案)》(简称"前十条"),于20日颁发,并带有7个附件。文件强调,在社会主义社会中还有阶级、阶级矛盾和阶级斗争存在,当前社会中出现了严重的尖锐的阶级斗争情况。文件列举了阶级斗争的九条表现,认为被推翻的地主、富农分子,千方百计地腐蚀干部,篡夺领导权。有些社队的领导权,实际上落在他们的手里。其他机关的有些环节,也有他们的代理人,另外还有"反革命分子"在进行罪恶活动,除旧的资产阶级分子以外,还出现了新的资产阶级分子,包括"贪污盗窃分子,投机倒把分子,蜕化变质分子"。文件提出干部参加集体生产劳动,认为"对于社会主义制度说来,是带根本性的一件大事"。如果"干部不参加集体生产劳动,势必脱离广大的劳动群众,势必出修正主义"。强调依靠贫下中农,组织革命的阶级队伍。并认为河北保定地委开展"四清"的经验是重要的,应当推广,使"四清"成为"基本核算单位的一项经常制度,并作为一种重要的社会主义教育。""前十条"是整个"四清"运动的纲领性文件,对整个运动的进程产生了十分重要的影响。

5月10日,中共中央发出《关于抓紧进行农村社会主义教育的批示》。《批示》认为河南省委"这种分步骤地进行工作并经过试点的方法,是正确的,报告所说的其他各项政策也是对的"。"宋任穷同志所讲的用村史、家史、社史、厂史的方法教育青年群众这件事,是普遍可行的。社会主义教育是一件大事,请你们检查一下自己在这方面的认识和工作,检查一下是不是抓住了要点和采取的方法是否适当,查一查是否还有很多的地、县、社没有抓住这方面的工作。"

6月14日,毛泽东在同林铁等谈话时提出农村三分之一不是社会主义:你们跟湖北差不多,湖北同志讲他们(那里被篡夺的基层)是占三分之一,有的土改就不彻底,有的后来变了,有的是富裕中农当权,这就是说,有三分之一不是社会主义的,他们挂的是社会主义牌子,实行他们的一套。

7月20日,中共中央批转吉林省委"五反"简报上反映的边反边犯的几个事例的材料。中央指出,在"五反"运动期间,仍然发生请客送礼、多吃多占、特殊化走后门这类事件,很值得注意。要把这些事例作为活的教材,反复教育干部,边犯就边反,进一步把"五反"运动搞深搞透。

9月6日,以《人民日报》编辑部和《红旗》杂志编辑部的名义,发表评苏共中央公开信的第一篇评论文章,至1964年7月,相继发表了9篇评论文章,简称"九评"。这些文章围绕着国际共产主义运动的基本问题同苏共展开了一场空前规模的大论战。

9月6日至27日,中共中央在北京召开了工作会议。会议就农村社会主义教育运动中若干政策问题展开了讨论,并制定了《关于农村社会主义教育运动中一些具体政策的规定(草案)》即"后十条"。这一文件的制定是经过了大量的调查研究和多次讨论后集体智慧的成果,是对社教试点的经验总结,也是"带有一定反'左'和防'左'意义的文件。如文件对团结两个95%的政策规定、强调社教必须同生产相结合、整顿党的组织、干部参加集体劳动以及对中农和地富子女的处理政策等,这对于防止扩大打击面、改进党的作风、促进农业生产,从而保证运动健康进行,都是非常必要的。但是,"后十条"的基本指导思想是要"挖修正主义根子",并且提出了"一纲五点",即以阶级斗争为纲,抓住五个要点:阶级斗争、社会主义教育、组织贫下中农阶级队伍、"四清"、干部参加集体劳动。并认为,这就是社会主义教育的基本方针。这就明确提出了"以阶级斗争为纲"的方针,使阶级斗争的弦越绷越紧,不可避免地导致阶级斗争扩大化的错误。11月14日,中共中央发出《关于印发和宣传农村社会主义教育运动问题的两个文件的通知》,决定将"前十条"和"后十条"两个文件下发全国城乡每一个党支部。此后,各地在试点的基础上,在部分县、社开始社会主义教育运动。

9月7日,中共中央发出《关于在农村社会主义教育运动中对待侨户问题的指示》。《指示》指出:中共中央和国务院历年制定或批准的各项侨务政策,尤其是关于土地制度、改变侨户地富成分、争取侨汇、进口粮食、副食品和化肥等有关侨务政策,在社会主义教育运动中和运动以后,都必须贯彻执行,不得任意加以更改。

11月14日,中共中央发出了《关于印发和宣传农村社会主义教育运动问题的两个文件的通知》,决定将两个文件向全国农村每个支部发出两本,由县委、区委、公社党委领导干部负责向全体党员和全体农民宣读。城市工厂、机关、学校、街道的一切党支部都要发给两本,由市委、区委指定负责干部用口头向一切人宣读。人民解放军、人民公安部队、人民警察,照此办理。民主党派成员,由统战部召集大会小会宣读,并发给他们阅读。同时,对农村和城市的地、富、反、坏、右,也要宣读和讲解这两个文件,以利于对他们的教育和改造。《通知》要求做一次伟大的宣传运动,使"前十条"和"后十条"在全国家喻户晓。通知发出后,各地先后开始了"双十条"的宣讲活动。

1964 年

1月2日,中央批转了《中央监委关于五反运动中对贪污盗窃、投机倒把问题的处理意见的报告》。《报告》指出,在"五反"运动中,党的一贯指导方针是:敌我问题从严,人民内部问题从宽;在人民内部问题中,批评自我批评从严,党纪、政纪、法律处分要分别情况,酌量从宽,必须严肃与谨慎相结合。在运动开始时,重点是使干部、群众认识问题的严重性,防止麻木不仁,在群众已经发动起来以后,即在运动中期和末期,不仅要防止"虎头蛇尾"、"走过场",尤其要防止把问题扩大化,防止打击面过宽,处分人过多,而事后又要对处分过重、处分错了的人进行甄别平反、赔礼道歉。中央认为,正确处理"两反"斗争揭发出来的案件,关系着前一阶段运动成果的巩固,关系着今后运动的顺利开展。中央监委的报告,就如何开展反贪污盗窃和反投机倒把指定了明确的政策界限,对防止运动中发生打击面过宽等过火行为起了一定的作用,保证了运动的顺利开展。

1月14日,中共中央在批发谢富治、谢觉哉、张鼎丞在人大三届四次会议上的发言和《诸暨县枫桥庄社会主义教育运动中开展对敌斗争的经验》时,做出《关于依靠群众力量,加强人民民主专政,把绝大多数四类分子改造成新人的指示》,指出,一年多来,毛泽东同志反复地指出:任何时候都不可忘记阶级斗争,不可忘记无产阶级专政;必须依靠群众向反动阶级残余势力实行专政,把他们中间的绝大多数人改造成为新人,要少捕人,少杀人。

2月1日,《人民日报》发表社论《全国都要学习解放军》,号召在比先进、学先进、赶先进、帮后进的共产主义竞赛中,向解放军学习,并指出,全国学习解放军就是要学习解放军高举毛泽东思想伟大红旗,在一切工作中用毛泽东思想挂帅;学习解放军大抓政治思想工作,坚持"四个第一"的原则;学习解放军坚持我国革命军队的优良传统"三八作风";学习解放军注重创造"四好"连队,加强基层建设等。社论希望全国人民真正活学活用这些宝贵经验,像解放军那样,做到更加无产阶级化,更加战斗化。

3月22日,中共中央发出《关于继续抓紧进行"五反"运动的指示》,强调这个运动也像农村的社会主义教育运动一样,是重新教育人、改造人的革命运动,是防止和克服资本主义和修正主义的侵蚀,打退资本主义势力猖狂进攻的革命运动。是推进工作和生产的一个巨大动力。要求"五反"运动必须坚持进行,搞深搞透。凡是放松的或者停顿的地区和单位,一定要重整旗鼓,把"五反"进行到底。

3月22日,中共中央发出《关于在全党组织干部宣讲队伍把全党全民的社会主义教育运动进行到底的指示》。要求两个文件"应在几年内分几次在城乡全党全民中宣读,讲解,发问,答问,由粗到细,由浅入深,结合当地实际情况,深入调查研究,直到确实解决问题。为此要组织宣讲队伍。"并指出:"从中央委员到县委市委委员,与县一级相同的党委委员以及其他有相当文化和政治水平的同志,除年老体弱及有病者外,一律要使他们充当宣读员,至少一次到两次。避免不去的,叫做消极怠工分子。"

3月下旬至5月上旬,毛泽东一路南下视察,同各省负责人了解"四清"运动的开展情况,并谈了自己的看法。如强调大力宣讲"双十条";认为运动至少搞三到四年,不要着急;强调干部参加劳动,不劳动的不能当支部书记、公社书记,也不能当县委书记,这三级书记不劳动不能当;强调依靠贫下中农,建立贫下中农协会。同时,还提出"中国出了修正主义怎么办"、"中国出了赫鲁晓夫你们怎么办"的问题。

5月7日,中共中央批转《新疆商业厅党委关于"五反"运动后"两反"开展坦白检举情况的报告》。指出:请你们对本地区财贸部门的"五反"运动认真地进行一次检查。凡是领导力量薄弱、运动开展不好的单位,要责任有关领导部门也像新疆商业厅党委那样,派出得力干部,亲临第一线,去加强指导和具体帮助工作。一定要督促各级财贸部门把"五反"运动进行到底,搞深搞透,不搞彻底,决不收场。"五反"运动后两反的具体做法,要注意总结本地区的经验,实事求是地加以运用和推广。新疆商业厅的做法,只供各地参考,不能机械搬用,特别是坦白示范大会的做法,运用不好,容易引起副作用,更应当慎重。

5月15日至6月17日,中共中央在北京举行工作会议。这次会议除"三五"计划、大三线建设等题目外,主要研究了"四清"运动和培养革命接班人等具体政策。会议总结了前一阶段运动中存在的主要缺点,提出了城市应当划分阶级。对国内形势作出了严重的估计,提出了"三分之一的社队领导权不在我们手里"的不切实的概念,认为中国要出修正主义。为防止"中国出赫鲁晓夫",毛泽东提出了培养革命事业接班人问题。会议讨论并制定了《中华人民共和国贫农下中农协会组织条例(草案)》。同时,在这次会议上,还印发了陈伯达在天津小站和王光美在河北桃园大队的"四清"材料,以及中共甘肃省委和冶金工业部党组关于白银有色金属公司夺权的报告。

5月18日,中共中央发出《关于当前工作中应该注意的几个问题的指示》。《指示》指出,目前有少数的领导机关、领导干部或者企业和生产队,出现了一些歪风:追求表面的华而不实的轰轰烈烈,滋长起一股形式主义和浮夸作风;滥用干部、群众的革命热情和干劲,随便加班加点,浪费、消磨和糟蹋群众的热情和干劲;有不少领导同志不下去蹲点,不进行调查研究,而是喜欢靠没有准备的会议、烦琐的报表和冗长的文件来指导工作等。《指示》强调,全党领导干部,必须检查、纠正任务多、会议多、报表多、文件多的现象。报刊、广播的宣传要鼓实劲,要做扎扎实实的、科学的、冷静的促进派。在继续抓紧进行"五反"、"四清"、社会主义教育和反修防修的同时,必须抓紧生产问题,一切工作都应服从生产的需要,只能促进生产,决不能妨碍生产。

6月23日,中央批转《甘肃省委、冶金工业部党组关于夺回白银有色金属公司的领导权的报告》。《报告》指出,甘肃省委和冶金工业部党组根据中央的指示,在去年三月,派出由高杨文(冶金工业部副部长)和李泰(甘肃省委工业交通部副部长)两同志率领的工作组,对白银有色金属公司进行了彻底的整顿,夺回了企业的领导权。白银有色金属公司是1962年部分建成投入生产的大型联合企业。它是我国目前最大的一个铜、硫基地,职工共有11000多人。前几年,这个企业的领导核心烂掉了。一个全民所有制的社会主义企业变成了由贪污盗窃、投机倒把集团,也就是地主、资产阶级所统治的企业。公司党委副书记崔国权是个坏分子,公司党委副书记兼监委书记常耀华工作一贯表现不好,公司党委第一副书记兼经理李子奇同一些坏人同流合污,思想已经蜕化变质。这些坏人把整个公司搞得乌烟瘴气,暗无天日,成了一个地主、资产阶级分子统治的世界,即挂着共产党招牌的国民党统治的世界。白银有色金属公司的夺权斗争,在进行"五反"运动的大中型企业开了先例。党的十一届三中全会后,经复查,这是一起冤案。1979年3月,中央批准为"白银厂事件"冤案彻底平反。

6月25日,中共中央下发《关于印发〈中华人民共和国贫下中农协会组织条例(草案)〉的指示》。该《条例(草案)》总结了过去一段时期各地有关贫下中农组织的经验,对协会的性质、基本任务、会员问题、组织机构问题、领导成员问题,它同党的农村基层组织的关系,同社、队组织的关系,它的经常工作,都做了比较具体的规定,共18条。

6月28日至7月25日,刘少奇先后到天津、济南、合肥、南京、上海、郑州等地,同当地党政军干部座谈如何开展"四清"运动。8月5日至26日,又先后到武汉、长沙、广州、南宁、昆明等地视察,并在广州修改"后十条"。一路上,刘少奇就"四清"运动、两种教育制度、劳动制度、反修正主义以及军队政治教育和军事训练做了多次讲话。讲话中强调对基层干部既依靠又不依靠,并不断提出"追根子"。认为地方领导干部在"四清"运动中,存在严重的右倾思想,对运动的领导很不力,必须大力纠正,并强调领导干部必须蹲点。提出了改变过去以县委领导为主的办法,实行在省委、地委领导下集中搞一县,县以下都由工作队领导的运动方法。

9月1日,中共中央转发《关于一个大队的社会主义教育运动的经验总结》(简称"桃园经验")。"桃园经验"是1963年11月到1964年4月,王光美同志在河北省抚宁县卢王庄公社桃园大队开展社教的经验。主要内容是:先搞"扎根串联",访贫问苦,从小到大逐步组织阶级队伍,然后开展背靠背的揭发斗争,搞"四清",再集中进行阶级教育,开展对敌斗争,最后进行组织建设。"经验"认为,对待基层组织和干部"又依靠,又不完全依靠"。强调"四清"的内容已经不只是清工、清账、清财、清库,改为"清政治、清经

附录:「四清」运动大事记

济、清思想、清组织"。中央在批转这一文件时认为,"桃园经验"是农村进行社会主义教育的一个比较完全、比较细致的典型经验总结,是有普遍意义的。但是,各个地方、各个大队的情况,又是各不相同的,都有它的特殊性,所以主观上不要先有框框,一切要从实际出发,有什么问题解决什么问题。所以桃园大队的经验只能作为参考,不能把它变为框框,到处套用。

9月11日,中共中央、国务院发出《关于组织高等学校文科师生参加社会主义教育运动的通知》。该《通知》指出,当前,必须首先抓紧组织高等学校文科师生参加正在全国开展的伟大的社会主义教育运动,使他们在实际的阶级斗争中接受教育和锻炼,提高社会主义觉悟,进行世界观的改造。只有这样,才能使文科师生走出"书斋",逐步克服长期存在的从书本到书本、从概念到概念,脱离了生产劳动,脱离实际的不良学风;才能有效地抵制封建主义和资本主义思想的侵蚀,挖掉修正主义的根子,培养出无产阶级事业的接班人。《通知》指出:从今冬开始,高等学校文科师生都应该分批下去,参加社会主义教育运动,主要是参加农村的"四清"运动。参加运动的时间,根据专业和修业年限的不同情况,分别规定为:(1)四年、五年制的中文、历史、哲学、政治、法律、财经、教育、新闻等专业师生(包括研究生),参加运动时间为一年到一年半,必须参加完一期"四清"的整个过程和一期"五反"的主要过程。(2)二年、三年制的上述各专业师生,可以在一年以内,参加完一期"四清"的整个过程。(3)各专业毕业班学生(包括研究生),参加运动的时间至少半年。(4)艺术院校师生参加运动的时间,由文化部按照上述原则研究制定出具体办法。(5)外语学校和各外语专业的师生,这一期暂不下去。《通知》还要求,各高等院校的师生参加运动,必须由校和系一级的领导干部带队,在当地党委和工作队的统一领导下,负责做好师生的思想教育工作和组织管理工作。

9月18日,中共中央发出《关于印发〈农村社会主义教育运动中一些具体政策规定的(修正草案)〉的通知》。该《通知》指出,中央对"后十条"做出了重要修改,主要体现在以下几个问题:一是必须以毛泽东同志提出的六个条件,作为衡量社会主义教育运动搞得好还是不好的主要标准。二是领导人必须亲自蹲点。三是把放手发动群众放在第一位。是不是放手发动群众,是不是放手发动贫下中农,是彻底进行或者不彻底进行社会主义教育运动的根本分界线。四是解决群众中存在的问题,必须首先解决干部中的问题。团结 95% 以上的群众,是团结 95% 以上的干部的基础。五是整个运动都由工作队领导。六是民主革命不彻底或者很不彻底的地区,必须认真地进行民主革命的补课工作。《通知》也指出,领导好社会主义教育运动,关键在于三个问题,领导人员亲自蹲点,有坚强领导的工作队,以及在运动中间放手发动群众。

10 月 12 日,中共中央批转《李雪峰同志给刘少奇同志的信》。10 月 11 日李雪峰给刘少奇的一封信中反映,在两省地书会议上,都发现几乎在每个地委召开的会议上,县委同志的思想都抵触很大。或者在这个问题上思想"通"了,到那个问题上又回生了。河北开了 40 多天的会,排队还是 6∶3∶1 或 7∶2∶1 的比例,即拥护中央指示的占到六或七成,不赞成的有一成,那中间部分中还有根本不开腔,不表示态度或态度暧昧的人们,有的甚至疯狂地声言根本反对"四清",也拒绝到会。为此,华北局决定,戳穿"怕左不怕右"这种精神状态,打出反对右倾的旗帜,要求每个领导者都要考虑自己到底是马列主义者,还是修正主义或改良主义者? 或者也可以干脆地说,你到底是愿意作无产阶级革命派,还是作反对派? 还是作调和派? 要准备使好些同志睡不着觉,紧张起来思考问题。中央批转李雪峰的信时指出:在目前情况下,不向党内各级干部明确地提出当前地主要危险是右倾危险,是不利的。各中央局、各省市区党委应当及时地要地委书记和县委书记提出反对右倾的问题,怕"左"不怕右、宁右勿"左"的问题。中央明确指出:对于已经烂掉了的地委、县委、区委、公社、大队和厂矿企业及其他机构,应当在调查研究以后,采用信阳经验、小站经验、白银厂经验,进行夺权斗争,发动群众,迅速加以解决。

10 月 20 日,中共中央发出《关于认真讨论刘少奇同志答江渭清同志的一封信的指示》。《指示》指出:现将江苏省委 10 月 15 日来电,和刘少奇同志 9 月 30 日答江渭清同志的一封信及其附件,发给你们,请你们转发给各地委、县委,并请你们以及地委、县委同志都联系实际认真地进行讨论。中央认为江渭清同志对自己的缺点和刘少奇同志的信所采取的态度是好的。正如江苏省委来电所说,这封信上批评的江渭清同志的缺点,不只是他一个人有,其他许多同志在不同程度上都有,还有一些同志则比江渭清同志更严重,其中,也包括中央的和中央各个部门的许多同志在内,中央认为所有这些同志都应当进行检查。

10 月 23 日,中共中央发出《关于社教工作队编组和交流社教工作经验问题的指示》。中央指出,目前各省工作队的编组,有两种方式,第一是省委干部包一片,地委干部包一片,各县的干部也各包一片。第二是省委、地委干部和各县的干部混合编组,就是说,每一个工作团、工作队或工作组都有省委或地委的人。第二种编组方法,会有很多麻烦,各方面的人编在一起共同作战,立场、观点、作风都有些不同,在工作队内部对于每一项工作都会有许多不同的意见,做法也会不同。但是,为了工作的利益,又首先必须统一工作队内部意见,并且统一做法,这样,就有很多好处,使省委、地委的干部更好地了解县的各级干部,也使县的干部更好地了解省委、地委的干部,可以听到各种不同的意见,看到各种不同的做法,互相监督,互相学习,互相考验。第一种编组方法,可以省去许多麻烦,但是却有许多缺点。特别是原来的上下级在一起工作,就有些下级干部有意见也不说了,领导同志也难于了解情况和干部。第二种编组法,在去年,河北抚宁工作队就是这样做的,证明是好的。第一种编组法,去年有些地方也作过,证明不大好,但是各地也还可以再试验一个时期。如果继续证明这种编组法不好,就应下决心逐步改为第二种编组法。

10 月 24 日,中共中央《关于社会主义教育运动夺权斗争问题的指示》,并转发了《关于小站地区夺权斗争的报告》。《指示》肯定了小站地区这种首先解决领导权问题,即开展夺权的政治斗争,然后再解决经济上的"四不清"问题的做法。认为"他们的经验,值得各地参考"。《指示》要求,凡是被敌人操纵或篡夺了领导权的地方,被蜕化变质分子把持了领导权的地方,都必须进行夺权的斗争,否则,要犯严重的错误。《指示》还列举了各种类型夺权斗争的经验:在一个地委和县委,有信阳的经验;在一个农村或镇子,有小站地区的经验以及其他农村的不少经验;在一个大企业,有白银厂的经验;在一个城市,将会有贵阳市、白银市的经验。所有这些类型的经验,都有一个共同的特点,那就是不论在信阳、小站、白银厂和贵阳,在夺权以前,都由上级派人进行了长期的工作,才确定地认识这些地方的领导权不在我们手里,才下决心进行夺权斗争,局面就迅速打开,群众立即发动,表现了我们料想不到的革命热情。最后,《指示》强调:这里也有一个教训,就是在下决心进行夺权斗争以前,必须进行深入细致的调查研究工作,才能确定领导权是否在敌人手里,才能确定这个地方的领导核心是否已经变质,才能决定是否应当进行夺权斗争。此后,社会主义教育运动在很多基层单位开展了夺权斗争。

10月26日,中共中央发出《关于吸收社会青年参加社教工作队的注意事项的通知》。《通知》指出:据国家计委参加江苏省"四清"的工作队反映,江苏省委已经组成句容工作团,共12000人,但招用的退伍军人、社会知识青年占三分之二。又据广东"四清"工作总团反映,吸收参加"四清"工作队的社会知识青年,不符合条件的,有的地区达到30%。在集训期间,一些人表现不好,逛街游玩,谈恋爱,不专心学习,把津贴费买高级用品,抽高级香烟,购新衣服,甚至打架,影响很坏。现在广东省委已引起注意,提出招收社会知识青年必须强调质量,不要追求数量。中央同意广东省委这些意见。望各中央局、各省、市、区党委注意:一、不要过多地吸收社会青年参加工作队。二、吸收进来的要注意质量,表现不好的要送回去。

10月31日,中共中央、国务院发出《关于抓好社会主义教育同时抓好生产救灾工作的通知》。《通知》指出:今年有部分地区,主要是山东、河北、河南等省的若干地区,遭到了比较严重的自然灾害。这种情况,必须引起极大的注意。各级党委必须将当前的各项工作,统筹兼顾,全面安排,做到社会主义教育运动和生产救灾等日常工作两不误。既要抓社会主义革命,又要抓日常工作;既要抓重点地区、重点单位的社会主义教育运动,又要抓面上的生产、分配、收购、救灾等工作。

11月5日,中共中央宣传部在北京大学进行社会主义教育运动试点。试点工作由五人小组之下的运动工作队领导。五人小组成员是:张磐石(中央宣传部副部长)、刘仰峤(高等教育部副部长)、徐子荣(公安部副部长,后由侯西斌处长参加)、庞达(中央宣传部教育处副处长)、宋硕(中共北京市委大学部副部长)。张磐石任工作队队长。工作队成员包括从各中央局和各省、市、自治区党委的宣传、文教部门及高等学校抽调的250余名干部。至1965年5月,全国有23所高等院校展开了社会主义教育运动。北大的社教运动试点工作持续到1965年7月。

11月12日,中共中央作了《关于在问题严重的地区由贫协行使权力的批示》。《批示》指出:在当前进行社会主义教育运动的重点地区,如果发现有的地方基层干部躺倒不干,以抵抗运动;有的地方领导权被蜕化变质分子所掌握;有的地方领导权被地富反坏分子或新生资产阶级分子所掌握。上述三种情况,在查明确实后,经工作队批准,都可以由贫协组织取而代之,一切权力归贫协。没有贫协组织的地方,也可以由工作队组织贫协,取而代之。

11月13日,中共中央下发《关于农村社会主义教育运动中工作团的领导权的规定(草案)》。其中规定:凡是有地委以上党委负责同志领导的工作团集中进行社会主义教育运动的地方,当地县委和县人委即由工作团党委领导,该县各区区委和区公所、公社党委和公社管理委员会也接受工作团分团党委和工作队党委的领导。并说明本规定原则上适用于城市和企事业单位的社会主义教育运动工作团或工作队。

11月18日,中央发出了《关于检查不合中央当前指示精神、妨碍当前运动的文件的通知》。《通知》指出:过去有些中央部门,有些中央局、省市区党委和地委县委,对于城市和农村社会主义教育运动发出了一些具体政策界限的规定或细则,例如:关于退赔的规定,关于处理犯错误干部党员的规定等,其中有不少规定是同中央现在的双十条和中央最近发出的其他指示相抵触的,现在已经不能适用。请各中央局、省市区党委,中央各部委,国务院各部委党组,立即进行检查,你们过去关于社会主义教育运动发出了一些什么指示和条条,其中凡同中央"双十条"和中央最近发出的其他指示有抵触者,应当宣布废除,或者进行修改和补充,而不要不加过问,让这些不合中央当前指示精神的文件妨碍当前的运动。

12月3日,中共中央批转《王任重同志在农村社教工作会议上的讲话》。中央肯定了王任重的如下意见:对"四清"的提法是"清政治、清经济、清思想、清组织",机关的社会主义教育运动也叫"四清",不再叫"五反",县、区、社、队上下左右一起搞"四清",生产队的领导核心应当是贫协小组等。

12月5日,毛泽东在谢富治关于沈阳冶炼厂的蹲点报告上的批示:我们的工业究竟有多少在经营管理方面已经资本主义化了,是三分之一、二分之一,或者更多些,要一个一个地清查改造,才能知道。而要这样做,必须派政治上很强的工作队分期分批去做。谢富治同志这个报告可以一看。《批示》并认为,这种"资本主义经营管理"的"主要根源"来自上边。

12 月 7 日,中共中央发出了《关于农村社教工作队工作方法问题的指示》,并转发了安子文进村 40 天的工作报告。《指示》指出:最近有一些工作队出现了一种错误的工作方法的苗头,他们在进村以后,怕犯错误,不敢放手工作,不敢接近基层干部,甚至不敢接近中农,只是冷冷清清的选根扎根,有些人进村 20 天还选不到一个根子,其他工作也就不敢做。有些工作队在包办代替还没有发生以前,就一般地反对包办代替。而敌人和"四不清"干部大体都采取了防御的策略,或向工作队出难题来试探工作队,不再公开地深入进攻了,工作队也就消极地等待着,而不在适当的时候采取进攻的策略。工作队的这种情绪,实际上还是一种右倾情绪。读读安子文同志的这个报告,就可以有一个比较,找到自己的缺点,也可以找到怎样工作的方法。

12 月 12 日,毛泽东对陈正人同志蹲点报告的批示:管理也是社教。如果管理人员不到车间小组搞三同,拜老师,学一门至几门手艺,那就一辈子会同工人阶级处于尖锐的阶级斗争状态中,最后必然被工人阶级把他们当作资产阶级打倒。不学会技术,长期当外行,管理也搞不好。以其昏昏,使人昭昭,是不行的。我也同意这种意见,官僚主义者阶级与工人阶级和贫下中农是两个尖锐对立的阶级。这些走资本主义道路的领导人,是已经变成或正在变成吸工人血的资产阶级分子,他们对社会主义革命的必要性怎么会认识足呢?这些人是斗争对象,革命对象,社会主义教育运动绝对不能依靠他们,我们能依靠的,只有那些同工人没有仇恨而又有革命精神的干部。

12 月 15 日至 28 日,中共中央政治局在北京召开全国工作会议,主要讨论了社会主义教育问题。在会议进行过程中,毛泽东和刘少奇在主要矛盾、运动的性质以及做法等问题上发生严重分歧,毛泽东对刘少奇进行了公开的严厉的批评。毛泽东强调要整"当权派",说"四清"是两个阶级两条道路的斗争。刘少奇认为,各种矛盾交叉在一起很复杂,还是有什么矛盾解决什么矛盾好。这次会议制定出《中共中央政治局召集的全国工作会议讨论纪要》,共 17 条。并作为中央文件下发。不久毛泽东对此次《纪要》不满意,又多次加以修改,最后形成"二十三条"。

12月15日,中共中央批转《总政治部关于军队抽调干部参加城乡社会主义教育运动的报告》。12月7日,总政治部向中央及军委写出了该《报告》。《报告》反映,到目前为止,全军已抽调干部30747人,其中省军区系统15720人。师职以上各级领导干部773人,其中将军67人。济南军区司令员杨得志,总参动员部部长傅秋涛,福州军区副政委卢胜,兰州军区副司令员徐国珍,成都军区副司令员李文清,和各省军区的一些负责同志,都带头下去蹲点。《报告》提出了一个五年之内抽调干部参加城乡社会主义教育运动的规划和要求。大体上每年抽调应参加干部总数的10%,五年抽调60%左右的人,参加城乡社会主义教育运动。参加人员,必须立场坚定、政治可靠、作风正派、有一定的政策水平和工作能力。凡有下列情况之一者,都不准参加:亲属是四类分子或在城乡社会主义教育运动中受到斗争或惩处,本人界限不清、立场模糊和进行包庇干涉者;对社会主义教育运动有严重抵触情绪者;本人被揭发有严重"四不清"问题尚未认真检查和处理者;有严重右倾思想或修正主义观点者;有重大政治历史问题尚未做出结论,或虽已做出结论但政治上仍不能信任者;思想作风不正派,屡有违法乱纪行为者。《报告》也建议军队人员不担任工作团、队、组的主要领导职务,和地方干部混合编组,不单独包干一个社、队等。

12月19日,中共中央批转高扬文在白银有色金属公司的蹲点报告。高扬文的报告讲了阶级斗争是核心,首先必须把阶级斗争的仗打好等七个问题。毛泽东也作了批示,认为这个报告写得很精简节约,又具体生动,又概括,是一个好报告。

1965 年

1月4日,中共中央发出《关于不得中途调回参加城乡"四清"运动的干部的通知》。指出:根据城乡"四清"运动的需要,由中央一级机关和中央直属企业、事业单位调到各地参加城乡"四清"运动的一切干部,在第一期城乡试点未结束以前,不得中途调回。有特殊情况需要调回的,按以下办法处理:一、属于中央管理的干部需要调回的,必须经过中央批准。二、中央一级机关和在北京的中央直属企业、事业单位中,不属于中央管理的干部需要调回时,参加城市"四清"运动的由中央工交政治部批准,参加农村"四清"运动的由中央组织部批准。三、北京以外的中央直属企业、事业单位中,不属于中央管理的干部需要调回的,由中央各主管部门的党组(党委)与省、市、自治区党委商定。四、如果某些干部因病需要回原机关就医的,由所在工作团党委决定,不必经中央批准。

1月14日,中共中央制定了《农村社会主义教育运动中目前提出的一些问题》(简称"二十三条")。这个文件是1964年12月中央政治局召开的全国工作会议讨论的纪要。"二十三条"虽然对1964年下半年以来"四清"运动中某些"左"的偏向作了纠正,如指出看待干部要一分为二,干部中好的和比较好的是多数,强调"惩前毖后,治病救人"的方针,不要搞神秘化,强调"四清"要落实到建设上面等,但又提出了"这次运动的重点,是整党内那些走资本主义道路的当权派"等更"左"的观点。认为,当前存在着严重的尖锐的阶级斗争和两条道路的斗争,这种斗争势必反映到党内。党内那些走资本主义道路的当权派,有在幕前的,有在幕后的;支持这些当权派的人,有在下面,有在上面。并规定,今后城市和乡村的社会主义教育运动,一律简称四清:清政治、清经济、清组织、清思想。同时规定:中央过去发出的关于社会主义教育运动的文件,如有同这个文件抵触的,一律以这个文件为准。要求把"这个文件发至县、团以上党委和工作团、队党委"。"二十三条"下达后,各地对工作队进行了整训,解脱了大部分基层干部。

1月20日,中共中央发出了《关于宣传"二十三条"的通知》。《通知》要求,在点上和面上都进行一次广泛的宣传。在点上传达到全体工作队员,并要他们遵照执行,然后向所有干部和群众进行宣传。在面上由公社党委和支部向全体党员和党内外干部传达,同时,向贫下中农及其他群众传达。通过这次宣传,使得占人口绝大多数的贫下中农和其他群众得到支持和鼓舞,使得干部和工作队员得到教育和提高,并且会起安定人心的作用,和使极少数的社会主义事业的敌人更加孤立。这样,也就能使社会主义教育运动更加健康地向前发展,使今年的生产建设搞得更好。并要求把这个文件印成布告,分送各省、市、区党委,发给农村的每一个支部和大队在室内张贴起来,让一切人都来看。在城市的一切工厂、机关、学校、街道的支部和军队的连队也都在室内张贴起来。

1月25日,中共中央发出了《关于张贴和印发"二十三条"有关事项的通知》。《通知》规定,张贴的"二十三条"不要让外国人观看,也不要让人照相,如有人抄录不必阻止;城市工厂、商店、学校、街道没有党的支部的,可由基层党委或总支选适当地点张贴;少数民族文字是否印大张张贴,由各地根据汉文式样自行印发;为了便于教育干部和向群众宣传,各省、市、区党委和中央各部门可根据实际需要,印成小册子,发给基层干部和机关干部,但是不能公开发售。

2月2日,中共中央发出《关于面上对罪犯判处死刑和对犯有罪行的县委书记、县长以上干部的逮捕法办审批权限的通知》,规定:关于面上对罪犯判处死刑和对犯有罪行的县委书记、县长以上干部的逮捕法办审批权限,应该按照中共中央《关于农村社会主义教育运动中工作团领导权限的规定(草案)》第四条规定,一律报中央审批。

2月2日,中共中央、国务院发出《关于组织高等学校理工科师生参加社会主义教育运动的通知》。要求从1965年暑假起,分期分批组织理工科高年级师生参加一期"四清"的全部或主要过程。理工科研究生原则上也应与大学生一样参加运动。据不完全统计,到1965年年底,全国有395所高等学校的师生22万余人参加了社会主义教育运动。

2月13日,中共中央发出《关于全国性的劳模和人大代表所在的社教工作由省委直接领导的通知》。中央指出:最近,发现外贸部派去山东参加社教的工作队,对曲阜县东郭庄大队的社教工作不是实事求是的,而是在那里硬找资本主义。省委和社教总团都对工作队提了不同意见,工作队不听,仍然按照自己的意见主观办事。据了解,东郭庄大队是一个很好的大队。他们依靠自己的力量,亩产达到八百多斤。社员收入都在百元以上。公共积累达30万元。集体经济很巩固,不比大寨差多少。大队支书郭守明同志的毛病,是近几年来参加劳动比较少一些,民主作风差一些,队干有些打骂社员的错误,但是总的说来,是一个很好的大队。郭守明同志是人大代表,这次工作队不让他出席会议。中央认为,全国类似这样的大队是有一批的,其中不少人又是全国性的劳模和人大代表。因此,请你们注意,凡是全国性的劳模和人大代表所在的大队,那里的社教工作应当由省委直接抓,任何单位派出的工作队,都必须服从省委领导。

2月16日,中共中央批转中央组织部《关于在"四清"运动中吸收新党员预备期问题的意见》。中组部提出:据有些省反映,在"四清"运动中有些支部问题严重,原有支部的党员已不再任领导职务,而新发展的党员按规定又要有一年预备期。因此,这些支部领导核心建立不起来。建议那些准备担任领导工作的新党员,可以不要预备期。中央的批示指出:在农业集体化和"四清"运动中,经过考察,确实优秀、可靠的贫下中农积极分子,吸收入党时可以由工作队党委决定,经分团党委或者县委批准,缩短或者不要预备期。

3月12日,中共中央转发《上海市委关于上海城市"四清"运动的情况报告》。《报告》指出:去年八月以来,全市组织了15000人的工作队,派到133个城市基层单位开展了运动。在运动的发展过程中,各工作队在工作中都发生过不同程度的缺点,归纳起来,主要是:一、有些工作队由于对运动的性质、重点认识不明确,在斗争中面宽了一些。二、工作队包办代替的现象比较普遍。三、有少数单位工作方法简单、粗暴、违反政策。有的单位忽视说理斗争,甚至发生打人、罚站、挂牌游行等现象。个别的还有擅自进行搜查吊赃,甚至用录音机录音诱供、监视、侦查等方法。有的单位为了追求数字,经济退赔不注意核实材料,而是靠毛估推算,追算的时间过远。四、点面结合不够。

5月17日,中共中央发出《对湖北、河北两省委关于今后农村"四清"运动部署问题的批示》。中央指出,湖北省委的安排同河北省委是不同的。湖北省委的安排是以县为单位,集中省、地、县各级党委的全力,在今冬或今冬明春在面上进行初步"四清",解决那些能够解决的问题,并发现一些难于解决的问题,准备在以后解决。河北省委的安排仍是以地委为单位,每个地委搞几个县。但是湖北和河北省委都决定在1967年年底基本完成农村"四清"运动。在农忙季节搞好县、区、社的"四清",在冬春农闲季节,搞好两批农村"四清"。中央认为,各省、市、自治区可以参考湖北省委和河北省委的报告,根据各省和各专区的情况来确定今后农村"四清"运动的部署。

各省、市、自治区可以采取不同的方法来部署今后的农村"四清"运动。但是中央要求在符合六条标准的条件下尽可能快一点完成农村的"四清"运动。这对农业生产和备战都是大有好处的。

5月28日,中共中央发出《关于处理现役官兵及其家属"四不清"问题的批示》。指出:现将中南局"关于妥善处理现役官兵及其家属'四不清'问题的规定"转发给你们。关于现役官兵及其家属"四不清"问题的处理,在没有"四清"工作团的地区,由县委以上机关按此规定办理。关于官兵是否帮助犯有"四不清"错误的亲属退赔问题,除了亲属是四类分子不准帮助退赔外,其他的,帮助不帮助退赔,可由本人自行处理。4月20日,中南局做出了《关于妥善处理现役官兵及其家属"四不清"问题的规定》。《规定》指出:一、城乡"四清"运动中凡涉及到现役官兵本人的"四不清"问题,一律由"四清"工作分团将材料认真核实,然后向有关部队的团以上政治机关反映,由部队进行教育处理。二、现役官兵本人确属漏划的四类分子和确有严重问题,经过部队有关领导机关的批准。可以在部队清洗后,交回原大队或生产队处理。凡属一般"四不清"问题,一律不得要求现役官兵本人回到地方上处理,也不得派人或写信到部队索取退赔款。三、对现役官兵家属的"四不清"问题,应由其家属有关人员负责。家属无力退赔的,现役官兵可以给以力所能及的帮助。

7月20日,中共中央发出《关于改进领导方法问题的指示》,并批转王任重同志报送的关于"四清"工作方法的九个材料。《指示》指出:领导干部到基层单位蹲点,了解真实情况,取得解决问题的经验,然后以点带面,点面结合,解决面上的问题。这是领导"四清"运动的重要方法,也是领导其他各项工作的重要方法。各级领导干部必须在今后的各项工作中,经常地坚持这种领导方法,改变主观主义和官僚主义的领导方法。

7月25日,中共中央发出《关于组织高等院校、科学研究和文化单位的干部参加农村社会主义教育运动的通知》。《通知》指出,这些单位,是知识分子集中的地方,让知识分子参加农村"四清"运动,是对他们进行思想改造,加强他们同劳动群众相结合的最重要的、最有效的方式。而且,对于帮助知识分子改进工作,促使文化教育、科学研究事业进一步为5亿农民服务等,也有极大好处。通知要求:除正在开展社会主义教育运动的以外,各单位都应当不失时机地组织干部积极投入到农村社会主义教育运动中去;少部分人也可以参加工厂的社会主义教育运动。这些单位本身的社会主义教育运动或整风运动等以后再进行。

8月8日,中共中央转发《全国工业交通系统"四清"工作座谈会纪要》。《纪要》提出了在工业交通系统开展"四清"运动的意见:一、采取适当集中力量、分期分批打歼灭战的方法,争取在1967年年底基本上完成工业交通系统的"四清"任务。二、坚决按照毛泽东1964年1月提出的搞好农村社会主义教育运动的六条标准办事,用它来衡量工作的好坏。三、将企业分为好的、比较好的、问题多的和性质严重的四类,分别采取不同的做法。四、凡是开展"四清"运动的企业,都要由上级机关派出工作队。五、要在运动中建立职工代表大会和职工大会,使它真正成为职工群众监督干部的权力机关。六、进行"四清"运动的企业,要建立民主选举干部的制度。七、要在运动中认真清查隐瞒身份的地主、富农、反革命分子和其他坏分子。八、要在运动中组织职工进行一次批评和自我批评的自我教育。九、对剥削阶级家庭出身的技术人员、职工和工人,主要看本人的实际表现,不能唯成分论。十、对企业"四清"运动,必须加强领导,领导干部要继续蹲点。

9月9日,中共中央转发《中南局对加强当前"四清"运动领导的几点意见》。中央指出:现将中南局"对加强当前'四清'运动领导的几点意见"发给你们参考,望你们同样注意当前运动中发生的问题。8月26日,中南局向中央汇报了《对加强当前"四清"运动领导的几点意见》。《意见》提出了当前运动需要强调注意的问题:一、训练工作队的工作,必须严格,必须认真,必须把应该解决的思想问题解决得透,解决得好。二、能不能深入到群众中去,敢不敢于放手发动群众,是今后运动的成败关键。不把群众发动起来,片面强调团结基层干部,片面提倡"三结合",都是错误的。放手发动群众,是运动的灵魂,是搞好运动和一切工作的基础。三、领导干部必须坚持蹲点,亲临第一线,加强对运动的领导。中南局决定:陶铸同志到广西,陈郁同志、黄永胜同志到广东,王首道同志到湖南,李一清同志到湖北武汉,金明同志到河南。另外,中南局部长、副部长、副主任以上干部17人也分别到各省(区)蹲点。

11月10日,上海《文汇报》发表姚文元的《评新编历史剧〈海瑞罢官〉》。姚文元的文章,捕风捉影地把《海瑞罢官》中所写的"退田"、"平冤狱",同所谓 1961 年的"单干风"、"翻案风"联系起来,对剧本大加挞伐。并认为《海瑞罢官》并不是芬芳的香花,而是一株毒草。它虽然是头几年发表和演出的,但是,歌颂的文章连篇累牍,类似的作品和文章大量流传,影响很大,流毒很广,不加以澄清,对人民的事业是十分有害的,需要加以讨论。文章发表后,由于不了解文章的写作情况和毛泽东的态度,中共中央有关领导人没有及时通知各地报刊转载,《人民日报》等转载后又想限制在学术讨论的范围,但在毛泽东的支持和江青等人的操纵下,对《海瑞罢官》的批判很快就发展成为一场群众性的批判运动,直接点燃了"文化大革命"的导火索。

11 月 13 日至 19 日,毛泽东外出视察,在济南、徐州、蚌埠、南京、上海与各省市委领导谈话,主要内容是谈打仗、备战,搞好生产,对社教已的很少。

11 月 18 日,林彪提出"突出政治"的五项原则:一、活学活用毛主席著作,特别要在"用"字上狠下功夫,要把毛主席的书当做我们全军各项工作的最高指示。二、坚持四个第一,特别要大抓狠抓活思想。三、领导干部要深入基层,狠抓"四好"连队运动,切实搞好基层,同时要切实搞好干部的领导作风。四、大胆地提拔真正优秀的指战员到关键性的负责岗位。五、苦练过硬的技术和近战夜战的战术。

11 月 25 日,中国人民解放军总政治部向中央写出《关于军队干部参加地方社教运动安排问题的请示报告》。《报告》指出:为了切实贯彻执行主席关于军队排以上干部在两年内分期参加地方社教的指示,特对军队干部参加地方社教运动的安排问题,提出以下意见:一、这一期参加地方社教的同志,原则上在一个点从头至尾搞完一期后,一般可不再参加开辟新点的工作。二、考虑到部队备战工作的情况,今后抽调和轮换干部的办法是,前一批干部回来,后一批干部再派出去,以便交换情况,交接工作。三、为了适应各地起止时间不一的特点,今后在组织实施方面,由各军区根据本地区运动的时间、进度,适时提出下一批参加人数,提请中央局或省、市、自治区党委做出安排。

12 月 8 日,中共中央发出《关于农村社教干部蹲点应注意的几个问题的通知》,指出:现在农村社会主义教育运动已经在约占全国三分之一的县区展开,有近200万干部参加这个运动。参加"四清"运动的干部,必须继续认真蹲点,和群众同甘共苦,打成一片,不要搞特殊化,并且带着基层干部一起,好好实行毛泽东同志所倡导的从群众中来,到群众中去,集中起来,坚持下去的一整套群众路线的领导方法。同时,为了使干部蹲点这个重要的领导方法能够真正长期坚持下去,不要使蹲点的同志因为睡眠不足、劳逸结合不好等原因,损害身体健康,以至于有些同志蹲点工作半途而废,或者时而下去,时而又病回。因此,希望各地党委和工作队领导同志,从全局和长远打算,对工作队的工作,实事求是地妥善加以安排。

1966 年

2月6日,中共中央批转《广东省关于在"四清"运动中活学活用毛主席著作情况的报告》。广东省委在《报告》中指出:我省第一批点的"四清"运动,有一个新的重大特点,就是强调了突出政治,在运动中活学活用毛主席著作,以毛泽东思想教育人、改造人,以毛泽东著作直接指导运动的每一步工作。这是试点经验的新发展,"四清"运动同时成了活学活用毛主席著作的运动,"四清"地区成了全省学习毛主席著作的重点地区,14万工作队带着毛主席著作下乡,成了毛泽东思想的强大宣传队。为此,中央批示:广东省委关于在"四清"运动中活学活用毛主席著作情况的报告很好,转发给你们参考。在"四清"运动中学习毛主席著作,应当是活学活用毛主席著作中的有关指示,特别是近几年有关"四清"运动的许多指示,把"四清"运动搞得更好,使"四清"运动的成果更加巩固,并为今后作好其他工作创造条件。

8月1日至12日,中共八届十一中全会在北京举行。8日,会议通过了《中国共产党中央委员会关于无产阶级"文化大革命"的决定》(简称"十六条"),文件规定,大中城市的文化教育单位和党政领导机关,是当前无产阶级"文化大革命"运动的重点。"文化大革命"使城乡社会主义教育运动更加丰富、更加提高了,必须把两者结合起来进行。各地区、各部门可以根据具体情况进行部署。在农村和城市企业进行社会主义教育运动的地方,如果原来的部署是合适的,又做得好,就不要打乱他,继续按照原来的部署进行。但是当前的"文化大革命"运动提出的问题,应当在适当的时机,交群众讨论,以便进一步大兴无产阶级思想,大灭资产阶级思想。有的地方以无产阶级"文化大革命"为中心,带动社会主义教育运动,清政治、清思想、清组织、清经济。这样做,如果那里党委认为合适,也是可以的。

9月14日,中共中央又发出了《关于县以下农村"文化大革命"的规定》,要求县以下各级的"文化大革命",仍按原"四清"的部署结合进行,依靠本单位的革命群众和广大干部把革命搞好。北京和外地的学生、红卫兵,除省、地委另有布置外,均不到县以下各级机关和社、队去串联,不参加县以下各级的辩论。县以下各级干部和公社社员也不要外出串联。秋收大忙时,应集中力量搞好秋收秋种和秋购,"四清"运动可以暂时停下来。农村破"四旧"、立"四新"运动,应在农闲时专门安排一段时间把它搞好。

11月27日,谭震林就今冬明春开展农村"文化大革命"和"四清"运动的几个原则性问题向周恩来、陶铸、陈伯达、康生、李富春以及中央"文革"小组写出了请示报告。报告指出,"文化大革命"与"四清"的结合,"十六条"上是两种提法。现在看来,"四清"运动中下台的干部,只要贫下中农大多数没有意见,也不准翻案,"四清"工作队也应肯定。但是,各地原来的"四清"部署和做法,还有不少框框,繁琐哲学,人海战术,包办代替等,有了"文化大革命"的形势和大民主的经验,就不能再按原来的一套部署去做了。应该加以改变,不改变也行不通。因之,似以明确肯定以"文化大革命"为中心带动"四清"的提法为好。

12月15日,中央发出《关于农村无产阶级"文化大革命"的指示(草案)》,规定农村的无产阶级"文化大革命",按照中共中央《关于无产阶级"文化大革命"的决定》,即"十六条",和社会主义教育运动的"前十条"、"二十三条"的原则进行。必须是群众当家作主,群众自己教育自己,群众自己解放自己,自己起来闹革命。农村"文化大革命"的重点,是整党内一小撮走资本主义道路的当权派和没有改造好的地富反坏右分子。把"四清"运动纳入"文化大革命"中去。在"文化大革命"中,解决"四清"问题和"四清"复查问题。

1967 年

1月25日,中央发出《关于保卫"四清"运动成果的通知》,《通知》指出,现在,有些农村和企业、事业单位要把"四清"工作队员揪回去斗。中央认为,"四清"运动有伟大成绩,农村社会主义教育"十条"、"二十三条",都是毛主席亲自主持制定的,是伟大的马克思列宁主义的文件。这是必须肯定的。根据"十条"和"二十三条"的规定,在当时派出工作队,是正确的,不能说是错误的。至于有些同志在工作中受形"左"实右路线的影响,犯了一些错误,主要应由错误路线的提出者负责。因此,中央决定,"四清"工作队的同志,一般的不要揪回去斗。对于"四清"工作队的同志有意见,可以用写信、送大字报或者其他方式提出。必须保卫"四清"运动的成果,不许那些党内走资本主义道路的下台干部和地富反坏右分子翻案。不许他们兴风作浪。

2月20日,中央发出《给全国农村人民公社贫下中农和各级干部的信》,信中号召贫下中农认真地抓革命,促生产。中央相信,农村人民公社各级干部绝大多数是好的和比较好的。犯过错误的同志,也应该努力在春耕生产中将功补过。绝对不许地富反坏右分子乱说乱动,破坏生产,破坏劳动人民之间的团结,挑动宗派纠纷。在"四清"运动中下台的干部,必须积极参加劳动,改造自己,不许反攻倒算。

3月7日,中央发出了《关于农村生产大队和生产队在春耕期间不要夺权的通知》。《通知》要求,在已经"四清"过的地方,决不允许那些走资本主义道路的下台干部和地富反坏右分子翻案,要坚决保卫"四清"运动的成果。

12月4日,中央发出了《关于今冬明春农村"文化大革命"的指示》,规定"文化大革命"要继续按照中共中央《关于无产阶级"文化大革命"的决定》即"十六条",和《关于农村无产阶级"文化大革命"的指示(草案)》即"十条"的原则进行。同时文件指出,"前十条"和"二十三条"是毛主席亲自领导下制定的,根据这两个文件进行的"四清"运动,有伟大的成绩,必须肯定。"四清"运动遗留的某些问题,可以在无产阶级"文化大革命"中解决。

责任编辑:王世勇

图书在版编目(CIP)数据

"文革"的预演:"四清"运动始末/林小波,郭德宏 著. —北京:人民出版社,
2013.10(2023.2 重印)
ISBN 978-7-01-012319-6

Ⅰ.①文…　Ⅱ.①林…②郭…　Ⅲ.①社会主义教育运动-研究-中国
Ⅳ.①D651.7

中国版本图书馆 CIP 数据核字(2013)第 157977 号

"文革"的预演
WENGE DE YUYAN
——"四清"运动始末

林小波　郭德宏　著

人民出版社 出版发行
(100706　北京市东城区隆福寺街 99 号)

北京旺都印务有限公司印刷　新华书店经销

2013 年 10 月第 1 版　2023 年 2 月北京第 2 次印刷
开本:710 毫米×1000 毫米 1/16　印张:18.25
字数:278 千字

ISBN 978-7-01-012319-6　定价:88.00 元

邮购地址 100706　北京市东城区隆福寺街 99 号
人民东方图书销售中心　电话 (010)65250042　65289539